WILHELM SCHLÖTTERER

RAFFGIER, FILZ UND KLÜNGELEI

Die geheimen finanziellen Machenschaften von Strauß, Kohl und Kirch

FBV

Bibliografische Information der Deutschen Nationalbibliothek
Die Deutsche Nationalbibliothek verzeichnet diese Publikation in der Deutschen Nationalbibliografie. Detaillierte bibliografische Daten sind im Internet über http://dnb.d-nb.de abrufbar.

Für Fragen und Anregungen
info@finanzbuchverlag.de

Originalausgabe, 1. Auflage 2021

Türkenstraße 89
80799 München
Tel.: 089 651285-0
Fax: 089 652096

Dieses Werk wurde vermittelt durch die Montasser Medienagentur, München.

Redaktion: Daniel Bussenius
Korrektorat: Anja Hilgarth
Umschlaggestaltung: Catharina Aydemir
Umschlagabbildung: F.J. Strauß: picture-alliance/FOTOAGENTUR SVEN SIMON, H. Kohl: picture-alliance/dpa/Tom Maelsa, L. Kirch: ullstein bild/Sven Simon
Satz: Daniel Förster, Belgern
Druck: GGP Media GmbH, Pößneck
Printed in Germany

ISBN Print 978-3-95972-511-8
ISBN E-Book (PDF) 978-3-96092-971-0
ISBN E-Book (EPUB, Mobi) 978-3-96092-972-7

Inhalt

Vorwort

Die Bürger eines Landes sehen stets nur die Fassade ihrer Regierung. Was sich dahinter abspielt, wird vor ihnen sorgfältig verborgen gehalten. Man muss nicht alles und jedes erfahren über das Treiben der Spitzenpolitiker, vieles ist einfach menschliche Unzulänglichkeit. Aber manche Sachverhalte sind so schwerwiegend, dass sie ans Tageslicht geholt werden müssen. Nicht nur um der historischen Wahrheit willen, sondern um für die Zukunft vorzubeugen. Vielleicht kann man Nachfolger von Gaunereien abhalten, indem man aufzeigt, dass selbst das noch so Geheime sich nicht auf Dauer zudecken lässt. Blindes Vertrauen in gewählte Politiker ist verfehlt, kein Amt garantiert Ehrlichkeit. Gerade Spitzenpolitiker sind versucht, die Straftaten von Parteikollegen zuzudecken oder ihre Aufklärung zu blockieren, schon im Eigeninteresse des Machterhalts.

Bundeskanzler a. D. Helmut Kohl wurde der Ehrenvorsitz der CDU aberkannt, als seine gesetzwidrigen Machenschaften hinsichtlich unerklärter Parteispenden in Höhe von 2,1 Millionen DM und das jahrzehntelange System schwarzer Kassen, gespeist von heimlichen Zahlungen des Flick-Konzerns, publik wurden. Im Dezember 1999 distanzierte sich Angela Merkel, damals Generalsekretärin der CDU, in einem harschen Artikel in der *Frankfurter Allgemeinen Zeitung* von Helmut Kohl. Sie empfahl der CDU, sich von Kohl zu lösen, von ihm werde fortan nur noch in der Vergangenheitsform gesprochen. Selbst als Kohl im Frühjahr 2015 seinen 85. Geburtstag feierte, blieb die Bundeskanzlerin konsequent. Auf die Frage, ob man ihm nicht doch wieder den Ehrenvorsitz zuerkennen sollte, antwortete sie, die Frage stelle sich nicht. Diese Haltung zeugt von ihrem Format und ihrer Lauterkeit.

Ganz anders handhabten die Obristen der CSU den »Problemfall« F. J. Strauß. Obwohl sie von seiner vielfach bezeugten unsäglichen Korruptheit wissen mussten, wollten sie allen Ernstes 2008 seine Büste in der Ruhmeshalle der großen Deutschen aufstellen, in der Walhalla bei Regensburg. Peter Ramsauer, seinerzeit Chef der CSU-Landesgruppe in Berlin, kündigte einen solchen Antrag bei der Staatsregierung an (der dann aber unterblieb). Markus Söder postulierte, Strauß gehöre in die Heldengalerie, im Franz-Josef-Strauß-Flughafen München stellte er im August 2015 eine Büste von ihm auf – zur Verehrung durch das Volk. Edmund Stoiber rühmte Strauß als »Bayerns größter politischer Sohn des 20. Jahrhunderts« (Festrede zum Gedenken des 100. Geburtstags von Strauß, *SZ*-Bericht vom 7. September 2015). Sie schufen einen Mythos Strauß. Sie priesen ihn als erhabenen Schöpfer des modernen Bayern und als unentwegten Kämpfer für das Wohl Deutschlands. Als später feierlich die Büste von Heinrich Heine in der Walhalla aufgestellt wurde, erklärte Ministerpräsident Seehofer in seiner Festrede, dass eigentlich auch Franz Josef Strauß dorthin gehöre. Diese Haltung zeugt weder von Format noch von Lauterkeit.

Nun gibt es Personen in der Gesellschaft, die zur Wahrheitsfindung beitragen können, so auch der Autor. Er kann berichten: Es gibt verstörende Neuigkeiten zu Helmut Kohl und Franz Josef Strauß! Von politischer Seite werden sie ignoriert und abgeblockt. Da es aber um maßloses Fehlverhalten und um Täuschung der Öffentlichkeit geht, müssen die Dinge ans Licht.

Einführung

Die weitaus längste Zeit meiner beruflichen Tätigkeit fand im bayerischen Finanzministerium statt. Von 1969 bis 1998, also fast 30 Jahre, war ich dort in verschiedenen Sachgebieten tätig. Von Mitte 1973 bis Mitte 1975 war ich Vertreter des Finanzministeriums an der Bayerischen Landesvertretung in Bonn, dann bis August 1977 Leiter des Steuerreferats, das für Abgabenordnung, Steuerfahndung, Steuerstrafrecht, Steuererlasse, Doppelbesteuerungsabkommen und Außensteuerrecht zuständig war.

Alsbald stellte sich heraus, dass dieses Referat wohl das heikelste Sachgebiet war, das es in den bayerischen Ministerien gab. Denn da ging es nicht um kleine Lohnsteuerzahler, sondern um hochmögende Leute, zumal solche, die sich bester Beziehungen zu F. J. Strauß erfreuten wie zum Beispiel der »Wienerwald«-Unternehmer Friedrich Jahn. Da ich nicht bereit war, solche Fälle anders zu behandeln als nach Recht und Gesetz, erregte ich rasch den Zorn von Strauß, damals noch nicht Ministerpräsident, ebenso das Missfallen seiner Ehefrau Marianne. Deshalb sah sich Finanzminister Max Streibl gezwungen, mich abzulösen, ich wurde Leiter des Referats für Verteidigungslasten. Dagegen setzte ich mich zur Wehr, ich wandte mich an den Bayerischen Landtag. Dabei verwies ich darauf, dass der Steuerabteilungsleiter Lothar Müller, ein Strauß-Günstling, kurz zuvor im Auftrag von Strauß dem Bundesrechnungshof ein Prüfungsverbot für alle bayerischen Finanzämter erteilt hatte. Zuvor hatte der Bundesrechnungshof die rechtswidrige Begünstigung verschiedener Prominenter durch das Finanzministerium gerügt.

Es kam zu einem Riesenskandal, der Landtag setzte einen Untersuchungsausschuss ein. Strauß, außer sich vor Wut, verlangte von Finanzminister Streibl, mich für geisteskrank erklären zu lassen und mich aus dem Ministerium zu werfen, zudem ein Disziplinarverfahren einzuleiten. Als dies scheiterte, blockierte er rechtswidrig über Jahre hinweg meine Beförderung vom Regierungsdirektor zum Ministerialrat. Nach seiner erfolglosen Kanzlerkandidatur im Jahr 1980 politisch geschwächt, sah er sich gezwungen nachzugeben. Auf heftiges Drängen von Finanzminister Streibl unterschrieb er widerstrebend meine Beförderungsurkunde.

Nachdem ich pensioniert war, schrieb ich nieder, was ich erlebt hatte, und Etliches mehr. Im Juli 2009 erschien mein Buch *Macht und Missbrauch*. Es wurde ein Bestseller. Ein hoch angesehener früherer CSU-Minister schrieb an den Fackelträger-Verlag: »Das Buch ist notwendig und wichtig.« Der frühere CSU-Innenminister Bruno Merk sprach mir bei einer CSU-Veranstaltung seine Anerkennung aus. Dr. Erich Riedl, früher CSU-Staatssekretär im Bundeswirtschaftsministerium und langjähriger enger Weggefährte von Strauß, antwortete auf meine Frage, ob ich irgendetwas in dem Buch falsch dargestellt hätte: »Nein, es sind die Fakten, nur die Fakten. Das Buch ist okay.« Da ich schlimme Dinge über Strauß geschrieben hatte, vor allem über die von ihm kassierten Schmiergelder und seine geheimen Konten in der Schweiz, war mir diese überraschende Bestätigung wertvoll. Einige Wochen nach Erscheinen des Buches rief er mich an und sagte: »Keiner aus der CSU hat mir gesagt, dass die Dinge, die in dem Buch drinstehen, falsch sind.« Er fügte hinzu: »Sie haben viel für die Demokratie und den Staat getan!« Dann prophezeite er süffisant: »Sie werden jetzt bald das zweite Buch schreiben: Es geht weiter so.«

Dr. Riedl erzählte mir: »Strauß hat in der Wirtschaft unendlich viele Möglichkeiten zu privaten Einnahmen gehabt.« Es ging somit nicht um Parteispenden, sondern um Gelder, die er für sich kassierte. Zuvor schon hatte mir der frühere CSU-Bundesminister Alois Niederalt eröffnet: »Über solche Töpfe hat Strauß zuhauf verfügt.«

Anfang 2010 suchte mich ein früherer CSU-Bundestagsabgeordneter zu einem vertraulichen Gespräch auf. Er berichtete mir empört über eine Reihe skandalöser Finanzvorgänge innerhalb der CSU. Auf meine Frage, ob es zutreffe, dass Strauß für die atomare Wiederaufbereitungsanlage in

Wackersdorf Schmiergeld kassiert habe, war die Antwort: »Ja, ich weiß es.« Von anderer Seite hatte ich gehört, dass Strauß 50 Millionen DM erhalten habe. Diese horrende Summe erklärte, warum er die Errichtung dieser Anlage gegen die vehementen Proteste der Bevölkerung mit Brachialgewalt durchsetzen wollte. Da waren ihm die radioaktiven Gefahren der Anlage, dargelegt von Professoren der Universität Regensburg, völlig egal. Auf die protestierenden Bürger wurde von der Polizei, die Weisung hatte, hart durchzugreifen, eingeprügelt und mit Gasgranaten gefeuert. Und es macht nachvollziehbar, warum er beim Besuch der Redaktion einer großen Zeitung auf den Vorhalt, dass in Wackersdorf gegen die teils gewalttätigen Demonstranten 400 Polizisten eingesetzt seien, als Antwort gab: »Ja, das weiß ich. Aber wenn es nach mir ginge, würden vier Polizisten und ein Maschinengewehr ausreichen!«

Die Tragweite dessen, was im Buch *Macht und Missbrauch* stand, erkannte sofort auch Horst Seehofer, Ministerpräsident und CSU-Vorsitzender. Wie reagierte er? Er gab, wie es hieß, die Order aus, über das Buch zu schweigen. So kam es, dass sowohl die Staatsregierung als auch die CSU (was der Landtagsabgeordnete Dr. Sepp Dürr, früherer Fraktionschef der Grünen, öffentlich herausstellte) die geschilderten Vorgänge und Vorwürfe nicht einmal dementierten. Bei meinem zweiten Buch *Wahn und Willkür*, erschienen 2013, in dem ich wiederum Belastendes über Strauß sowie über andere CSU-Größen offenlegte, wiederholte sich das Schweigen, wiederum gab es kein Dementi.

Ein Abschnitt des ersten Buches befasste sich unter anderem mit der Höhe und der Herkunft des Vermögens von Strauß, das zweite Buch (Taschenbuchausgabe) verwies auf sich aufdrängende Fragen zum Vermögen des Bundeskanzlers a. D. Helmut Kohl. Hatte ich gedacht, dass es mit diesen meinen Darlegungen sein Bewenden hätte, so sollten sich in der Folge derart frappierende Erkenntnisse einstellen, dass es geboten erscheint, sie den Bürgern im Lande mitzuteilen. Sie haben einen Anspruch darauf, nicht dadurch entmündigt zu werden, dass ihnen Umstände vorenthalten werden, die für ihr politisches Urteil wichtig sind.

Erst recht gilt es der Glorifizierung entgegenzutreten. Es ist unfassbar, wie Stoiber, Seehofer und Söder einen CSU-Vorsitzenden Strauß verherrlichen, der unentwegt donnernde Moralpredigten hielt, selbst aber kein Quäntchen an Moral besaß. Die Wahrheit über diesen Mann dürfen die Mitglieder der CSU nicht erfahren, um Gottes willen nicht, sie könnten sonst vom Glauben abfallen. Markus Söder: »Für mich und jeden echten CSUler ist Strauß das große Vorbild.« Weiter sagte er: »Strauß ist das Vorbild der modernen CSU.«[1] Er forderte sogar, Strauß einen Platz unter den größten Deutschen im Walhalla-Ruhmestempel nahe Donaustauf zu verschaffen – durch Aufstellung einer Büste.[2]

I. TEIL

Die geheimen Konten des F. J. Strauss

1. KAPITEL

Der Strafantrag der Geschwister Strauss

In *Macht und Missbrauch* hatte ich geschrieben: »Nach dem Tode von Strauß kursierte das abenteuerliche Gerücht, dass er ein Vermögen von 300 Millionen Mark hinterlassen habe.« (S.142)

In Wirklichkeit hatte es sich nicht als bloßes Gerücht dargestellt, sondern als eine als Sensation gehandelte Information, die ich etwa 1992 in einem Kreis von Kollegen aus verschiedenen Ministerien erhalten hatte. Hinzu kam, dass zum gleichen Zeitpunkt auch der frühere CSU-Bundesminister Alois Niederalt von diesen 300 Millionen DM erfahren hatte, höchstwahrscheinlich aus der CSU-Spitze. In meinem Beisein regte er sich über Strauß auf: »Mit seinem Ministergehalt kann er das nicht verdient haben!«

Woher die Information kam, war mir unklar, ich fragte nicht nach. Viele Jahre später, nämlich 2016, war ich mir sicher, dass sie ihren Ursprung in der Bayerischen Landesbank hatte (siehe im Anhang den Prüfbericht der DG Bank vom 4. April 1994). Im Verwaltungsrat der Landesbank saßen mehrere CSU-Minister sowie Spitzenbeamte des Finanz-, Wirtschafts- und Innenministeriums. Wenn schon Niederalt von der angeblichen 300-Millionen-Erbschaft wusste, dann hatten in jedem Fall auch diese CSU-Minister Kenntnis.

Da die 300 Millionen DM sozusagen öffentlich bekannt waren, somit auch dem Finanzministerium, ging ich davon aus, dass die Geschwister

Strauß entsprechend Erbschaftsteuer gezahlt hatten. Der Gedanke, dass sie insoweit Steuerhinterziehung begangen hätten, wäre mir abwegig erschienen.

In der zitierten Buchpassage hatte ich ferner geschrieben:

»In einer Fernsehsendung von einem Journalisten mit diesem Gerücht konfrontiert, bestritt Monika Hohlmeier, dass der Nachlass so hoch sei, vielmehr sei es ein niedriger zweistelliger Millionenbetrag.«[3]

Diese Äußerung wertete ich so, dass die Strauß-Tochter keinen übermäßigen Neid erwecken wollte und deshalb nur diesen recht »niedrigen« Betrag nannte. Jedenfalls war mit der Wiedergabe ihrer Stellungnahme dem rechtlichen Erfordernis einer zulässigen Verdachtsberichterstattung Genüge getan; in der Regel muss dabei auch die betroffene Seite zu Wort kommen, um richtigstellen zu können.

Als Spekulation über die Nachlasshöhe zitierte ich auch aus dem Buch des Strauß-Biografen Wolfram Bickerich[4], ein Vertrauter von Strauß habe das hinterlassene Vermögen auf 300 bis 400 Millionen Mark geschätzt. Außerdem verwies ich auf den Bäder-König und engen Strauß-Spezi Eduard Zwick, der von 250 Millionen DM sprach, die Strauß in der Schweiz liegen habe (zitiert im *Spiegel*[5]). Gleichwohl wollte ich mangels einer gesicherten Grundlage die 300 Millionen DM nicht als Tatsache hinstellen, sprach daher lediglich von einem Gerücht, das ich auf Anraten des Anwalts des Fackelträger-Verlags sogar noch zu einem »abenteuerlichen« Gerücht abschwächte.

Wie hoch der Nachlass wirklich war, dazu bedürfte es der Nachforschung durch einen Untersuchungsausschuss und durch die Staatsanwaltschaft, was diese aber geflissentlich unterließ und unterlässt (siehe dazu unten die wiedergegebenen Beschlüsse des Amtsgerichts München und des Landgerichts München I). In Prozessen von Max Strauß vor dem Landgericht Köln gegen den Autor sowie gegen den *Stern* gaben die Geschwister Strauß an, der Nachlass habe etwas weniger als 6 Millionen DM betragen. Dies steht allerdings erheblich im Widerspruch dazu, dass die Strauß-Tochter Monika im Fernsehen von einem niedrigen »zweistelligen Millionenbetrag« gesprochen hatte. Das war doch wesentlich mehr.

Die Anrufung der Staatsanwaltschaft als Helfer in der Not

Nach dem Erscheinen von *Macht und Missbrauch* unternahmen die Geschwister Strauß mehr als neun Monate lang keine rechtlichen Schritte, sie verhielten sich mucksmäuschenstill. Doch dann, am 8. März 2010, stellten sie plötzlich gegen mich Strafantrag bei der Staatsanwaltschaft München I wegen Verleumdung ihres Vaters und wegen Verleumdung ihrer selbst.

Der Hauptpunkt des Strafantrags: Das zitierte abenteuerliche Gerücht, der Nachlass habe 300 Millionen DM betragen, sowie meine Angaben zur möglichen Herkunft dieser Riesensumme und zu Konten von Strauß bei fünf Schweizer Banken. Augenscheinlich trieb die Geschwister Strauß die Angst um, es könnte zu strafrechtlichen Ermittlungen und zur Einziehung des geerbten Vermögens kommen, wie hoch dies auch sein mochte. Amüsanterweise pochten sie in der Begründung ihres Strafantrages geradezu beschwörend darauf, es sei doch alles längst verjährt, auch gebe es keine rechtliche Grundlage für eine Einziehung:[6]

»Darauf zu warten, dass eine öffentliche Untersuchung angestellt wird, widerspricht angesichts der genannten Summen *jeder rechtlichen Grundlage* [...]

Der Hinweis auf eine öffentliche Untersuchung, also eine solche durch Presse und gegebenenfalls das Parlament, bei gleichzeitiger Vermeidung jedweder dienstlichen Vorgehensweise, ist *juristischer Unsinn.*

Dasselbe gilt der scheinheiligen Frage nach etwaiger Einziehung des genannten Vermögens. Diese ist *juristischer Unfug*, denn selbst wenn es das Vermögen gäbe – was durch die Unterzeichner ausdrücklich und vehement bestritten wird! – gäbe *es aufgrund von Verjährungsregelungen mehr als 20 Jahre nach seinem Entstehen keine rechtliche Handhabe auf seine Einziehung.*

Schlötterer selbst hätte aufgrund seiner dienstlichen Stellung [...] ggf. die Verpflichtung gehabt, auf dienstlichem Wege die gebotenen Maßnahmen zu ergreifen. [...] dass dies nicht geschah, sondern er mehr als 20 Jahre gewartet hat, *bis alle Zeugen verstorben* und alle rechtlichen Möglichkeiten, die er [...] hätte ergreifen müssen, *aufgrund längst erfolgter Verjährung obsolet* sind, beweist, dass es ihm nicht um Aufklärung von Tatsachen geht [...]

Diese Kenntnis von der Unwahrheit wird auch dadurch indiziert, dass er Jahrzehnte gewartet hat, bis *alle möglichen Zeugen verstorben und die vorgeworfenen Straftaten verjährt waren* [...] Das Untätigbleiben Schlötterers hat deshalb den Grund, dass es das vorgeworfene Vermögen nicht gibt.

Wahr ist jedoch, dass Herr Dr. Schlötterer dienstlich davon Kenntnis hatte, dass die Kinder Strauß ein solches Vermögen niemals versteuert haben, da es ja nie existierte.«

Entgegen ihrer Hoffnung waren jedoch keineswegs alle Zeugen verstorben, damit sollten sie alsbald konfrontiert werden.

Ein hochkarätiger Zeuge

Über ihren Strafantrag informierten die Geschwister Strauß geschwind auch die Presse, sie erklärten, sie wollten mich einer gerechten Bestrafung zuführen. Noch am selben Tag, an dem die *Süddeutsche Zeitung* darüber berichtete,[7] wandte sich Bernd Linz (Name geändert), früherer Vicepresident der Citibank in Deutschland, per E-Mail vom 28. Mai 2010 an den Fackelträger-Verlag. Er schrieb, ich möge mich mit ihm in Verbindung setzen, er verfüge aufgrund seiner beruflichen Tätigkeit über Informationen, die den Strafantrag der Strauß-Erben völlig absurd erscheinen ließen. Als ich ihn anrief, erzählte er, kurzgefasst, Folgendes:

Die von mir als Strauß-Nachlass genannten 300 Millionen DM würden exakt zutreffen! Er sei früher bei der Citibank, der größten Bank der Welt, tätig gewesen. In dieser Zeit habe er ein Telefonat mit Max Strauß geführt, in dem dieser ihm eröffnet habe, er wolle 300 Millionen DM zur Citibank nach Luxemburg transferieren. Es handle sich um das von seinem Vater Franz Josef Strauß hinterlassene Erbe. Das Telefonat sei dadurch zustande gekommen, dass es zuvor eine entsprechende Anfrage seitens Max Strauß bei seiner Luxemburger Kollegin Manette Schumann gegeben habe.

Weiter erzählte er: Als später der Prozess gegen Max Strauß in Augsburg wegen Steuerhinterziehung lief, habe er den Sachverhalt in einem anonymen Brief dem Leiter der dortigen Staatsanwaltschaft mitgeteilt – *mit Hinweisen, wo nachzuforschen sei* (wegen weiterer Einzelheiten siehe unten seine Aussage vor dem Landgericht Köln).

Da mich die Mitteilung des früheren Bankers völlig entlastete, umgekehrt die Geschwister Strauß aber belastete, informierte mein damaliger Anwalt Dr. Bosbach davon die Staatsanwaltschaft München I, um Vernehmung des Zeugen bittend. Doch welche Überraschung: Der zuständige Staatsanwalt Lutz lehnte ab! Als sich der Anwalt sodann mit Schreiben vom 12. August 2010 an die Justizministerin Beate Merk wandte, erhielt er ebenfalls eine Abfuhr. Daraufhin ersuchte er eine außerbayerische Staatsanwaltschaft, die Staatsanwaltschaft Bochum, um die Vernehmung. Mit Erfolg. Bernd Linz gab dort am 11. November 2010 detailliert das Gleiche auf sieben Seiten zu Protokoll, was er mir zuvor mitgeteilt hatte.

In einem Aktenvermerk vom 12. November 2010 bezeichnete die Staatsanwaltschaft Bochum seine Angaben als *glaubhaft*, gab dann aber, weil sie für ein Ermittlungsverfahren nicht zuständig war, die Sache an die Staatsanwaltschaft München I ab. Diese sah sich nunmehr gezwungen, die von Bernd Linz zitierte Luxemburgerin Manette Schumann im Wege der Rechtshilfe durch die dortige Polizei vernehmen zu lassen.

Die Zeugin bestätigte seine Angaben. Laut Protokoll vom 19. Mai 2011 sagte sie unter anderem aus:

> *»Ich habe mit dem Zeugen Bernd Linz[8] über diese Angelegenheit telefoniert. Mein Chef hatte mir damals mitgeteilt, dass Bernd Linz Kontakt mit der Anwaltskanzlei Max Strauß hatte. Die CitiBank hat das Geld nicht angenommen.«*

Nun hätte die Münchner Staatsanwaltschaft gegen die Geschwister Strauß ein Verfahren wegen falscher Anschuldigung sowie wegen des Verdachts der Steuerhinterziehung einleiten müssen. Das tat sie jedoch nicht. Stattdessen führte sie rechtswidrigerweise das Verfahren gegen mich fort. Zugleich informierte der zuständige Staatsanwalt Lutz – der Ermittlungsakte zufolge – telefonisch die Geschwister Strauß über die sie sehr belastenden Angaben des früheren Bankers Bernd Linz – dies nur einen Tag, nachdem mein Anwalt Dr. Bosbach die Justizministerin Merk davon in Kenntnis gesetzt hatte! Dies war nichts anderes als eine strafbare Vorwarnung, gewiss auf Anweisung oder mit Rückendeckung »von oben«. Als Sprecher der Geschwister Strauß äußerte Franz Georg Strauß telefonisch gegenüber dem Staatsanwalt, bei den 300 Millionen DM dürfte es sich um »*Mandantengelder*« seines Bruders Max gehandelt haben. Das Telefonat mit Bernd Linz bestritt er demzufolge nicht, es erfolgte auch kein schriftliches Dementi gegenüber der Staatsanwaltschaft München. Überdies hielt der Staatsanwalt Dörfer von der Staatsanwaltschaft Bochum in dem erwähnten Aktenvermerk vom 12. November 2010 fest, auf Vorhalt habe der Zeuge Linz angegeben, Max Strauß habe »nicht von Mandantengeldern, sondern vom Erbe des F. J. Strauß« gesprochen.

Als Max Strauß später Strafanzeige gegen Bernd Linz wegen Falschaussage bezüglich des bekundeten Telefonats mit ihm stellte, hielt ihm die Staatsanwaltschaft entgegen, *eine Falschaussage sei nicht nachweisbar*: »Insbesondere würden die Angaben der Zeugin Schumann und des

Zeugen Rukavina [seinerzeit Europachef der Citibank, der Verf.] entsprechende Gespräche des Beschuldigten [Linz] möglich erscheinen lassen« (Verfügung vom 26. April 2018).

Im Dezember 2012 fragte dann die Landtagsfraktion der Freien Wähler die Justizministerin Beate Merk nach dem Verbleib der an die Staatsanwaltschaft Augsburg gerichteten anonymen Anzeige von Bernd Linz. Die Antwort der Justizministerin:

> *»Es gab eine anonyme Anzeige, die am 26. Januar 2004 bei der Staatsanwaltschaft Augsburg einging. [...] In diesem Schreiben war von einem dreistelligen Millionenvermögen der Familie Strauß die Rede. Die Staatsanwaltschaft Augsburg hat mit Verfügung vom 30. Januar 2004 von der Einleitung eines Ermittlungsverfahrens nach Paragraf 152 der Strafprozessordnung abgesehen, da keinerlei Anhaltspunkte dafür bestanden, dass Max Strauß oder dessen Familie über ein derartiges Vermögen, noch dazu in bar, verfügten.«*

Den Hinweisen von Linz, wo nachzuforschen sei, war die Staatsanwaltschaft gemäß dieser Auskunft der Justizministerin nicht gefolgt!

Hatte die Staatsanwaltschaft Augsburg wirklich noch nie von irgendwelchen Vorwürfen oder Gerüchten gehört, dass F. J. Strauß korrupt gewesen sei und überall mitkassierte? In dem 2004 in Augsburg anhängigen Strafprozess gegen Max Strauß ging es doch um ein von dem Waffenhändler Karlheinz Schreiber beim Schweizer Bankverein *für F. J. Strauß geführtes Konto mit dem Namen »Master«, wo kurz vor dem Tod von F. J. Strauß 3.125.000 US-Dollar eingingen*[9] – als Provision für ein Airbus-Geschäft mit Kanada. Dazu hatte der Schweizer Wirtschaftsprüfer Giorgio Pelossi als Zeuge bei der Staatsanwaltschaft Augsburg bekundet, Schreiber habe ihm mitgeteilt, dass das Geld für Strauß bestimmt sei. Hierzu führte der Bundesgerichtshof (BGH) in seinem Urteil vom 16. Oktober 2005 zur (aufgehobenen) Verurteilung von Max Strauß aus:

»Angesichts der festgestellten maßgeblichen Beteiligung des Vaters des Angeklagten an dem Airbus-Geschäft mit Kanada [...] erscheint es nicht ausgeschlossen, dass die [...] von Schreiber verteilten Provisionen vom Vater des Angeklagten ›verdient‹ waren.«

Indem der BGH das Wort »verdient« süffisant in Anführungszeichen setzte, wollte er offensichtlich ausdrücken, dass es sich um illegales Schmiergeld handelte. Und hatte nicht schon 1994 der Strauß-Spezi Eduard Zwick gegenüber dem *Spiegel* (Heft 14/1994)[10] geäußert, Strauß habe einen »dreistelligen Millionenbetrag« an der Steuer vorbei bei einer Schweizer Bank untergebracht! Er schätzte das Vermögen von Strauß in der Schweiz auf 250 Millionen DM – die Presse berichtete groß darüber. Waren das etwa keine Anhaltspunkte?

2. KAPITEL

Die Verdachtsgründe des Amtsgerichts München und des Landgerichts München I

Die Entscheidung des Amtsgerichts München

Wie ging nun die von Manfred Nötzel geleitete Staatsanwaltschaft München I mit dem gegen den Autor gestellten Strafantrag der Geschwister Strauß um? Von Gesetzes wegen hätte sie die Wahrheit ermitteln müssen, davon aber nahm sie Abstand. Die Vernehmung von Bernd Linz hatte sie hartnäckig verweigert, sie unterließ aber auch die Vernehmung der anderen von meinem Anwalt angebotenen Zeugen. Nein, sie konnte nichts gebrauchen, was Strauß und seine Abkömmlinge belastet hätte. Doch als fünf Jahre verstrichen waren und die Verjährung unmittelbar bevorstand, fasste die Staatsanwaltschaft einen den Geschwistern Strauß und der CSU-Spitze wohlgefälligen Entschluss. Meine Schuld einfach unterstellend, beantragte sie am 19. März 2015 beim Amtsgericht München den Erlass eines Strafbefehls »*wegen Verunglimpfung des Andenkens* des am 03.10.1988 verstorbenen ehemaligen Ministerpräsidenten Dr. h.c. Franz Josef Strauß«. Die beantragte Geldstrafe: *7800 Euro*. Die Staatsanwaltschaft tat das flugs auch der Presse kund, sodass ich davon bei der Lektüre der *SZ* erfuhr.

Der Schuss ging jedoch nach hinten los. Die zuständige Richterin stellte in einer Verfügung vom 15. Juli 2015 (Az: 851 Cs 115 Js 10673/10) fest, dass mangels Ermittlungen für einen Strafbefehl die rechtliche

Grundlage fehle. Sie forderte die Staatsanwaltschaft auf, entweder die Ermittlungen nachzuholen oder aber ihren Strafbefehlsantrag zurückzuziehen. Als weder das eine noch das andere geschah, wies die Richterin mit Beschluss vom 15. Dezember 2015 den Antrag zurück, und das mit einer geharnischten Begründung.

Hatte sie zuvor schon in der besagten Verfügung gerügt, dass das Strafverfahren gegen mich wenigstens *drei Jahre zu lange* gedauert habe (was den Vorwurf strafbarer Rechtsbeugung bedeutete), so rügte sie nunmehr, dass die Staatsanwaltschaft »*über Jahre hinweg aus unbekannten Gründen* nahezu keine eigenen Ermittlungen tätigte«. Obwohl den beigezogenen Akten keine »vollumfängliche Aufstellung des Vermögens, insbesondere des *offensichtlich vorhandenen Auslandsvermögens*« von Strauß zu entnehmen sei, habe die Staatsanwaltschaft weder die Geschwister Strauß als Anzeigeerstatter noch die von mir angebotenen und teils zuvor schon von dem Nachrichtenmagazin *Der Spiegel* zitierten Zeugen vernommen.

Weiter beanstandete die Richterin: Ebenso wenig wurden die schweizerischen Finanzinstitute Bär, Deutsche Bank (Schweiz), Ernst & Cie, Pictet und Vontobel, bei denen Strauß und seine Ehefrau Marianne angeblich Bankkonten eventuell unter Tarnnamen unterhielten und Bareinzahlungen vornahmen, gemäß dem Abkommen der EU mit der Schweiz um Auskünfte ersucht.

Hinsichtlich der an Strauß während seiner Amtszeit als Ministerpräsident von der Friedrich-Baur-Stiftung gezahlten Testamentsvollstrecker-Vergütung von bis zu 300.000 DM pro Jahr hätte, so die Richterin, die Staatsanwaltschaft ermitteln müssen, ob er insoweit Steuerhinterziehung beging.

> *»Entsprechende Nachforschungen drängen sich auf angesichts des Umstandes, dass der verstorbene Dr. Franz Josef Strauß immer wieder unterschiedlichen Korruptionsverdächtigungen ausgesetzt war, und der Tatsache, dass zumindest die neuesten von dem Nachrichtenmagazin Der Spiegel in der Ausgabe 35/2015*[11] *und dem Buchautor Peter Sieben-*

morgen in der Biografie ›Franz Josef Strauß – Ein Leben im Übermaß‹ [...] erhobenen konkreten Korruptionsvorwürfe im Zusammenhang mit der Eureco Büro für Wirtschaftsberatung GmbH & Co. KG noch nicht abschließend durch einen Untersuchungsausschuss oder ein Gericht geklärt sind. Gleichwohl wurden solche Nachforschungen bisher nicht ansatzweise durchgeführt«, lautete der Vorwurf der Richterin.

Außerdem verwies die Richterin darauf, dass Strauß schon früher von verschiedenen Seiten Korruptionsvorwürfen ausgesetzt war:

»Insbesondere wurde von dem Nachrichtenmagazin Der Spiegel bereits erstmals in der Ausgabe 14/1965[12] *die Äußerung des damaligen Mitgliedes des Bundestages Hellmut Kalbitzer in seinem offenen Brief vom 08.10.1963, der zwischenzeitlich verstorbene Dr. Franz Josef Strauß habe ein Vermögen erworben, wie es ein Politiker seit 1945 nicht auf normalem Wege erlangen konnte, veröffentlicht und bereits in früheren Ausgaben die Behauptung, der zwischenzeitlich verstorbene Dr. Franz Josef Strauß sei ein der Korruption schuldiger Minister, der während seiner Ministerzeit Geld annahm, das ihm nicht gehörte, aufgestellt.*

Diese Behauptungen wurden zwar von dem Nachrichtenmagazin Der Spiegel in der Ausgabe 12/1970 aufgrund des durch eine Klage des zwischenzeitlich verstorbenen Dr. Franz Josef Strauß erwirkten Urteils des Oberlandesgerichts München vom 28. Juli, 1966, Az: 1 U 674/66, widerrufen. Bezüglich dieses Widerrufs war jedoch seitens des Nachrichtenmagazins Der Spiegel bereits in der Ausgabe 14/1994[13] *gleichfalls ein Widerruf erfolgt und zusätzlich die Behauptung, der verstorbene Dr. Franz Josef Strauß war ein der Korruption schuldiger Ministerpräsident, aufgestellt worden.*

Zeitgleich wurde von dem Nachrichtenmagazin Der Spiegel erstmals unter Berufung auf angebliche Äußerungen von Dr. Eduard Zwick und Dr. Walter Schöll berichtet, dass der zwischenzeitlich verstorbene Dr. Franz Josef Strauß trotz eines Jahresgehalts als Bayerischer Ministerpräsident von nur etwa 300.000 DM bei den schweizerischen Finanzinstituten Pictet und Bär persönlich Kunde war, dass er daher offensichtlich über reichlich Geld verfügte, da man schon ein paar kräftige Millionen dabeihaben sollte, um sich bei einem eidgenössischen Bankhaus dieser Güte als Kunde sehen zu lassen. Weiter wurde von dem Nachrichtenmagazin Der Spiegel geäußert, dass Dr. Eduard Zwick schon vor Jahren zu einem Vertrauten sagte, der zwischenzeitlich verstorbene Dr. Franz Josef Strauß habe, seiner Kenntnis nach, einen dreistelligen Millionenbetrag in der Schweiz.

In der Ausgabe 15/1994 wurde von dem Nachrichtenmagazin Der Spiegel veröffentlicht, dass Dr. Eduard Zwick und Angelika Zwick mitteilten, ihr gemeinsamer Sohn Johannes Zwick hätte die Anzeigeerstatterin Monika Hohlmeier nach dem Tod von Dr. Franz Josef Strauß auf die Strauß-Konten in der Schweiz hingewiesen und diese gefragt, ob die Erben darüber Bescheid wüssten sowie ob sie informiert seien, dass es dafür Tarnnamen gebe. Gegen diese Berichterstattung gingen die Anzeigeerstatter nicht gerichtlich vor. Sie erwirkten lediglich eine teilweise Gegendarstellung, der wiederum das Nachrichtenmagazin Der Spiegel entgegentrat.

In den folgenden mehr als fünfzehn Jahren wurde von weiten Teilen sowohl der Medien als auch der Bevölkerung vielfach vermutet, behauptet und verbreitet, dass der verstorbene Dr. Franz Josef Strauß ein immenses Vermögen auf teilweise illegale Weise erwirtschaftete und hinterließ. Entsprechende Gerüchte waren mithin bereits vor dem 09.12.2009 allgemein bekannt.«

Schließlich verwies die Richterin darauf, dass Strauß bereits nach den Feststellungen des Landgerichts München I in seinem Urteil vom 15. Juli 1965 (Az: 18 O 680/14) zweifellos »der Geruch der Korruption« anhaftete.

Die Beschwerdeentscheidung des Landgerichts München I

Der Beschluss des Amtsgerichts ging mir kurz vor Weihnachten 2015 zu. Ich überlegte: Die Staatsanwaltschaft war eine »von oben« gesteuerte Behörde. Würde der Justizminister Winfried Bausback so töricht sein, gegen die wohlbegründete Entscheidung des Amtsgerichts Beschwerde beim Landgericht München I einzulegen und sich damit gegebenenfalls eine Bestätigung des für die CSU-Spitze so schmerzlichen Beschlusses des Amtsgerichts einhandeln? Man legte Beschwerde ein!

Die mit drei Berufsrichtern besetzte Kammer des Landgerichts machte kurzen Prozess. In ihrem Beschluss vom 25. Januar 2016 stellte sie trocken fest:

> *»Die angefochtene Entscheidung entspricht der Sach- und Rechtslage.«*

Die Begründung der Richter lautete:

> *»Es ist nicht ersichtlich, dass und gegebenenfalls inwieweit die verfahrensgegenständlichen Äußerungen des Angeschuldigten nicht erweislich sind. Insbesondere ergeben sich vorliegend auch aus der erfolgten Beiziehung von Nachlass-, Zivil-, Straf- und (Vor-)Ermittlungsakten [...] keine hinreichend tragfähigen Feststellungen zum tatsächlichen Umfang und Wert des Erbes des Verstorbenen; erst recht nicht dazu, aus welchen Einnahmequellen dieses stammte und ob und gegebenenfalls inwieweit die betreffenden Vermögenswerte versteuert wurden.«*

Damit fiel die Behauptung der Geschwister Strauß, der Nachlass habe etwas weniger als sechs Millionen DM betragen, in sich zusammen.

Die Presse berichtete breit über das Scheitern der Strauß-Kinder mit ihrer Strafanzeige und über die scharfe Kritik der beiden Gerichte an der Staatsanwaltschaft. Die *Nürnberger Nachrichten* titelten: »Münchner Gerichte watschen Staatsanwälte ab.« Diese waren allerdings nur die ausführenden Hilfskräfte der Justizministerin Beate Merk und ihres Nachfolgers Bausback, der, wie seine Pressesprecherin gegenüber der *Süddeutschen Zeitung* einräumte, regelmäßig über den Fortgang des Verfahrens informiert worden war.

Hinzuzufügen ist: Die Staatsanwälte und ihre befassten Vorgesetzten haben sich strafbar gemacht wegen Rechtsbeugung und Verfolgung eines Unschuldigen (Paragrafen 339, 344 Strafgesetzbuch). Am 20. September 2010 hatte der Staatsanwalt Hans-Joachim Lutz meinem Anwalt Dr. Bosbach mitgeteilt, er habe von den Geschwistern Strauß Unterlagen, zumal Bankunterlagen (der genannten Schweizer Banken), als Beleg für die Richtigkeit ihrer Anschuldigungen angefordert. Diese Unterlagen wurden jedoch, trotz Anmahnung, ausweislich der Ermittlungsakte nicht vorgelegt. (Wie das Amtsgericht rügte, wurden die Geschwister Strauß nicht einmal zu ihren Vorwürfen vernommen, siehe oben). Daraufhin beantragte die Staatsanwaltschaft den Erlass des Strafbefehls eben ohne Beweise, und ignorierte dabei noch dazu von meinem Anwalt benannte Zeugen! Verantwortlich: Justizminister Winfried Bausback.

Die Parallele zum Fall von Gustl Mollath, der jahrelang zu Unrecht in der Psychiatrie weggesperrt wurde, ist ersichtlich.

Der gute Ruf der Geschwister Strauß und die Staatsanwaltschaft

Dass die Staatsanwaltschaft trotz der verweigerten Ermittlungen eine Geldstrafe von 7.800 Euro gegen mich beantragt hatte, war umso verwerflicher, als sie wusste, dass Max Strauß 2006 wegen Betrugs in der WABAG-Affäre[14] zu einer Geldstrafe von 300.000 Euro verurteilt worden war. Viele Anleger hatten ihr Geld verloren, der Verbleib von ca. 200 Millionen DM blieb ungeklärt.

Max Strauß hatte die Geldstrafe von 300.000 Euro nicht überwiesen, sondern in bar (!) bei der Justizkasse einbezahlt – ein unglaublicher

Vorgang, über den die Presse berichtete. Einem Bargeldbetrag in dieser Größenordnung haftete fraglos der dringende Verdacht der Steuerhinterziehung und Geldwäsche an. Das wäre für die Staatsanwaltschaft ein rechtlich zwingender Grund gewesen, seine Herkunft zu ermitteln, insbesondere zu prüfen, ob dieser Betrag ein Teil des abgestrittenen 300-Millionen-DM-Nachlasses war. Doch sie tat schlichtweg nichts: Sie ermittelte nicht, sie schaltete die Steuerfahndung nicht ein und sie unterließ die nach dem Geldwäschegesetz vorgeschriebene Meldung an das Bundeskriminalamt, die bereits bei 15.000 Euro beginnt. Damit war der Straftatbestand der Begünstigung und Strafvereitlung im Amt verwirklicht.

Verantwortlich war allzumal die Justizministerin Beate Merk. Der Fall Max Strauß/WABAG-Affäre war für die Staatsanwälte nach oben berichtspflichtig, die unglaubliche Bareinzahlung von 300.000 Euro wegen des Verdachts der Geldwäsche und Steuerhinterziehung erst recht. Da die Zeitungen den aufsehenerregenden Vorgang aufgegriffen hatten, war Merk sicher auch von ihrer Pressestelle informiert worden.

Zwei Jahre zuvor hatte Merk, obwohl durch mehrere Eingaben Gustl Molllaths auf von ihm vergeblich angezeigte Schwarzgeldverschiebungen der HypoVereinsbank hingewiesen, gesetzeswidrig keine Ermittlungen anstellen lassen. (Mollath wurde für siebeneinhalb Jahre in der Psychiatrie weggesperrt.) Das wiederholte sich hier. Vorrang hatte das Interesse der CSU-Spitze.

Als 2019 der Journalist Helmut Reister von der *Abendzeitung* bei der Justiz anfragte, was die Staatsanwaltschaft hinsichtlich der Bareinzahlung von 300.000 Euro unternommen habe, wurde ihm die Auskunft verweigert. Unverfrorene Begründung: Die Sache sei verjährt! Der Journalist war empört, zu Recht: Nach dem bayerischen Pressegesetz sind Behörden zur Auskunft verpflichtet – Verjährung ist kein Weigerungsgrund. Dass sich die Justiz dennoch darauf berief, beweist, dass sie nicht den geringsten Rechtfertigungsgrund für ihr Nichtstun hatte. Überdies: Was sollte denn hier verjährt sein? Die Straftat der Staatsanwaltschaft?

Die Einziehung gegebenenfalls in strafbarer Weise erlangter Geldmittel unterliegt jedenfalls nicht der Verjährung (Paragraf 76a II Strafgesetzbuch, StGB).

Die Grünen-Landtagsabgeordnete Susanna Tausendfreund rief in einer öffentlichen Versammlung in Wolfratshausen am 21. Oktober 2011 aus: »Kein Mensch hat gewusst, woher dieses Bargeld kam!« Es drängt sich auf, dass es Teil des 360-Millionen-DM-Betrages war, der nach dem Tod von Strauß von dessen Konto bei der DG-Bank Schweiz in bar abgehoben wurde (siehe unten), bzw. Teil der Bargeldsumme von 300 Millionen DM, von der Bernd Linz von Max Strauß erfahren hatte. Vor Gericht wiederholt mit dieser Schlussfolgerung konfrontiert, blieb Max Strauß stumm wie ein Fisch.

Die Staatsanwaltschaft, von meinem Anwalt Hildebrecht Braun ebenfalls damit konfrontiert, stellte sich taub, befragte Max Strauß weiterhin nicht. Verantwortlich hierfür war und ist auch der jetzige Justizminister Georg Eisenreich.

Im Jahr 2005 hatte die Strauß-Tochter Monika Hohlmeier als Kultusministerin und Münchner CSU-Vorsitzende wegen ihrer Verstrickung in eine Wahlfälschungsaffäre in der Münchner CSU, bei der es um gefälschte Mitgliedschaftsanträge und um Stimmenkauf ging, zurücktreten müssen. Pro Stimme wurden bis zu 500 Euro gezahlt. Woher das Geld stammte, blieb erstaunlicherweise angeblich ungeklärt! Hohlmeier wurde von maßgeblichen CSU-Mitgliedern als Drahtzieherin beschuldigt. Hans Podiuk, Vorsitzender der CSU-Fraktion im Münchner Stadtrat, warf ihr öffentlich einen »Abgrund von Lüge und Täuschung« vor, sie sei die Organisatorin dieser Machenschaften gewesen (*AZ* vom 15. April 2005). Und der spätere Kultusminister Ludwig Spaenle äußerte zornig nach ihrer Aussage im eingesetzten Untersuchungsausschuss des Landtags, wo sie alles abstritt: »Frau Hohlmeier lügt wie gedruckt!« (*SZ* vom 1. August 2005). Der damalige Leiter der Staatsanwaltschaft München I, Christian Schmidt-Sommerfeld, stellte im Untersuchungsausschuss fest, »dass die Frau Staatsministerin en bloc Kenntnis gehabt hat«.

Gedruckt findet sich jedenfalls im Protokoll des Landgerichts Köln vom 16. Oktober 2013 ihre Zeugenaussage und die ihres Bruders Franz Georg im Prozess von Max Strauß gegen den *Stern* (siehe unten), der Nachlass ihres Vaters habe gemäß Erbschaftsteuererklärung nur etwa 6 Millionen DM betragen. Abgedruckt hatte früher der *Bayernkurier* in seiner Ausgabe vom 9. April 1994 folgende Stellungnahme der Geschwister zum Bericht des *Spiegel* Nr. 14/1994[15] über Konten von Strauß in der Schweiz: »Es existieren keine Konten mit immensen, gar dreistelligen Millionensummen in der Schweiz.« Der *Spiegel* betreibe Rufmord am Lebenswerk ihres Vaters. Wahr sei lediglich, dass ihre Mutter einen Teil ihres Erbes in der Schweiz angelegt habe, diese Konten seien dem Finanzamt bekannt gewesen. Und: »Zuflüsse von Dritten gab es nicht.«

3. KAPITEL

Die Geschwister Strauss scheitern beim Landgericht Hamburg

Im November 2010 beantragten die Geschwister Strauß beim Landgericht Hamburg eine Einstweilige Verfügung gegen verschiedene Passagen in *Macht und Missbrauch* (S. 144 – 146, 148). Es handelte sich um solche, die Konten von Strauß in der Schweiz bei den Banken Bär, Ernst & Cie, Vontobel, Pictet, Deutsche Bank/Schweiz und Schweizer Bankverein (letzteres Konto geführt von Karlheinz Schreiber für F. J. Strauß) anführten, sowie um die Passage, dass nach einer Mitteilung eines CSU-Spitzenpolitikers (eines früheren CSU-Ministers) »die Waffenhändler bei Strauß ein- und ausgingen«. Nach einer Belehrung durch das Gericht, dass der Antrag zurückgewiesen würde, nahmen die Geschwister Strauß den Antrag zurück, mit der Pflicht zur Übernahme der Kosten.[16]

Franz Georg Strauß erklärte dazu gegenüber der *Süddeutschen*: »Ich halte Schlötterer für einen Denunzianten.«[17] Das war sehr milde. Zuvor hatte er in einem Schreiben vom 23. November 2010 an die Intendantin des WDR, Monika Piel, von einem »kriminellen Denunzianten« bzw. »Kriminellen« gesprochen. In einem Brief vom 2. August 2010 an die Staatsanwaltschaft München I hatte er sich und seine Geschwister als »Opfer der Verbrechen Schlötterers« bezeichnet.

4. KAPITEL

MAX STRAUSS KLAGT BEIM LANDGERICHT KÖLN

Als das Buch *Macht und Missbrauch* aber immer weitere Verbreitung fand, ergriff die Geschwister offenbar die Furcht, dass dadurch doch Ermittlungen ausgelöst werden könnten.

Am 19. September 2011, mehr als zwei Jahre nach dem Erscheinen des Buches, erhob Max Strauß Zivilklage beim Landgericht Köln. Verblüffend war: Warum klagte er nicht in München? Warum ging er nach Köln? Rechtlich war das zulässig, aber es war rätselhaft, zumal es viel aufwendiger war, die dortigen Gerichtstermine wahrzunehmen. Welche Erwartung verband er mit dem Landgericht Köln? Dies war höchst suspekt.

Die Klage, eingereicht von einer Hamburger Anwaltskanzlei, war im Wesentlichen darauf gerichtet, die Wiedergabe folgender Passagen des Buches künftig zu unterlassen:

- Sein Vater habe einem Gerücht zufolge mindestens 300 Millionen DM hinterlassen.

- Er, Max Strauß, habe gegenüber dem *Spiegel* angegeben, er habe nicht gewusst, dass sein Vater auch beim Bankhaus Bär in der Schweiz Kunde war (was der Strauß-Spezi Dr. Walter Schöll dem *Spiegel* erzählt hatte), weshalb er dieses Konto mangels Kenntnis nicht in der Erbschaftsteuererklärung angegeben haben konnte.

- Er, Max Strauß, habe Provisionen aus Waffengeschäften bezogen.
- Ein früherer Beamter des Bundeskriminalamts mit Decknamen »Manfred Morstein« habe in der Fernsehsendung »Live aus der alten Oper« beklagt, immer wenn es im Nahen Osten um Waffen und Geld gegangen sei, sei man auf die Familie Strauß gestoßen.

Zwar werde das, so die Klage, im Buch nicht ausdrücklich behauptet, aber es werde ein entsprechender Eindruck erzeugt. Dadurch werde er, Max Strauß, in seiner Ehre verletzt!

Daraufhin trat Bernd Linz in den Zeugenstand. Wie schon zuvor bei der Staatsanwaltschaft Bochum sagte er aus wie folgt: Er sei früher Vicepresident der Citibank für das Privatkundengeschäft in Deutschland gewesen mit einem Büro in München und Frankfurt. Im Frühsommer 1992 habe ihn seine Kollegin Manette Schumann von der Citibank in Luxemburg angerufen und ihm mitgeteilt, ihr liege eine Anfrage eines »Büro Max Strauß« aus München vor – wegen eines beabsichtigten Transfers von 300 Millionen DM nach Luxemburg. Wer denn dieses »Büro Max Strauß« sei? Er habe ihr gesagt, das sei der Sohn des früheren bayerischen Ministerpräsidenten Strauß. Daraufhin habe sie ihn gebeten, die Sache zu übernehmen. Anschließend habe er unter der hinterlassenen Telefonnummer angerufen, es habe sich eine Sekretärin mit »Büro Max Strauß« gemeldet. Er habe sich vorgestellt und gesagt, er wolle mit Max Strauß sprechen. Daraufhin habe sie ihn weiterverbunden.

Max Strauß habe ihm eröffnet, dass er 300 Millionen DM zur Citibank nach Luxemburg transferieren wolle, und zwar in bar (!). Auf die Frage, woher das Geld stamme, habe er geantwortet: »Das ist das Erbe unseres Vaters Franz Josef Strauß.« Auf die weitere Frage, wo das Geld derzeit liege, habe er erwidert: »Bei der Bayerischen Landesbank.« Auf den Hinweis, dass der Transport einer Bargeldmenge dieser

Größenordnung einen gepanzerten Wagen mit mindestens drei bewaffneten Begleitern erfordere, habe Max Strauß geäußert, das werde er arrangieren. Daraufhin habe er, Linz, zugesagt, die Sache zu prüfen.

Kurz nach Beendigung des Gesprächs habe er jedoch einen Telefonanruf des Europachefs der Citibank, Hubertus Rukavina, aus Zürich erhalten. Dieser, inzwischen von der Luxemburger Niederlassung über den beabsichtigten Millionen-Transfer informiert, habe ihm untersagt, das Geschäft abzuschließen. Es sei Geschäftsprinzip der Bank, kein Geld von Politikern oder ihrem familiären Anhang anzunehmen. Daraufhin habe er nochmals unter der besagten Telefonnummer angerufen, wieder habe sich die Sekretärin mit »Büro Max Strauß« gemeldet. Sodann habe er Max Strauß mitgeteilt, dass der Europachef der Citibank die Annahme des Geldes abgelehnt habe. Seiner Schilderung vor Gericht fügte Bernd Linz hinzu, dass ein Privatmann über 300 Millionen DM an Bargeld verfügte, sei für ihn unfassbar gewesen, als Banker habe er dies sonst niemals erlebt.

Nach dieser Aussage schien alles klar zu sein, doch die Kammer reagierte völlig überraschend ganz anders. Die Vorsitzende erklärte, die Aussage reiche dem Gericht nicht, weil der Ursprung der Anfrage bezüglich des Millionen-Transfers nicht hinreichend klar sei. Als mein Anwalt daraufhin die Vernehmung der Luxemburgerin Manette Schumann beantragte, lehnte die Vorsitzende dies als verspätet ab. Das war rechtlich verfehlt, denn zuvor war überhaupt nicht erkennbar gewesen, dass auch diese Aussage erforderlich sein könnte. Ebenso rechtswidrig hatte die Kammer zuvor die beantragte Beiziehung der Nachlassakten abgelehnt – mit der fälschlichen Begründung, dies sei ein unzulässiger Ausforschungsbeweis. Max Strauß hatte zuvor in einem Schriftsatz an das Gericht die Existenz von Nachlassakten geleugnet, mit der Behauptung, es habe kein Nachlassverfahren gegeben. Dies konnte durch einen eingeholten Grundbuchauszug widerlegt werden. Es gab sehr wohl Nachlassakten, und zwar wegen der Erteilung des Erbscheins!

Im Urteil vom 13. Februar 2013 gab die Kammer der Klage hinsichtlich der Buchpassage über den 300-Millionen-DM-Nachlass statt. Die Begründung: Mir obliege der Beweis, dass der Nachlass tatsächlich so hoch gewesen sei, dieser Beweis sei nicht gelungen. Ohne den Zeugen Bernd Linz als unglaubwürdig oder seine Aussage als unglaubhaft einzustufen, führte die Kammer aus, sie habe sich »nicht mit der notwendigen Gewissheit« davon überzeugen können, dass dieser tatsächlich mit Max Strauß in der angegebenen Weise telefoniert habe. Wegen des unterschwelligen Vorwurfs, der Nachlass habe einen Makel, sei der Klage stattzugeben.

Die Urteilsgründe waren unhaltbar, zumal die Kammer die Vernehmung der Manette Schumann ebenso abgelehnt hatte wie die Beiziehung der Nachlassakten. Schon gar nicht vermochte sie zu erklären, warum sich bei dem zweimaligen Anruf von Bernd Linz unter der hinterlassenen Telefonnummer spontan jeweils eine Sekretärin mit »Büro Max Strauß« gemeldet hatte. Ebenso setzte sie sich stillschweigend über die Tatsache hinweg, dass der Betrag von 300 Millionen DM, von dem Bernd Linz bei dem Telefonat mit Max Strauß erfahren hatte, genau übereinstimmte mit den von mir im Buch genannten 300 Millionen DM.

Zum Konto beim Schweizer Bankhaus Bär erklärte die Kammer, auch diese Passage sei ehrverletzend und daher unzulässig, weil der gesamte Kontext des Buches Unehrlichkeit von Max Strauß suggeriere. Es fehle dort der Hinweis, dass Max Strauß in seinem Augsburger Prozess von dem Vorwurf der Steuerhinterziehung freigesprochen worden sei. Das Argument war abwegig, denn dieser Prozess betraf nicht ein Konto beim Bankhaus Bär in Zürich, sondern das Konto beim Schweizer Bankverein in St. Gallen, das von Karlheinz Schreiber für F. J. Strauß geführt wurde.

Hinsichtlich des im Buch zitierten Fernsehinterviews des früheren Beamten des Bundeskriminalamtes räumte die Kammer sein, dass dieser zwar Verbindungen von Strauß zu Monzer al-Kassar aufgezeigt habe, aber nicht dahingehend, dass man immer wieder auf die Familie Strauß gestoßen sei, wenn es im Nahen Osten um Waffen und Geld gegangen sei. Doch was für Geschäfte der Familie Strauß sollten es sonst gewesen sein? Dass sie im Nahen Osten etwa mit Getreide, Autos oder Arzneimitteln gehandelt hätte, wäre absolut neu gewesen. Insoweit hüllte sich Max Strauß in vielsagendes Schweigen.

Die Kammer lehnte auch die beantragte Vernehmung mehrerer Zeugen ab, die bestätigen konnten, dass Franz Josef Strauß immer wieder erhebliche Mengen an Bargeld kassiert und dann in die Schweiz verbracht hatte. Die Begründung: Diese Beträge würden zusammen noch keine 300 Millionen DM ergeben! Das Argument war gleich zweifach verfehlt. Zum einen, weil der Nachlass mit einem Makel behaftet war, wenn auch nur ein Teil davon Schmiergeld war, noch dazu unversteuert. Denn wo blieb da die behauptete Ehrverletzung? Die Aussagen dieser Zeugen hätten die Angabe der Geschwister Strauß, der Nachlass habe etwas weniger als 6 Millionen DM betragen, als unwahr entlarvt. Überdies war anzunehmen, dass es außer den Schmiergeldern, die von den benannten Zeugen bestätigt worden wären, weitere gegeben hatte – eine Hochrechnung wäre angezeigt gewesen, doch das vermied die Urteilsbegründung.

Die Kammer gab der Wahrheit keine Chance. Ihre Motive seien dahingestellt. Jedenfalls hatte sich die Erwartung von Max Strauß, dass er bei dieser Kammer in Köln gut aufgehoben wäre, tatsächlich erfüllt.

Ich legte Berufung beim Oberlandesgericht Köln ein. Im ersten Verhandlungstermin erklärte der Vorsitzende, hinsichtlich des 300-Millionen-Erbes folge der Senat dem Landgericht nicht, vielmehr liege eine zulässige Verdachtsberichterstattung vor. Er gab Max Strauß auf, einen Nachweis über die Höhe des Nachlasses beizubringen. Ergebnis: Im nächsten Verhandlungstermin ließ Max Strauß durch seinen Anwalt mitteilen, der Bescheid des Nachlassgerichts über Umfang und Wert des Nachlasses sei aus den Nachlassakten der bayerischen Justiz verschwunden! Ausgerechnet bei dem Ministerpräsidenten Strauß – das war unglaubhaft! Es sei denn, man hatte Max Strauß einen Gefallen getan.

Überraschenderweise wies der Senat – entgegen seiner vorherigen Äußerung – die Berufung doch zurück, dies auch in den anderen Punkten.

Die Revision ließ er nicht zu. Die beim Bundesgerichtshof eingelegte Revisionszulassungsbeschwerde blieb erfolglos. Ein beim Bundesgerichtshof zugelassener Anwalt vermutete, dass der Bundesgerichtshof »in dieses politische Wespennest« nicht hineinstechen wollte.

Resümee

Max Strauß hatte in diesem Prozess auf welch obskure Weise auch immer obsiegt, triumphieren konnten er und seine Geschwister dennoch nicht. Denn das Amtsgericht München, bestätigt durch das Landgericht München, wies kurz darauf den auf ihrem Strafantrag fußenden Strafbefehlsantrag der Staatsanwaltschaft zurück (siehe oben). In einer Verfügung vom 15. Juli 2015 wies das Amtsgericht die Staatsanwaltschaft überdies darauf hin, dass die Kölner Urteile hinsichtlich des dort angenommenen Werts des Nachlasses von weniger als 250 Millionen DM darauf beruhen würden, dass man mir die Beweislast auferlegt sowie meinen Sachvortrag und die von mir angebotenen Zeugenbeweise übergangen habe. Damit hatte das Amtsgericht klargestellt, dass die Wahrheit ganz anders aussehen konnte, als diese Urteile suggerierten.

5. KAPITEL

BERICHT DES *STERN*: »DAS MILLIONENRÄTSEL«

Unter dem Titel »Das Millionenrätsel. Wie reich war Franz Josef Strauß?« berichtete 2012 das Nachrichtenmagazin *Der Stern* in großer Aufmachung zur sensationellen Höhe des Nachlasses von Strauß (Heft 27): zum einen über das in *Macht und Missbrauch* wiedergegebene Gerücht über ein Erbe von 300 Millionen DM, zum anderen über die Angaben von Bernd Linz, wonach ihm Max Strauß in einem Telefonat eröffnet habe, er wolle eine Bargeldsumme von 300 Millionen DM, die bei der Bayerischen Landesbank liege, zur Citibank nach Luxemburg transferieren; es handle sich dabei um »das Erbe unseres Vaters Franz Josef Strauß«. *Der Stern* zitierte außerdem Manette Schumann von der Citibank Luxemburg, die bestätigte, dass die entsprechende Anfrage eines Büro Max Strauß aus München zunächst bei ihr eingegangen sei, »über einen Luxemburger Mittelsmann, der eigentlich in Immobilien gemacht habe«. Dies mochte damit zusammenhängen, dass F. J. Strauß an einer Gesellschaft in Luxemburg beteiligt war – so ein verdeckter Vorwurf des Dr. Ludwig Huber, Präsident der Landesbank (siehe 13. Kap.).

Max Strauß verklagte den *Stern* auf Unterlassung, seine Darstellung weiter zu verbreiten. Wiederum reichte er Klage beim Landgericht Köln ein, bei derselben Kammer, bei der er bereits erfolgreich gewesen war.

Als Zeugen benannte der beklagte Verlag Gruner + Jahr im Prozess den früheren Banker Bernd Linz, dessen Luxemburger Kollegin Manette

Schumann sowie den renommierten Journalisten Egmont Koch, der sie vor seinem *Stern*-Bericht interviewt hatte.

Vor Gericht wiederholte Bernd Linz seine früheren Aussagen, Manette Schumann bestätigte den Vorgang. Sie teilte mit, ein ihr bekannter Luxemburger Mittelsmann habe sie gefragt, ob die Citibank an einem Bargeldbetrag von 300 Millionen DM interessiert sei. Als sie wegen des Geldwäschegesetzes gefragt habe, woher das Geld komme, habe er gesagt, »von den Geschwistern Strauß«. Es handle sich möglicherweise um deren Erbe. Egmont Koch wiederum bestätigte, dass sie ihm das auch im Interview so dargestellt habe. Dabei verwies er auf eine von ihm vorgelegte, an Manette Schumann gesandte E-Mail:

Sehr geehrte Frau Schumann,

Sie haben mir bei unserem ausführlichen Gespräch am 16.2.2011 in der Piano Bar des Le Royal gesagt, die damalige Anfrage über einen großen Bargeldtransfer von Max Strauß sei bei Ihnen in der Citibank Luxemburg eingegangen [...] Der Wunsch sei von einem Luxemburger Mittelsmann im Auftrag der Geschwister Strauß an Sie herangetragen worden. Sie erinnerten sich auch an seinen Namen. Ihr damaliger Chef, Yves de Naurois, habe das Geschäft aber abgelehnt.

Habe ich mir das in meinen Notizen richtig notiert?

Beste Grüße
Egmont R. Koch

Frau Schumann antwortete per E-Mail:

Ja Herr Koch, das haben Sie richtig notiert.

Max Strauß seinerseits bot als Zeugen seinen Bruder Franz Georg Strauß und seine Schwester Monika Hohlmeier auf sowie den Steuerberater W., der die Erbschaftsteuererklärung erstellt hatte. Erstere sagten aus, der Nachlass habe etwas weniger als 6 Millionen DM betragen, Letzterer sagte aus, von einem höheren Wert sei ihm nichts bekannt. Natürlich kam es darauf an, was ihm die Geschwister Strauß angegeben hatten oder nicht, seine Aussage hatte daher keinen eigenen Wert.

Wie sah das Urteil aus? Obwohl nun die Aussage von Bernd Linz durch die Aussage der Manette Schumann bestätigt worden war, außerdem abgestützt durch die Aussage von Egmont Koch und die besagte E-Mail, erklärte dieselbe Kammer unter dem Vorsitz des Richters Dr. Eßer wiederum, dies reiche nicht zu ihrer vollen Überzeugung aus. Sie führte aus, der Nachlass habe weniger als 6 Millionen DM betragen. Damit übernahm sie die Selbstauskunft der Geschwister Strauß! Eine Selbstauskunft hatte mehr Beweiswert als die Aussagen der Zeugen! Es war unfassbar.

Der Verlag Gruner + Jahr resignierte und legte keine Berufung ein.

6. KAPITEL

Eine Todesdrohung aus dem arabischen Raum

Bei seiner gerichtlichen Vernehmung am 18. Januar 2013 und auch bei seiner späteren Vernehmung äußerte der Zeuge Bernd Linz Sorge um seine Sicherheit und die seiner Frau. Dies nicht ohne Grund.

Unter dem Datum 28. Juni 2012 hatte *Der Stern*, wie ausgeführt, seinen Bericht »Das Millionenrätsel« mit den Angaben von Bernd Linz – unter Nennung seines Namens – sowie die Angaben der Manette Schumann unter dem Decknamen Michelle Weber herausgebracht.

Zuvor hatte *Der Stern* die Geschwister Strauß mit deren Aussagen konfrontiert. Dazu ließen sie über ihren Anwalt mitteilen: »Diese angeblichen Behauptungen sind barer Unfug, also falsch.«

Bereits am 27. Juni 2012 erhielt Bernd Linz eine E-Mail mit einer Todesdrohung: Es sei ein Killerkommando auf ihn angesetzt, er solle sich überlegen, was er tue. Die in schlechtem Englisch abgefasste E-Mail war durchsetzt mit arabischen Schriftzeichen. Die eingeschaltete Kriminalpolizei konnte den Absender jedoch nicht identifizieren. Sie konnte aber feststellen, dass die E-Mail aus dem arabischen Raum kam, mutmaßlich aus einem Internet-Café. Auffällig sei gewesen, so Bernd Linz, dass die drohende E-Mail an die aus dem Münchner Telefonbuch ersichtliche E-Mail-Adresse seiner Frau gerichtet gewesen sei, er selbst sei nicht im Telefonbuch verzeichnet. Bernd Linz übergab der Kammer in der Verhandlung die E-Mail und das hierzu ergangene Schreiben der Staatsanwaltschaft. Max Strauß sagte dazu nichts.

Rätselhaft war, dass jemand, der offenbar kein Deutsch konnte, bereits am 27. Juni 2012, also noch vor dem Erscheinen des *Stern*-Berichts, die Angaben von Bernd Linz gegenüber dem *Stern* kennen konnte, noch dazu, wenn er im arabischen Raum ansässig war. Wer sah sich genötigt, Bernd Linz zum Schweigen zu bringen? Woher kam die Anstiftung?

Die Todesdrohung war nicht als bloße Einschüchterung abzutun. Man denke an den mysteriösen »Unfalltod« des Oberstaatsanwalts Jörg Hillinger, Leiter der Staatsanwaltschaft Augsburg, der beharrlich bestimmte Ermittlungen vorantrieb. Und Staatssekretär Dr. Erich Riedl berichtete mir, dass er von einem Angehörigen der Polizei bei einem vertraulichen Treffen im Arabella-Hotel in München gewarnt worden sei, er solle auf sein Leben aufpassen, man kenne die Gebräuche von [...][18] Ich selbst war von anderer Seite ebenfalls eindringlich gewarnt worden – vor derselben Adresse.

Bereits Rechtsanwalt Dr. Bosbach, mein Verteidiger im Strafverfahren, das die Geschwister Strauß gegen mich angestrengt hatten, hatte eine Gefahr für den Zeugen vorausgesehen. In einem Schreiben an die Justizministerin Dr. Beate Merk äußerte er die Bitte, »alles Erforderliche zu veranlassen, um ihn zu schützen«. Die Bitte war vergeblich.

7. KAPITEL

Ein Dokument mit gewaltiger Sprengkraft

Inzwischen war ich hervorragend vernetzt, weit mehr als zu meiner aktiven beruflichen Zeit im Finanzministerium und in den sechs Jahren bei der Landeswohnungs- und Städtebaugesellschaft Bayern GmbH (LWS) und der Deutschen Kreditbank. Mein Aufbegehren gegen Strauß im Jahr 1977/78 durch Petitionen an den Landtag, die von mir ausgelöste Amigo-Affäre 1993 um Max Streibl, meine Aufdeckung des Skandals Gustl Mollath, mein Kampf um seine Freilassung sowie meine Bücher *Macht und Missbrauch* und *Wahn und Willkür* hatten dazu geführt, dass sich eine Vielzahl von Menschen an mich wandte, darunter Unternehmer, Professoren, Journalisten, Anwälte, Steuerberater, Banker, hochgestellte Beamte, sogar Politiker, nicht zuletzt solche aus der CSU. Die Beweggründe waren höchst unterschiedlich, teils war es der Wunsch, mir Anerkennung und Zuspruch auszudrücken, teils waren es Bitten um Rat und Hilfe (bis hin zu drei verschiedenen Mordfällen) oder Hinweise auf weitere Skandale. Vielfach erhielt ich vertrauliche Informationen und Unterlagen zu bestimmten Politikern, allzumal zu F. J. Strauß.

Etwa im Oktober 2015 erreichte mich der Brief eines schon länger aus meinem Blickfeld geratenen Bekannten, der früher im Bankgewerbe tätig war, er wollte mich in einer Sache um Rat fragen. Aus purer Trägheit ließ ich den Brief einige Monate liegen, von schlechtem Gewissen getrieben, rief ich ihn dann doch kurzerhand an. Als er mich fragte, wie es mir denn gehe, erwiderte ich, es gehe mir bestens, abgesehen davon, dass ich mich ärgerlicherweise mit Max Strauß herumschlagen müsse – insbesondere wegen des in *Macht und Missbrauch* zitierten Gerüchts, dass Strauß 300 Millionen DM hinterlassen habe. Was mein Gesprächspartner darauf sagte, war für mich eine Überraschung, wie sie größer nicht sein konnte: Er wusste über das Vermögen von Strauß detailliert Bescheid.

Er erzählte, Strauß habe ein Konto bei der DG Bank in der Schweiz unterhalten, darauf seien zum Schluss 360 Millionen DM gelegen. Es sei ein Privatkonto gewesen, Marianne Strauß habe Bankvollmacht gehabt, nach ihrem Tode sei Max Strauß bevollmächtigt gewesen. Im Übrigen hätten auch Leo Kirch und der REWE-Chef Hans Reischl dort ein Konto gehabt, und sogar Bundeskanzler Helmut Kohl!

Als ich fragte, woher er das alles wisse, stellte sich heraus, dass er einen internen Prüfbericht der DG Bank-Zentrale in Frankfurt in Händen hatte. Ob ich diesen Prüfbericht denn haben könnte, fragte ich vorsichtig. Zunächst ein Zögern, schließlich ein Ja – gegen die Zusicherung der Vertraulichkeit hinsichtlich der Quelle, aber das verstand sich von selbst.

Bald darauf traf der Prüfbericht per Post bei mir ein – unter Angabe der Adresse des Absenders.

Was ich da zu lesen bekam, war schwindelerregend. Fettgedruckt die Überschrift des Berichts:

> *Konto FIDINAM Franz Josef Strauß, Ministerpräsident von Bayern (geb. Sept. 1915).*

Darunter: Stand am Tag der Auflösung Ultimo März 1990:

> *359.498.000,66 Deutsche Mark.*

Das Dokument wies sich im oberen Teil der ersten Seite als »DG Bank Intern«-Papier vom 4. April 1994 aus, gerichtet an den Gesamtvorstand und die Rechtsabteilung (hier nachfolgend auch bezeichnet als DG-Prüfbericht).

Unterschrieben war der Bericht von einer Andrea Fuchs und einem Wolf Franzen, beide Angestellte der DG Bank-Zentrale in Frankfurt, der viertgrößten deutschen Bank. Ihren Ausführungen zufolge hatten sie den Auftrag, für den Vorstand Berichte über die Konten prominenter oder geldschwerer Kunden bei der DG Bank-Tochter in der Schweiz zu erstellen – der Bericht über das Konto von Strauß war demnach nur einer von vielen in dieser Reihe. Er ist im Anhang abgedruckt, vorab werden die Kernpunkte herausgegriffen und kommentiert.

1. Die Bezeichnung »Konto FIDINAM« bedeutete, dass die Schweizer Vermögensverwaltungsgesellschaft FIDINAM formal zwischengeschaltet war. Die DG Bank Schweiz war an ihr beteiligt, ein Vorstandsmitglied saß im Aufsichtsrat der FIDINAM. Laut einem Bericht des *Spiegel* bezeichnete die Mailänder Staatsanwaltschaft sie als Hort des Geldes korrupter Politiker.
   Das Konto hatte laut Bericht vier Unterkonten:
   Dessert-Foxx
   Big Nefud Tank
   Rubalchali-Buggy
   Dhana.
   Was wollte Strauß mit diesen kryptischen Kontonamen verdecken? Dessert-Foxx bedeutete (wenn auch mit zwei »s« und »x« geschrieben) offensichtlich Wüstenfuchs und stand wohl für Fuchspanzer. Die anderen Namen ließen sich mithilfe des Internets und der Landkarte als drei wüstenartige Gebirgszüge in Saudi-Arabien entschlüsseln. Der Zusatz »Big Tank« bedeutete »Großer Kampfpanzer«, der Zusatz »Buggy« möglicherweise ein anderes Militärfahrzeug. Somit ist anzunehmen, dass diese Konten auch für Einnahmen aus Waffengeschäften bestimmt waren. Auf diese Zweckbestimmung weist zudem hin, dass es im Prüfbericht heißt:

»Weitere Überweisungen kamen von saudi-arabischen Personen und aus dem Libanon.« Hierbei konnte es nur um Waffengeschäfte gehen.

2. Laut Bericht hatten Kontovollmacht Marianne Strauß und Franz Josef Dannecker, nach dem Tode von Marianne Strauß im Juni 1984 ihr Sohn Max Strauß. Der Bericht vermerkt, dass nach dem Tode seines Vaters, den Kontoauszügen zufolge, Max Strauß persönliche Anweisungen erteilt habe.
   Die Prüfer notierten hierzu, dass ihnen die Rechtsabteilung untersagt habe, in ihrem Bericht – wie eigentlich üblich – die Nummern der in Kopie vorliegenden Pässe dieser Personen festzuhalten. Auch sei ihnen untersagt worden, »Herrn Max Strauß bezüglich der hier nicht aufzuklärenden Fragen zu kontaktieren«.

3. Das Konto in der Schweiz wurde dem Bericht zufolge Ende März 1990 durch Barabhebung des gesamten Betrages schlagartig aufgelöst. Der Bericht teilt nicht ausdrücklich mit, durch wen die Barabhebung erfolgte. Da aber das Geld den Geschwistern Strauß als Erben zustand und von ihnen nur Max Strauß Bankvollmacht hatte (so der Bericht), ist anzunehmen, dass er es war, der das Geld abhob und mit seinen Geschwistern vereinnahmte.
   Der Bericht führt aus, dass gemäß den Unterlagen der DG Bank bei der Abwicklung der Barabhebung die Bayerische Landesbank mitgewirkt habe. Dies ergebe sich aus einer PÜV-Note FKV 7106 an die Bayerischen Landesbank vom Juli 1990. Mit dieser vom damaligen DG-Bank-Vorstandsvorsitzenden Dr. Helmut Guthardt persönlich abgezeichneten Note habe die DG Bank die Kosten von 1,5 Prozent der Barabhebung, somit in Höhe von 5.392.470 DM, übernommen und der Landesbank gutgeschrieben. Weiter hieß es: Für den Verbleib des abgehobenen Geldes komme die Bayerische Landesbank in Betracht, Gerüchten zufolge auch Luxemburg.

4. Der angegebene Kontostand von rund 360 Millionen DM war nur der Endstand des Kontos zum Zeitpunkt seiner Auflösung im März 1990. Der Endstand gab also nicht die Summe sämtlicher auf dem Konto eingegangenen Einnahmen wieder. Denn laut Bericht zeigte das Konto »eine Verflechtung einer Vielzahl von weiteren Strauß-Konten in der Schweiz und in diversen weiteren Ländern auf«. Damit wären die vorher im Laufe der Jahre erfolgten Überweisungen auf andere Konten sowie Barabhebungen zu ermitteln und hinzuzurechnen.

5. Die Prüfer führten zu den Kontounterlagen aus: »Sie weisen in besorgniserregender Art und Weise eine Vielzahl fragwürdiger Einzahlungen und Überweisungen auf.« Konkret verwiesen sie auf folgende Transaktionen:

    a. Alexander Schalck-Golodkowski (der oberste Devisenbeschaffer der DDR) persönlich habe Ende 1983 eine Bareinzahlung in Höhe von 50 Millionen DM auf das Konto vorgenommen sowie 1984 zwei weitere Bareinzahlungen von jeweils 25 Millionen DM.
    b. Dazu ist festzustellen: 1983 wurde die erste Milliarde des Milliardenkredits an die DDR ausgereicht, 1984 die zweite. Für die Vermittlung des Kredits kassierte Strauß demnach 100 Millionen DM an Schmiergeld, das er gewiss auch nicht versteuerte. Denn er versicherte öffentlich immer wieder, dass er, entgegen dem damals in der Öffentlichkeit umlaufenden Verdacht, keine Provision genommen habe.
    c. Von Konten saudi-arabischer Personen seien Überweisungen gekommen, ebenso aus dem Libanon.
    d. Auffällig viele Überweisungen seien von der Deutschen Bank gekommen: »Keine Überweisung war unter 1 Million.«
    e. Von mindestens zwei Unternehmen Leo Kirchs seien Zahlungen eingegangen, 50 Millionen DM allein von Taurus-Film.

f. Über die Deutsche Bank seien im Rahmen der Platzierung des Flick-Mercedes-Pakets an der Frankfurter Börse weitere 30 Millionen DM gezahlt worden.
g. Außerdem rügten die Prüfer, dass die Behandlung des Kontos nach dem Tode von F. J. Strauß den gesetzlichen Vorschriften zuwiderlief. Danach hätte die Bank das Konto schließen und dem Finanzamt melden müssen! Die Abhebung des Geldes hätte sie nur gegen Vorlage des Erbscheins zulassen dürfen. Die Prüfer monierten: »Ein Erbe bezüglich des Kontos wurde nie offiziell angetreten. Auch wenn es hier zwei Bevollmächtigte gab, mutet der ganze Ablauf mehr als fragwürdig an.« Demnach hatte Max Strauß keinen Erbschein vorgelegt. Die Prüfer folgerten:
»Mit an Sicherheit grenzender Wahrscheinlichkeit ist das Gesamtkonto nie dem Strauß-Erbe zugefallen und damit auch nach unserer Auffassung nicht versteuert worden.«

6. Der Medienunternehmer Leo Kirch hatte dem Prüfbericht zufolge ebenfalls ein Konto bei der DG Bank in der Schweiz. Auf einen vorangegangenen Prüfbericht verweisend, führten die Prüfer aus, dass auch »das erhebliche Kontoguthaben Leo Kirchs im April 1990 in Bar abgehoben wurde. Die für die Bar-Abhebung erheblichen Kosten wurden ihm im Laufe des Jahres 1990 gutgeschrieben. Die DG Bank kam für den Schaden in voller Höhe auf. Der Betrag wurde per PÜV-Geschäft an die Bayerische Landesbank transferiert.«

7. Von den Konten Kirch und Strauß wurde demnach schlagartig das gesamte Guthaben zum genau gleichen Zeitpunkt abgeräumt – dies musste einen dringenden Grund gehabt haben! Die außergewöhnliche Abhebung in bar sollte offensichtlich verhindern, dass sich der Verbleib des Geldes nachverfolgen ließ. Aber in

beiden Fällen wirkte dem Bericht zufolge die Bayerische Landesbank dabei mit – die Spur führte und führt somit dort hin.

8. Aus dem Bericht der beiden Prüfer ist ferner ersichtlich, dass nicht nur Strauß, sondern auch ein anderer bekannter Politiker ein Konto bei der DG Bank in der Schweiz hatte. Die Prüfer stellten fest:
   »Das Konto FJS zeigte keine Parallelen zu dem Konto von Bundeskanzler Helmut Kohl auf.«
   Und sie kündigten an:
   »In den nächsten Tagen werden wir zu den Auslandskonten von Herrn Reischl und Dr. Helmut Kohl Stellung nehmen.«

Was ich mit diesem Prüfbericht nunmehr in Händen hatte, war ein Dokument von nicht anzweifelbarem Beweiswert. Nie und nimmer hatte ich darauf hoffen können, eine derart eindeutige und weitreichende Bestätigung für all das in die Hände zu bekommen, was ich zu Strauß geschrieben hatte – über sein in Jahrzehnten zusammengerafftes illegales Vermögen, seine geheimen Konten in der Schweiz und sogar über kassierte Schmiergeldprovisionen für die Vermittlung des Milliardenkredits an die DDR –, eine Kollaboration, die ihn als Vaterlandsverräter entlarvte. Hätte ich diesen Prüfbericht früher gehabt, hätte ich den Prozess in Köln nicht verloren! Die Geschwister Strauß hätten dann nicht jubilierend verbreiten können, die Gerichte dort hätten mir meine Behauptungen untersagt. Auch wenn der Prüfbericht insoweit zu spät kam, es galt nun wenigstens die Öffentlichkeit aufzuklären.

Noch am gleichen Tage suchte ich meinen Anwalt Hildebrecht Braun auf. Er las den Prüfbericht, schüttelte überrascht immer wieder den Kopf, musste bisweilen lachen, schließlich sagte er: »Einfach unglaublich!« Denn das, was man Strauß an Korruption immer wieder nachgesagt hatte, war durch dieses Dokument der DG Bank erwiesen. Braun war über zwei Legislaturperioden Bundestagsabgeordneter der FDP gewesen, er vermochte die politische Tragweite einzuschätzen. Zugleich war er sich bewusst, dass er gemäß seiner anwaltlichen Sorgfaltspflicht die Echtheit des Prüfberichts noch überprüfen musste. Er war ein umsichtiger Mann, der Justiz sehr verbunden, seine Frau war Vorsitzende Richterin am Oberlandesgericht München gewesen. Er wollte zunächst mit den Verfassern des Prüfberichts sprechen.

Zu meiner nicht geringen Überraschung stellte sich heraus, dass ich der durch ihre Unterschrift im Prüfbericht als Mitverfasserin ausgewiesenen Frau Fuchs bereits einmal begegnet war. Und zwar im Rahmen einer Whistleblower-Podiumsdiskussion im DGB-Haus in Frankfurt, zu der mich Professor Dr. Johannes Ludwig von der Hochschule für Angewandte Wissenschaften Hamburg eingeladen hatte. Zu dieser Veranstaltung, die mehrere Jahre zurücklag, war auch Frau Fuchs eingeladen. Außer dass man sich gegenseitig kurz vorstellte, kam es zu keinem weiteren Kontakt. In der Podiumsdiskussion schilderte sie, dass sie sich in einer Frankfurter Großbank pflichtgemäß einem streng verbotenen Insidergeschäft entgegengestellt habe, woraufhin sie aus Rache entlassen worden sei, wogegen sie immer noch gerichtlich ankämpfe. Von Franz Josef Strauß war keine Rede. Hätte ich damals erfahren, dass sie etwa zehn Jahre zuvor einen Prüfbericht zu einem Konto von Strauß in der Schweiz verfasst hatte, wäre ich natürlich sofort auf sie zugekommen, als mich Max Strauß verklagte.

Über das Whistleblower-Netzwerk gelangte ich an die Telefonnummer von Frau Fuchs. Bei meinem Anruf bestätigte sie, dass sie zusammen mit einem inzwischen verstorbenen Kollegen, Wolf Franzen, den Prüfbericht verfasst habe. Sie konnte sich spontan an viele Einzelheiten des Berichts erinnern, sodass es nicht den geringsten Zweifel an seiner Echtheit geben konnte. Da der Bericht für den Vorstand der DG Bank bestimmt war, war davon auszugehen, dass sie und ihr Kollege die darin dargelegten Fakten mit besonderer Sorgfalt ermittelt hatten.

Frau Fuchs äußerte von sich aus, sie sei auch bereit, als Zeugin auszusagen – eine honorige, mutige Haltung. Am 29. Juli 2016 kam sie auf

Einladung von Rechtsanwalt Braun zu einer Besprechung in dessen Kanzlei nach München. Begleitet wurde sie von Christian Landers, Chef von Fidelity Markets in London, einem großen Investment-Unternehmen. Mit der Sache selbst hatte er nichts zu tun, er hörte bloß zu. Mit Zustimmung von Frau Fuchs nahm Rechtsanwalt Braun das Gespräch auf Band auf.

Frau Fuchs befand sich nunmehr in der Rolle einer Zeugin. Sie bestätigte die Echtheit und inhaltliche Richtigkeit des Prüfberichts. Das Strauß-Konto bei der DG Bank in der Schweiz sei 1976 eingerichtet worden. In der Folge habe Strauß persönlich der Bank Anweisungen für von ihm gewünschte Dispositionen erteilt. Darüber hätten die Sachbearbeiter der Bank jeweils Notizen verfasst, auch darüber, dass Strauß sie des Öfteren angemotzt habe, wenn etwas nicht in seinem Sinne gelaufen sei. Sie berichtete, dass Strauß umfangreiche Devisen-Spekulationsgeschäfte getätigt habe, dass Geld über die Vatikan-Bank gelaufen sei und dass Geld auf die Cayman-Islands transferiert worden sei. Sie berichtete, dass auch – und das war mehr als bemerkenswert – Vorstände der DG Bank-Zentrale in Frankfurt verdeckt Konten bei der DG Bank Schweiz unterhalten hätten. Zu den Konten, die Strauß bedient habe, hätten auch solche in Liechtenstein gehört.

Überweisungen seien unter anderem von den Rüstungskonzernen MBB, Krauss-Maffei und Airbus sowie Otto Beisheim/Metro gekommen. In den siebziger Jahren seien zwei große Zahlungen von einer Vermögensverwaltung aus Chicago auf dem Konto gelandet, die eine in Höhe von 12,5 Millionen, die zweite etwa in Höhe von 6 Millionen DM. Hinsichtlich des auf den Cayman-Islands gelagerten Geldes seien die Abrechnungen über die Deutsche Bank erfolgt.

Etwas belustigt berichtete Frau Fuchs, Strauß habe an Prof. B. von der Universität Würzburg 50.000 DM überwiesen, später aber sein Geld zurückhaben wollen. Strauß habe wiederholt bei der Bank nachgefragt, ob B. den Betrag zurückgezahlt habe, was jedoch nicht der Fall war.

Hinsichtlich der von dem Konto in der Schweiz erfolgten Überweisungen auf andere Konten sagte Frau Fuchs zu, sie werde eine Aufstellung fertigen. Wie sie später vor dem Landgericht Köln aussagte, hat sie dies auch getan und mir diese Aufstellung übermittelt.

Nachdem der Prüfbericht durch Frau Fuchs, eine eindrucksvolle, hochintelligente und mit einem präzisen Gedächtnis ausgestattete Persönlichkeit, seine volle Bestätigung gefunden hatte, stand seiner Veröffentlichung nichts mehr im Wege. Ihre Angaben waren durchweg glaubhaft, sie hatte nicht den geringsten Grund, irgendetwas Falsches zu behaupten oder jemanden zu verleumden, zumal Strauß schon lange verstorben war. In Hessen beheimatet, hatte sie an dem Bayern-Herrscher ohnehin nur mäßiges Interesse gehabt. Sich als Zeugin durch wahrheitswidrige Angaben strafbar zu machen, dazu hatte sie keinen Anlass.

Wie sie erzählte, war sie von der DG Bank 1997 – drei Jahre nach der Erstellung des Prüfberichts zu dem Konto von Franz Josef Strauß – geschasst worden, nachdem sie sich einem strafbaren Insidergeschäft erfolgreich entgegengestellt hatte. Ein Vorstandsmitglied und der Bereichsleiter Dr. Bräuer waren anschließend vom Bundesaufsichtsamt für Wertpapierhandel (heute: Bundesanstalt für Finanzdienstleistungsaufsicht) schwer gerügt worden, die Bundesanstalt veröffentlichte den Fall in ihrem Jahresbericht, und die Staatsanwaltschaft verhängte über beide Banker Strafzahlungen. Damit war sie rehabilitiert, dennoch verweigerte ihr die DG Bank die Wiedereinstellung, was zu mehreren Arbeitsgerichts-Prozessen führte, in denen sie letztlich unterlag! Der Fall ging bundesweit durch die Presse.

Der besagte Bereichsleiter Dr. Bräuer hatte, nachdem das strafbare Insidergeschäft geplatzt war, ihre Entlassung betrieben, wie ein Kollege von ihm später bei seiner Vernehmung durch die Kriminalpolizei zum DG-Prüfbericht in der Sache Strauß aussagte. Auch Dr. Bräuer selbst musste aussagen (siehe unten).

Dass Frau Fuchs eine aufrichtige und eine aufrechte Persönlichkeit war, lag auf der Hand. Im Übrigen: Sie war nicht die Erste, die von der Spitze der DG Bank für korrektes Verhalten abgestraft wurde. Einige Jahre vor ihr hatte die DG Bank Wolf-Dietrich Wichmann, der die

Devisengeschäfte zu überwachen hatte, geschasst, nachdem er pflichtgemäß dem Vorstand aufgedeckte Unregelmäßigkeiten mitgeteilt hatte – der *Spiegel* berichtete darüber.[19] Was sollte man von den verantwortlichen Spitzenleuten der Bank halten?

Am 19. August 2016 übergaben Rechtsanwalt Hildebrecht Braun und ich in einer Pressekonferenz im Presseclub München den Prüfbericht den zahlreichen Journalisten, die sich eingefunden hatten. Die Bombe war geplatzt.

Als im Jahr 2010 eine Reihe von Skandalen unglaubliche Missbräuche an Kindern ans Tageslicht gebracht hatte – Missbräuche in der katholischen Kirche, bei den Regensburger Domspatzen, in Jesuiteneinrichtungen, in der Odenwaldschule, in geringerem Maße auch in der evangelischen Kirche –, veröffentlichte die Bundesregierung folgenden Plakattext:

»Wer das Schweigen bricht,
bricht die Macht der Täter.«

8. KAPITEL

Der öffentliche Eklat und der Milliardenkredit an die DDR

Am Tage nach der Pressekonferenz berichteten die Medien in Schlagzeilen. Als überragende Sensation wurde allseits herausgestellt, dass Strauß dem Bericht zufolge 100 Millionen DM an Schmiergeld für die Vermittlung des Milliardenkredits an die DDR kassiert hatte, die Zeitungen brachten große Fotos von Strauß und Schalck-Golodkowski. Von Anfang an stand Strauß bei Zustandekommen des Kredits auch in seiner eigenen Partei unter dem Verdacht, dass er hintenherum abgesahnt hatte. Man wusste ja, dass er überall die Hand aufhielt, seine früheren Korruptionsskandale waren nicht vergessen. Und man kannte seine dubiose wirtschaftliche Verflechtung mit der Rosenheimer Fleischfirma März, die großteils illegal in riesigem Umfang billiges Schlachtvieh aus der DDR und den Ostblockländern nach Bayern importierte. Dass Strauß auf dem Konto in der Schweiz gar 360 Millionen DM aufgehäuft hatte, sprengte allerdings alle Vorstellungen, die sich die Leute bis dahin von der Höhe der von ihm kassierten Schmiergelder gemacht hatten. Etliche Millionen hatte man schon vermutet, aber diese Summe war ungeheuerlich. Überdies wies der Prüfbericht, wie erwähnt, darauf hin, dass der einstmalige »Landesvater« noch eine »Vielzahl von weiteren Konten in der Schweiz und in diversen weiteren Ländern« unterhalten hatte, wo demnach ebenfalls viel Geld gebunkert sein musste.

Und doch waren diese Unsummen nur die Bestätigung dessen, was Strauß schon von jeher getrieben und was ihn angetrieben hatte. Eine CSU-Broschüre hatte einstmals lobend über Strauß erklärt, dass er sich mit großem Eifer der Mehrung seines Vermögens hingebe. Und Marcel Hepp, sein früh verstorbener persönlicher Referent und stellvertretender Chefredakteur des *Bayernkurier*, hatte in seinem hinterlassenen Tagebuch beklagt: »Seine Geldgier steigt mit seinem Einkommen.« Und: »Er umgibt sich mit Halbseidenen.«

Was den Milliardenkredit betraf, verwies Strauß in seinen *Erinnerungen* (S. 527 f.) auf die »Schwerfälligkeit [...] des Gros unserer Mitglieder und Abgeordneten [der CSU], das eine ungewöhnliche Handlungsweise, die man öffentlich nicht erläutern und begründen kann, nicht immer gleich versteht. Der eine hat gesagt, Strauß ist ein Verräter geworden, die anderen unkten, ich sei wahrscheinlich bestochen worden.«

Natürlich: Den wahren Grund für den Milliardenkredit, die Tatsache, dass er 100 Millionen DM Schmiergeld erhielt, konnte er nicht herzeigen. Und einen anderen Grund gab es nicht. In seiner Not begründete er die Politikänderung mit seiner »vom christlichen Gewissen geprägten Grundhaltung«, die konnte er aber ebenfalls nicht herzeigen, auch nicht seine höheren staatsmännischen Überlegungen.

Aufschlussreich: Die Einschätzung, er sei wahrscheinlich bestochen worden, zeigt, dass man in der CSU-Spitze sehr wohl wusste, dass Strauß korrupt war. Der Strauß-Spezi Eduard Zwick eröffnete, wie erwähnt, 1994 dem *Spiegel*,[20] Strauß habe ein hohes Auslandsvermögen gehabt, geschätzt 250 Millionen DM, und er sei beim Bankhaus Pictet in Genf Kunde gewesen, wofür es mehrere Millionen Anlagevermögen brauche. Dazu erklärte der damalige CSU-Chef Theo Waigel: »Jeder wusste, dass Strauß kein Heiliger ist« (*SZ* vom 5. April 1994).

Dass Strauß sich noch dazu so abfällig über die Mehrzahl der CSU-Mitglieder und CSU-Abgeordneten ausließ, zeigt, dass er sie und die Partei insgesamt nur als seine Machtbasis benutzte, als Mittel für seine persönlichen Zwecke, zumal um sich zu bereichern.

Hans-Jochen Vogel, früherer Bundesjustizminister, stellte in einer Fernsehdokumentation (ZDFinfo am 14. November 2020) zum Milliardenkredit heraus, Strauß habe sich seinerzeit mindestens 23-mal mit Schalck-Golodkowski getroffen, auch in seiner Privatwohnung, niemand aber habe etwas über den Inhalt dieser Gespräche erfahren. Selbst die CSU-Spitze sperrte Strauß aus: Wenn es um sein Geld ging und um den Verrat von Staatsgeheimnissen (siehe unten), dann wollte er möglichst keine Mitwisser haben.

Schalck-Golodkowski zahlte, wie ausgeführt, die besagten 100 Millionen DM Schmiergeld in bar auf das DG-Bank-Konto von Strauß in der Schweiz ein. Dies war ihm ohne Weiteres möglich, weil die DDR den größeren Teil des Milliardenkredits in der Schweiz deponiert hatte, um bei Banken ihre Kreditwürdigkeit zu bekräftigen (ZDFinfo am 14. November 2020).

Ministerpräsident Max Streibl äußerte zornig nach dem Tod von Strauß gegenüber Parteifreunden: »Ihr werdet schon sehen, was bei dem Schalck-Golodkowski noch alles herauskommt!«[21]

Max Strauß, von der Presse mit dem DG-Prüfbericht konfrontiert, erklärte: »Das Dokument ist eine dreiste Fälschung.« Es sei »typisch für Schlötterer, einfach eine Behauptung in die Welt zu setzen und sagen, diese ist nicht von mir. Zufälligerweise findet er ein Dokument, das ihm aus allen Beweisnöten hilft. Wir haben das Gefühl, der BGH soll angelogen werden.« Mit der DG Bank habe er, Max Strauß, nie etwas zu tun gehabt. Mein Anwalt Hildebrecht Braun stellte in meinem Namen Strafantrag gegen ihn wegen Verleumdung, übler Nachrede und Beleidigung.

Freilich verfehlte das angeklebte Etikett »Fälschung« seine Wirkung nicht ganz. Die Presse war verunsichert, immer wieder wurde an das Debakel des *Stern* mit den gefälschten Hitler-Tagebüchern erinnert, zumal sich die DZ Bank (frühere DG Bank) auf Anfrage nicht äußern wollte, zu brisant war dieser Bericht für die Bank. Wichtig aber: Sie dementierte auch nicht!

Im Übrigen: Mein Anwalt und ich hatten den Bericht vor der Übergabe an die Presse an der Stelle geschwärzt, wo die Unterschrift der Frau Fuchs (und des Wolf Franzen) zu sehen war. Es galt sie zu schützen – in Erinnerung an die Todesdrohung, die seinerzeit der Zeuge Bernd Linz aus dem arabischen Raum erhalten hatte. Dies durfte sich nicht wiederholen. Und noch zwei Stellen wurden geschwärzt: Dort, wo der Name des Bundeskanzlers Helmut Kohl auftauchte.

9. KAPITEL

Aufhellung früherer Affären

Die Angaben des Prüfberichts geben Anlass, sie mit früher bekanntgewordenen Tatsachen abzugleichen.

1. Gelder vom Flick-Konzern

Im Herbst 1975 wurde im Finanzamt St. Augustin bei Bonn eine riesige Parteispendenaffäre aufgedeckt. Der Flick-Konzern hatte über Jahre hinweg auf illegale Art und Weise heimlich viele Millionen Mark an Minister und andere prominente Politiker gezahlt, »zur politischen Landschaftspflege«, dies aber alles andere als uneigennützig. Eine staatsanwaltschaftliche Durchsuchung im Flick-Konzern brachte einige Zeit später Belege über konkrete Zahlungen ans Tageslicht, vom Chefbuchhalter Rudolf Diehl notiert nach Höhe, Datum und Empfänger. Es handelte sich, soweit ersichtlich, um Gelder, die nicht der persönlichen Bereicherung dienten, sondern von den Empfängern als Parteispenden weitergeleitet wurden.

Strauß hatte immense Geldbeträge genommen, bei ihm aber blieb der Verbleib des Geldes im Dunkeln. Den Unterlagen des Chefbuchhalters Diehl zufolge hatte er in der Zeit vom 21. April 1975 bis zum 24. Oktober 1979 einmal 200.000 DM und dann drei weitere Teilbeträge von je 250.000 DM erhalten, somit insgesamt 950.000 DM. Bei einer Vernehmung durch die Bonner Staatsanwaltschaft antwortete Strauß auf die

Frage, ob er diese Beträge persönlich erhalten habe, gegebenenfalls in bar, und ob er sie an die Partei weitergeleitet habe:

> *»Dazu vermag ich keine Auskunft zu geben, weil ich keine konkrete Erinnerung habe.«*

Angesichts der ungewöhnlichen Höhe der Beträge war dies absolut unglaubhaft, zumal er ansonsten ein vorzügliches Gedächtnis bewies. Also: Er konnte nicht sagen, dass er das Geld an die CSU weitergeleitet habe! Daraus war zu schließen, dass er das Geld für sich persönlich vereinnahmt hatte, noch dazu, ohne es zu versteuern. Denn wenn er es versteuert hätte, hätte er sich bei dieser Größenordnung sicher daran erinnert.

Aufgrund der Diehl-Unterlagen stand fest, dass er das Geld erhalten hatte. Dennoch leugnete er dies bei seiner Befragung im Flick-Untersuchungsausschuss des Bundestags im Jahr 1984. Laut Protokoll antwortete er frech auf die Frage des Vorsitzenden,

- ob er den unter dem 21. April 1975 notierten Betrag von 200.000 DM erhalten habe:
  »Davon weiß ich nichts«;

- ob er den unter dem 12. Juli 1976 notierten Betrag von 250.000 DM erhalten habe:
  »Ich kann keine konkrete Auskunft geben, weil ich das nicht weiß«;

- ob er den unter dem 1. September 1976 notierten Betrag von 250.000 DM erhalten habe:
  »Keine Ahnung«;

- ob er den unter dem 11. Juli 1978 notierten Betrag von 250.000 DM erhalten habe und sich daran erinnere:
  »Nein«;

- ob er den unter dem 24. Oktober 1979 notierten Betrag von 250.000 DM erhalten habe:
  »Gilt dieselbe Antwort.«

(Anmerkung: Zu den oben genannten 950.000 DM war ein weiterer Betrag in Höhe von 250.000 DM hinzugekommen.)

Konnte Strauß sich angeblich nicht an den Empfang dieser Gelder erinnern, so erinnerte sich sehr wohl Unternehmenschef Friedrich Karl Flick, was er an Strauß gezahlt hatte, teils über den Flick-Manager Eberhard von Brauchitsch, teils durch persönliche Übergabe. Laut Protokoll sagte er im Untersuchungsausschuss aus:

> *»Ich weiß, dass ich [...] Herrn Strauß zwei- oder dreimal Kuverts mit Bargeld übergeben habe.«*

Es habe sich wohl um »Beträge von 200.000 bis 250.000 DM gehandelt«. Beim ersten Mal, so Flick süffisant, sei Strauß in einen Nebenraum gegangen und habe nachgezählt, »beim zweiten Mal ist er nicht mehr in den Nebenraum gegangen«. Kleinkrämerisch und gierig nachzuzählen, was ihm der Multi-Milliardär gegeben hatte – Strauß kannte keine Scham.

Man fragte sich: Wo war das ganze Geld geblieben? Wo hatte er es versteckt?

Die Antwort auf diese Frage erschließt sich, wenn man sich folgende Information vor Augen hält:

Das Strauß-Konto bei der DG Bank Schweiz wurde 1976 eröffnet. Zunächst zahlte der Strauß-Vertraute Dr. Dannecker, der Bankvollmacht hatte, 20.000 DM ein. Dann erfolgten seitens des Flick-Managers Eberhard von Brauchitsch im selben Jahr vier Einzahlungen: Zuerst eine Bareinzahlung in Höhe von 125.000 DM, dann eine Überweisung in Höhe von 125.000 DM, sodann zwei weitere Überweisungen von je 125.000 DM, insgesamt somit 500.000 DM.

Zugleich stand aufgrund der Diehl-Buchhaltungsunterlagen fest, dass Strauß 1976 seitens Flick zweimal je 250.000 DM erhielt (siehe oben). Das deckt sich mit dem erwähnten Gesamtbetrag von 500.000 DM, den von Brauchitsch auf das Konto bei der DG Bank Schweiz einzahlte. Dort also war ein Großteil des Geldes versteckt, an das Strauß sich nicht erinnern wollte!

Nimmt man noch die erwähnte Aussage von Friedrich Karl Flick vor dem Untersuchungsausschuss hinzu, er selbst habe Strauß zwei- oder dreimal in Kuverts Bargeldbeträge von 200.000 DM bis 250.000 DM übergeben, dann kommt man genau auf die Summe von 950.000 DM, die die Staatsanwaltschaft Strauß vorgehalten hatte bzw. auf den um eine festgestellte weitere Zahlung von 250.000 DM erhöhten Betrag, mit dem ihn der Untersuchungsausschuss konfrontiert hatte (siehe oben). Auf der Hand liegt: Hätte Strauß sich an den Erhalt der 950.000 DM »erinnert«, wäre er wegen schwerer Steuerhinterziehung bestraft worden. Er hätte als Ministerpräsident zurücktreten müssen, es wäre sein politisches Ende gewesen.

Im Übrigen: Dass Eberhard von Brauchitsch die zweite Tranche von 125.000 DM bei der DG Bank Schweiz nicht bar einbezahlt hatte, sondern durch eine Überweisung, führte bei Strauß zu einem Wutanfall. Denn damit hätten eventuell Ermittler, wie zum Beispiel Steuerfahnder, die Spur des Geldes verfolgen können. Die nächsten Einzahlungen tätigte von Brauchitsch dann auch wieder in bar.

Über den Zornausbruch von Strauß wurde in der Bank eine Aktennotiz gefertigt.

2. Gelder aus Waffengeschäften

Warum führte Strauß bei der DG Bank Schweiz Unterkonten, verschlüsselt mit saudi-arabischen geografischen Bezeichnungen und mit Zusätzen, die auf Fuchspanzer und Kampfpanzer hinwiesen?

a) Die Bundesregierung als Hindernis

Der frühere CSU-Bundesminister Johnny (Hans) Klein äußerte einem Informanten zufolge, Bundeskanzler Helmut Kohl habe nach dem Tod von Strauß zu ihm gesagt, dieser habe sich in seinen letzten Lebensjahren fast nur noch für Waffengeschäfte interessiert. Es sei »ganz schlimm« gewesen. Der Kohl-Biograf Heribert Schwan berichtet in seinem Buch *Vermächtnis. Die Kohl-Protokolle*, Kohl habe ihm gegenüber über Strauß geklagt: »Unentwegt wollte er den Waffenhandel verstärken. Er wollte, dass wir nach Saudi-Arabien und zugleich nach Israel liefern.« (S. 138, 150) Weil er, Kohl, in Waffengeschäften äußerst zurückhaltend gewesen sei, habe er dadurch »permanenten Ärger« mit Strauß gehabt.

Strauß bedrängte massiv den Kanzler, die in der sozialliberalen Koalition beschlossenen Beschränkungen für Waffenexporte wieder aufzuheben. Ende November 1986 wetterte er gegen deren »törichte, den deutschen Interessen politisch, wirtschaftlich und militärisch schädliche Handhabung« in der früheren sozialliberalen Koalition (SPD/FDP). Außer an Kommunisten oder den Iran sollten überallhin deutsche Waffen verkauft werden dürfen (*Der Spiegel* 49/1986[22]). In Wirklichkeit aber ging es um sein eigenes Interesse: Er wollte bei Waffengeschäften mitkassieren!

Dass Strauß in Waffengeschäften unterwegs war, bestätigte mir, wie schon erwähnt, auch ein früherer CSU-Minister: »Die Waffenhändler gingen bei Strauß ein und aus.« Ein Polizist, der dem Schutzkommando angehörte, das das Haus von Strauß in München zu bewachen hatte, berichtete öffentlich in meinem Beisein, die Rüstungslobbyisten Dieter Holzer und Karlheinz Schreiber hätten bei Strauß völlig freien Zugang gehabt.

Silvia M., eine Journalistin des Bayerischen Fernsehens, suchte 1982 zusammen mit einer Kollegin im Zuge einer Recherche über das Attentat auf Johannes Paul II. den Untersuchungsrichter Carlo Palermo in Trient auf, ein Mann, der von sechs Leibwächtern abgeschirmt wurde. Als er hörte, dass sie aus Bayern kamen, lachte er laut auf und sagte: Sie können doch gar nicht berichten! Ihr Ministerpräsident Strauß steckt doch selbst ganz tief in den Waffengeschäften drin! Die Journalistinnen verfassten einen ausführlichen Bericht über ihre Recherche einschließlich der Äußerung des Untersuchungsrichters, doch Chefredakteur Rudolf Mühlfenzl nahm von einer Ausstrahlung Abstand.[23]

b) Strauß und der Pate des Terrors

Entlarvend ist die Beziehung von Strauß zu dem von Interpol gesuchten Syrer Monzer al-Kassar, den ein früherer Kriminalbeamter und Undercoveragent des Bundeskriminalamts mit dem Decknamen »Manfred Morstein« in seinem 1989 veröffentlichten Buch *Der Pate des Terrors* als den größten und gefährlichsten Waffen- und Drogenhändler der Welt bezeichnete. Dieser wurde am 21. Mai 1988, es war Pfingsten, bei der Einreise von Österreich nach Bayern verhaftet, ein Schwurgericht in Paris hatte ihn zu acht Jahren Gefängnis verurteilt, daher war er nach Frankreich auszuliefern. Max Strauß, um Hilfe gebeten, kehrte deswegen eigens aus seinem Urlaub in der Ägäis zurück.

Als al-Kassar im Gefängnis von Bad Reichenhall von seinem österreichischen Fahrer Georg Postl besucht wurde, wurde das Gespräch zwischen beiden auf richterliche Anweisung belauscht. Laut Protokoll fragte al-Kassar: »Warum hast du nicht mit Strauß gesprochen?« Antwort: »Ich konnte über die Feiertage niemand erreichen. Der Sohn von Strauß ist für Dich nach Paris geflogen.« Postl versprach, mit Strauß zu reden.

Bereits einige Tage später kam al-Kassar frei, er flog nach Wien. Und trotz eines entgegenstehenden Einreisevotums des Bundeskriminalamts (!) durfte er dann, wie »Morstein« in seinem Buch sarkastisch berichtete, wieder nach Bayern einreisen und »mit Freunden zünftig bayerisch auf dem Oktoberfest feiern«.[24] Ganz offen räumte al-Kassars Anwalt Udo Krause aus Laufen ein: »Offenbar kannte al-Kassar F. J. Strauß sehr gut.« Darauf wies auch ein Vermerk im persönlichen Notizbuch von al-Kassar hin: »Strauß, was ist mit MWI? Telex.«[25] MW-I war eine von MBB entwickelte Streubombe, es ging wohl um ein angestrebtes Waffengeschäft. Strauß war Aufsichtsratsvorsitzender von MBB.

Freilich bestritt Max Strauß, dass er oder sein Vater al-Kassar geholfen hätten. Doch eine andere Erklärung für dessen Freilassung und seinen späteren erneuten Aufenthalt in Bayern gibt es nicht.

Diese Vorgänge beschrieb ich ausführlich in *Macht und Missbrauch*. Gegen meine Darstellung, die Strauß sehr belastete, klagte Max Strauß nicht!

Dem renommierten Journalisten Egmont Koch zufolge hat Strauß einmal kryptisch geäußert:

»Syrien ist eine Sparkasse.«

Dies war wohl nur aus seiner Sicht der Fall. Denn für wen konnte diese angebliche Sparkasse, über die der blutrünstige Diktator Hafiz al-Assad herrschte, Erträge abwerfen? Und auf welche Weise? Machte er mit dem Präsidenten Assad Waffengeschäfte? Das erscheint möglich, dann gäbe seine befremdliche Äußerung einen Sinn.

Hier ist zu beachten, was »Manfred Morstein« in der Sendung »Live aus der Alten Oper« am 2. November 1989 auf Fragen der Moderatorin Amelie Fried äußerte:

»Amelie Fried:
Sie schreiben aber in Ihrem Buch ganz konkret von einem bayerischen Politiker, der dann nach Paris geflogen und dort gewisse Gespräche geführt hätte. Wer war der Mann?

Morstein:
Als Monzer al-Kassar festgenommen wurde, hat er eine Aussage gemacht – ich möchte Ihre Frage auf diese Weise beantworten – und in dieser Aussage steht ein Name drin ›Strauß‹.
Es hat mir am Anfang ein bisschen Kopfschmerzen bereitet, weil ich die Verbindung nicht sah, dann habe ich das einfach über Archivmaterial aufgearbeitet. Franz Josef Strauß' Verbindungen zu Syrien sind

sehr bekannt, seine politischen Eigenwilligkeiten Richtung Syrien auch. Dass Max Strauß, sein Sohn, auf zwei dieser Reisen dabei war, ist auch bekannt. Dass Max Strauß Pfingsten, also als Monzer festgenommen war, mit seinem Vater in der Ägäis war und ganz ganz plötzlich entfleuchte, was zu gewissen Verstimmungen mit einer Dame, die dort war und jetzt auch eine Biografie geschrieben hat, führte, ist auch bekannt. Angeblich ist er nach Libyen geflogen, ich habe die Information, er kann sie dementieren oder beweisen, dass es nicht so ist [...]

Amelie Fried:
Tote können sich schlecht wehren, kommen wir mal zu den Lebenden.

Morstein:
Nein, nein; Max Strauß, ich rede von Max Strauß.

Amelie Fried:
Nein, ich meinte jetzt ihre Bemerkung, dass Franz Josef Strauß hier verwickelt gewesen sein soll.

Morstein:
Das sind einfach Verbindungen, die hier eine Rolle spielen, das sind wirtschaftliche Verbindungen, es geht nur um Geld, um wirtschaftliche Beziehungen.«

Der »Pate des Terrors« wurde später im Flughafen von Madrid verhaftet und in die USA ausgeliefert. Dort wurde der Syrer zu lebenslanger Haft verurteilt. Im Ländchen Bayern freilich war er wohlgelitten gewesen – dank Strauß.

c) Zahlungen aus Saudi-Arabien und dem Libanon

Die Verfasser des Prüfberichts vom 4. April 1994 teilten dem Vorstand der DG Bank mit, dass sich unter den »besorgniserregenden« Überweisungen auf das Strauß-Konto auch solche befänden, die von Konten saudi-arabischer Personen und aus dem Libanon kamen. Den bereits dargestellten Umständen zufolge kann es sich dabei wohl nur um Zahlungen gehandelt haben, die aus Waffengeschäften im Nahen Osten und anderen Waffengeschäften (zum Beispiel mit Südafrika) resultierten.

In ihrer Verfügung vom 24. Oktober 2017, mit der sie die Strafanzeige der Geschwister Strauß wegen Urkundenfälschung zurückwies, bestätigte die Staatsanwaltschaft München I, dass die

> *»Überweisungen aus Saudi-Arabien und dem Libanon, die [...] im Vermerk geschilderten Namen der Unterkonten und der damit verbundenen geografischen Hinweise auf Gebirgszüge in Saudi-Arabien in Kombination mit den auf Militärfahrzeuge hinweisenden Begriffen ›Big Tank‹ und ›Buggy‹, einen Schluss auf Zahlungen im Zusammenhang mit Rüstungsgeschäften nahelegen.«*

Die Überweisungen aus dem Libanon stammten, so viel ist bekannt, von dem Waffenhändler und Lobbyisten Dieter Holzer (siehe oben), möglicherweise auch noch von anderen Personen. Dieter Holzer war mit einer Schwester des libanesischen Staatspräsidenten Bachir Gemayel verheiratet, er verfügte somit über beste Beziehungen in den Libanon.

Karlheinz Schreiber sagte am 26. Februar 2013 in seinem Prozess vor dem Landgericht Augsburg schriftlich wie mündlich aus, Max Strauß habe ihn Ende 1995 gebeten, den Geldbetrag von 3.125.000 Dollar, der auf einem von ihm, Schreiber, geführten Konto »Maxwell« beim Schweizer Bankverein lag, »auf ein Konto im Libanon zu überweisen. Dieser Bitte habe ich nicht entsprochen. »Mir gegenüber erklärte Schreiber die Bitte von Max Strauß mit der Beziehung von F. J. Strauß zu Dieter Holzer.

In einem späteren Prozess vor dem Landgericht Köln (siehe unten), in dem ich den Prüfbericht der DG Bank vom 4. April 1994 vorlegte, ließ Max Strauß mit Schriftsatz vom 9. April 2018 vortragen, er bestreite »mit Nichtwissen«, dass sein Vater Einnahmen aus Waffengeschäften erzielt habe. Angesichts der ständigen Nähe zu seinem Vater und nachdem er mit Vertretern der deutschen Waffenindustrie 1986 sogar an einem Verkaufsgespräch über Waffen in der saudi-arabischen Hauptstadt Riad, als sein Vater dort einen Staatsbesuch absolvierte, teilgenommen hatte, war dies absolut unglaubhaft. Den Saudis wurden unter anderem Leopard-Panzer, U-Boote und die Streubombe MW-I angeboten. Hatte er damals seine Teilnahme an dem besagten Verkaufsgespräch öffentlich damit begründet, dass er zuvor schon 15 Mal Saudi-Arabien besucht habe und als Anwalt mit Rechtsproblemen aus arabischen Ländern befasst sei, behauptete er jetzt, er sei nur insgesamt vier Mal in Saudi-Arabien gewesen. Dass sein Vater von 20 Mal gesprochen habe, bestritt er mit Nichtwissen. Offenkundig wollte er seine saudi-arabischen Aktivitäten wegen der im Prüfbericht erwähnten Zahlungen saudi-arabischer Personen und der auf Waffengeschäfte hinweisenden Bezeichnung der Unterkonten nunmehr kleinreden.

In einem früheren Gerichtsverfahren hatte er freilich vehement geltend gemacht, sein Vater habe »nie Provisionen aus Waffengeschäften erhalten«.[26]

Andrew Feinstein zitiert in seinem Buch *Waffenhandel. Das globale Geschäft mit dem Tod* (S. 109) den libanesischen Oberst und Waffenhändler Joe der Hovsepian, der auch in der Bundesrepublik tätig war. Dieser habe F. J. Strauß als »very corrupt« beschrieben.

d) Das U-Boot-Geschäft mit dem Apartheidregime

Die geldbringenden Waffengeschäfte von Strauß beschränkten sich nicht auf den Nahen Osten. Er brüstete sich 1986 selbst damit, dass er den Export deutscher U-Boot-Pläne und U-Boot-Teile nach Südafrika eingefädelt habe. Mit von der Partei war der schleswig-holsteinische Ministerpräsident Uwe Barschel als Aufsichtsratsvorsitzender der Howaldt-Werft. Der Export war illegal, zum einen, weil die UNO ein Waffenembargo gegen das Apartheidregime verhängt hatte, zum anderen, weil er ohne die erforderliche Zustimmung des Bundessicherheitsrats und ohne Exportgenehmigung des Bundeswirtschaftsministeriums erfolgt war. Übergangen wurde dabei auch Bundesfinanzminister Gerhard Stoltenberg. Als der Skandal ruchbar wurde, setzte der Bundestag einen Untersuchungsausschuss ein.

Wie ich bereits in meinem Buch *Wahn und Willkür* schrieb, erzählte mir Renate Piller, die frühere Lebensgefährtin von Strauß, sie habe zugehört, wie sich Strauß damals laufend mit seinem Intimus Dr. Franz Dannecker wegen der Lieferung der Blaupausen und U-Boot-Teile nach Südafrika besprach. Was hatte Dannecker, der die Geldangelegenheiten von Strauß betreute, damit zu tun? Dannecker hatte, wie erwähnt, Bankvollmacht für das Strauß-Konto bei der DG Bank in der Schweiz.

Während die Bundesregierung das Apartheidregime scharf verurteilte, erklärte Strauß die geforderte Abschaffung der Apartheid für unverantwortlich – das würde das Ende von Sicherheit und Ordnung und damit den Zusammenbruch bedeuten. Bei einem Besuch in Südafrika im Jahre 1988 verstieg er sich in einer Rede vor 500 Gästen in der Villa des Präsidenten Pieter Botha zu einer überbordenden Hymne auf das Apartheidregime: »Nie in meinem 40-jährigen politischen Leben habe ich eine so ungerechte und unfaire Behandlung eines Landes erlebt, wie sie Südafrika widerfährt.« Er plädierte für eine Aufhebung des von der UNO verhängten Boykotts. Die Befreiungsbewegungen im Süden Afrikas bezeichnete er als »Terroristen«.[27] Deren Führer Nelson Mandela saß damals seit 25 Jahren im Gefängnis. Seine Frau Winnie griff Strauß mit harschen Worten an: »Die Arroganz seines Auftretens mit den Unterdrückern ist unerträglich« (*SZ* vom 14. Dezember 2013).

Im Nachhinein ist sein widerlicher Einsatz für das verbrecherische Apartheidregime erklärlich: Präsident Botha hatte für das U-Boot-Geschäft Schmiergeld an ihn gezahlt – Strauß machte bekanntlich nie etwas umsonst. Das Geld landete auf seinem-Konto bei der DG Bank in der Schweiz!

Diese Information deckt sich mit den Recherchen der Journalisten Michael Mueller, Rudolf Lambrecht und Leo Müller, niedergelegt in ihrem

Buch *Der Fall Barschel. Ein tödliches Doppelspiel*. Strauß bedrängte immer wieder Bundeskanzler Kohl, die Genehmigung für das U-Boot-Geschäft herbeizuführen, andernfalls drohten »schwerwiegende Folgen«. Eingeschaltet war der Strauß-Freund und Rüstungslobbyist Siegfried Zoglmann, der Außenminister Hans-Dietrich Genscher bearbeitete, vergeblich. Dennoch flossen vorab bereits Schmiergelder aus Südafrika in Höhe von 150 Millionen DM. Der auf südafrikanischer Seite beteiligte Verhandler C. F. sprach von umfassenden Schmiergeldzahlungen an Parteien in München, Bonn und Kiel sowie an Firmenvertreter. Damals sei der Fleischhändler Josef März aus Rosenheim – engster Strauß-Spezi – in Südafrika aufgetaucht und habe angeboten, die Provisionszahlungen abzuwickeln. In einem Aktenvermerk eines Vorstandsmitglieds der Howaldt-Werft hieß es: Zoglmann geht davon aus, »dass die Provisionszahlungen auf ein ausländisches Konto (Schweiz oder Liechtenstein) geleistet werden, d. h. es dürfen keine Steuern anfallen« (*Der Fall Barschel*, S. 122, 162).

Ein namentlich bekannter Historiker, der um 2018 herum bei Nachforschungen in Südafrika (mit Erlaubnis der Regierung) in einem Archiv auf Dokumente über einen Geheimfonds des Apartheidregimes stieß, stellte ebenfalls fest, dass daraus damals Zahlungen an deutsche Politiker geleistet wurden, um »Werbung« für das Apartheidregime zu machen.

Die Provision für Strauß gelangte demgemäß auf sein Konto in der Schweiz (offenbar ohne Mitwirkung von Josef März). Anscheinend erhielt auch Barschel eine Provision, die ebenfalls auf einem Schweizer Konto landete, denn er unternahm häufig allein mysteriöse Reisen nach Zürich und Genf, die er vor seinem Büro geheim hielt (siehe unten »Die Barschel-Affäre«).

e) Todor Schiwkow und Südafrika

Strauß reiste mehrmals mit dem Auto und per Flugzeug nach Bulgarien, wo er sich mit Todor Schiwkow, dem Staatschef und Chef der kommunistischen Partei, traf. Zu diesem hegte er zur Verwunderung der deutschen Öffentlichkeit ein besonders gutes Verhältnis, man ging wiederholt in den bulgarischen Wäldern zusammen auf die Jagd. Strauß erstrebte den Ausbau der Handelsbeziehungen mit Bulgarien. Doch Mitglieder der Regierung unter Schiwkow nannten später gegenüber den Journalisten Mueller/Lambrecht/Müller noch einen zweiten Grund für die Strauß-Visiten: »Es ging darum, Geschäfte einzufädeln, die teils über die Türkei in afrikanische Staaten abgewickelt wurden.« Welche Art von Geschäften es war, wollten sie nicht sagen (*Der Fall Barschel*, S. 162). Einer anderweitigen Information zufolge sollen es Waffengeschäfte gewesen sein: Das bulgarische Waffen-Unternehmen Kintex exportierte Kalaschnikows und Munition, es war der größte Devisenbringer des Landes (Feinstein, *Waffenhandel*, S. 173). Die Waffen wurden über die Türkei nach Ägypten geliefert, von dort nach Südafrika verbracht, unter anderem zum Einsatz in Mosambik (trotz des UN-Embargos gegen Südafrika). Dort herrschte Bürgerkrieg, der Terrororganisation RENAMO gelang es mithilfe des südafrikanischen Apartheidregimes, das Land fast vollständig zu zerstören, Hunderttausende kamen um. Führer dieser konterrevolutionären Organisation wurden von Strauß wiederholt nach Bayern eingeladen, da konnte man sich gegebenenfalls über die erforderlichen Waffenlieferungen unterhalten.

In seinen *Erinnerungen* (S. 582) schrieb Strauß: »Im April 1988 suchte mich in München Alfons Dlakama, der Führer der RENAMO, zu einer Unterredung auf. Bis dahin hatte ich weder zu ihm noch zu seiner Organisation Kontakt gehabt.« Warum behauptete er eine Erstmaligkeit des Kontakts? Ein sachkundiger Historiker, der Einblick in die Unterlagen des Südafrikanischen Außenministeriums hatte, stellte dies gegenteilig dar.

Wenn Strauß sowohl Schiwkow als auch dem Apartheidregime zu Diensten war, ging er bestimmt nicht leer aus. Denkbar wäre dann, dass die erwähnte Zahlung des Präsidenten Botha nicht nur das geheime Honorar für das U-Boot-Geschäft war, das Strauß, nach eigenem Bekunden, selbst eingefädelt hatte.

In seinen *Erinnerungen* lobte Strauß besonders »das menschliche Klima« bei seinen Zusammenkünften mit Schiwkow (S. 537). Das mochte so sein bei dieser anheimelnden Art von Geschäften.

Bemerkenswert: Der Finanzier des Attentats auf Papst Johannes Paul II, der Waffenhändler Bekir Celenk, hatte einen Zweitsitz in Bulgarien, konnte sich aber ungehindert in München aufhalten, wurde hier unter anderem in einem Café in der Sonnenstraße gesichtet, bei der Bayerischen Vereinsbank hatte er ein Konto. Vor einem internationalen Haftbefehl war er nach München geflohen.[28] Warum fühlte er sich ausgerechnet hier sicher? Weil er Waffenhändler war? Dies drängt sich auf, denn der ebenfalls mit internationalem Haftbefehl gesuchte *Waffenhändler Monzer al-Kassar*, zunächst an der Grenze verhaftet, kam, wie erwähnt, umgehend wieder frei und konnte sich weiter frei in Bayern bewegen – offensichtlich dank Strauß.

f) Ein Lkw-Geschäft und das Regime Pinochet

Die zitierte Lobpreisung des Apartheidregimes unter Präsident Pieter Botha hat eine ebenso unglaubliche Parallele. Bei einem Chile-Besuch 1977 lobte Strauß die blutige Pinochet-Diktatur. In einer Rede bescheinigte er Augusto Pinochet:

> *»Ich habe keine Zweifel, dass Chile ein demokratisches und freies Land ist und vor allem, weil es in den vergangenen vier Jahren fundamentale Prinzipien der deutschen Demokratie übernommen hat: die Disziplin, den Respekt und die Hilfsbereitschaft.«*

Pinochet hatte nach seinem Putsch den Tod des legitimen Präsidenten Allende verursacht, mindestens 3000 weitere Menschen wurden getötet, Zehntausende wurden gefoltert, weibliche Gefangene vergewaltigt. Strauß spielte das herunter: »Man muss sich darüber im Klaren sein, dass es bei einem Putsch nicht zugeht, wie wenn Franziskaner Suppe verteilen.« Und: »Es ist einfach Unsinn davon zu reden, dass in Chile gemordet und gefoltert würde.«[29]

Es gab damals einen Aufschrei der Empörung in der deutschen Öffentlichkeit, niemand konnte sich diesen Freispruch erster Klasse erklären. Im Hinblick auf die Lobpreisung des Apartheidregimes und auf das U-Boot-Geschäft stellt sich heute die Frage: Hatte Strauß damals für irgendein ähnliches Geschäft mit Chile Schmiergeld kassiert?

Als der hochangesehene frühere Bundesarbeitsminister Norbert Blüm Ende April 2020 starb, würdigte ihn die *SZ* in ihrer Ausgabe vom 25./26. April 2020 mit einem Nachruf, in dem folgende Episode wiedergegeben wurde: Blüm schilderte seinen Besuch 1987 bei Augusto Pinochet: Unter dem Vorwand eines Rentenabkommens war er nach Chile gereist, in Wahrheit wollte er sich für 16 politische Gefangene einsetzen, die zum Tod verurteilt waren. Er ging rein zu Pinochet, der saß »auf 'nem Thron, ich 'ne Stufe tiefer, wir hatten innerhalb von 30 Sekunden Krach«. Weil Pinochet sich zu einem frommen Katholiken erklärte und Blüm erwiderte, das werde ihm später auch nicht helfen, denn »der, vor dem Sie beten, kennt jeden, den Sie umbringen ließen, mit Adresse und Uhrzeit«.

Am Ende ließ Pinochet die 16 Gefangenen frei und nach Deutschland ausreisen, stornierte jedoch vor Wut einen Auftrag über Hunderte Lkw aus Bayern – worauf bei Strauß die Wut ausbrach, auf Blüm, nicht auf Pinochet! Es kam darüber zu einer Sitzung des Bundestages, in der jedoch die Union ihren Arbeitsminister nicht reden lassen wollte, eine zutiefst beschämende Haltung. Daraufhin überließen ihm die Grünen fünf Minuten ihrer Redezeit (*SZ* vom 25./26. April 2020).

Norbert Blüm hatte höchste Anerkennung für seine humanitäre Tat verdient. Die Wut von Strauß auf Blüm lässt sich nach alldem, was man nunmehr weiß, allein mit dem Verdacht erklären, dass er bei dem Lkw-Geschäft eine Provision kassiert hatte oder durch die Stornierung des Auftrags einer solchen verlustig ging. Von seiner christlichen Moral sei hier nicht die Rede, es gab sie nicht.

g) Strauß-Konten in Kanada und Panama

Der DG-Bank-Prüfbericht erwähnt, dass Strauß unter anderem ein Konto in Kanada gehabt habe. Da Strauß dort, wie bekannt ist, auf dem Immobilienmarkt wirtschaftlich tätig war, war dies ganz normal. Verfänglich aber ist, dass das geheime Konto bei der DG Bank Schweiz mit dem Konto in Kanada in Verbindung stand, das heißt, dass »geheime« Überweisungen dorthin erfolgten oder umgekehrt.

In Kanada unterhielt Strauß folgende Firmen: F.M.S. (Franz Josef und Marianne Strauß), B.L.A., E.P.D., P.L.S. und die BN-Landholdings Ltd. In den achtziger Jahren waren über sie die Immobilien-Investments von Strauß gelaufen. Sie gingen nach dem Tod von Strauß auf die Kinder über; noch 1997 waren die Gesellschaften in Alberta registriert. Ob es noch andere Gesellschaften gab oder gibt, sei dahingestellt.

Ebenfalls im Prüfbericht erwähnt wird ein Strauß-Konto in Panama. Im Hinblick darauf ist auf eine hervorragend recherchierte Story hinzuweisen, die die Journalisten Rudolf Lambrecht und Michael Mueller in ihrem Buch *Die Elefantenmacher* niedergelegt haben:

Strauß hat 1979 einen Vertrag der Saudis mit der AVIA Mineralöl AG München eingefädelt, wonach bis zu 100.000 Barrel Rohöl jährlich an die AVIA zu liefern waren. Diese verpflichtete sich, an bestimmte Personen Provisionen zu zahlen, und zwar in Höhe von fünf Dollar pro Barrel: bei der vereinbarten Liefermenge von 100.000 Barrel täglich waren dies in einem Jahr rund 370 Millionen DM. Die Verteilung der Schmiergelder oblag dem Münchner Kaufmann J. Auf einer in seinen Papieren später aufgefundenen Unterlage hatte er die Aufteilung von solchen Zahlungen notiert, dabei der Eintrag: »CSU 0,01«. Das wären allein im ersten Jahr der Lieferung 700.000 Mark gewesen. Auf Anfrage der Journalisten antwortete die CSU, es gebe in ihrer Buchhaltung keine Hinweise auf derlei Spenden.[30] War der Empfänger etwa Strauß persönlich? Stand er selbst für »CSU 0,01«?

Ein Teil der Schmiergelder ging an die in Panama ansässige Firma LCF (Long Term Capital Fund Inc.), eine reine Briefkastenfirma (so das Bundesamt für Finanzen). Wer stand dahinter? Wer kassierte dort heimlich?

Als die Staatsanwaltschaft München gegen den Kaufmann J. ermittelte, stellte sich heraus, dass es auch eine gleichnamige LCF in der

Schweiz gab. Und dass J. an dieser ebenso beteiligt war wie an der LCF in Panama. Aufgefordert, die Hintermänner der LCF zu nennen, weigerte sich J. Doch später wurde Licht:

Die LCF in der Schweiz, später umbenannt in Zekom AG, wurde 1995 aufgelöst. Der Treuhänder S., vorher Präsident des Verwaltungsrates, musste dazu vor dem Konkursamt Nidwalden verschiedene Angaben machen. Laut Einvernahmeprotokoll vom 11. Mai 1995 bekundete er auf die Frage, wer die Gründer der Gesellschaft waren:

> *»Meines Wissens, was ich nur vom Hörensagen weiß, waren die Gründer Norman Leiser/Engelberg, Franz Josef Strauß/München, Dr. Gayler/Zürich. Auch soll Herr Dr. Goldstein, AVIA Intern, Gründer gewesen sein und Libyen eine Beteiligung gehalten haben.« (Mit Dr. Goldstein war Dr. Goldhofer gemeint.)*

Im Arbeitszimmer des Treuhänders S. stand eine Bronzebüste von Strauß. Dies und die Tatsache, dass er schon zu Lebzeiten von Strauß Präsident des Verwaltungsrats war, weist daraufhin hin, dass er genau wusste, dass Strauß an der Gesellschaft beteiligt war.

Aufgrund seiner Angabe und der Angabe des DG-Bank-Prüfberichts vom 4. April 1994, dass Strauß ein Konto in Panama hatte, liegt nahe, dass Strauß verdeckt über die LCF Panama Schmiergeld kassiert hat. Welchem Zweck sonst sollte dieses Konto dienen? Und auch die LCF Schweiz diente offenbar keinen idealistischen Zwecken!

Der Treuhänder gab zu dieser Gesellschaft zu Protokoll, er sei ahnungslos »in eine Firma gekommen, die hohe Politik machte, Handel mit Gaddafi trieb, Raketen nach Iran liefern wollte und eine sehr gewagte Steuerproblematik einfädelte. Ich weigerte mich, Handel mit Waffen zu tätigen.« Wegen des früheren Waffenhandels habe die Eidgenössische Steuerverwaltung gewünscht, die Gesellschaft zu liquidieren, führte er im Protokoll aus. In einem Schreiben vom 7. Februar 1989 an den Chef der Eidgenössischen Steuerverwaltung, Herrn Eggimann, erklärte der

Treuhänder sich dazu bereit – ein halbes Jahr nach dem Tod von Strauß. Zufall? Zugleich teilte er darin mit, die LCF Schweiz sei »praktisch zur Waschanstalt befördert worden«.

Handel mit Gaddafi? Vor dem Ölgeschäft mit Saudi-Arabien gab es ein Ölgeschäft mit Libyen. Dem Vernehmen nach lief dieses Geschäft über eine Bank in Genf, also nicht über das Strauß-Konto bei der DG Bank Schweiz. Journalisten wiesen darauf hin, dass die Firma Telemit, die zunächst für die Bundeswehr gearbeitet hatte, dann zu einer libyschen Handelsfirma wurde, ihren Sitz in München direkt gegenüber der Bayerischen Staatskanzlei in der Prinzregentenstraße hatte – und dass Strauß mit ihr regen Kontakt gehabt habe, sogar einen Schlüssel zum Gebäude hatte, angeblich um dort in die Sauna zu gehen.

Einer Information zufolge hatte die Eidgenössische Steuerverwaltung mit Strauß auch ein steuerliches Problem, wonach er in der Schweiz Kapitalerträge in Höhe von 12 Millionen Franken dort nicht versteuert haben soll. Die Eidgenössische Steuerverwaltung soll die Zahlung angemahnt, das Verfahren aber wegen Verjährung eingestellt haben.

Von den Journalisten Lambrecht und Mueller mit der Angabe des Treuhänders S. konfrontiert, Strauß sei Mitgründer der LCF gewesen, erklärte der bereits genannte LCF-Gesellschafter Norman Leiser: »Der lügt. Franz Josef Strauß war kein Gesellschafter von mir. Dem kam es doch nur auf die Kohle an!« Um verdeckt Provisionen zu kassieren, würden doch Unterkonten bei einer Bank genügen![31] Wieso wusste Leiser, dass es Strauß nur auf die Kohle ankam? Da musste er doch mit ihm Kontakt gehabt haben! Ja, es mochte schon so sein, dass Strauß zwar nicht formal Gesellschafter war, aber eben verdeckt beteiligt war – so wie das auch sonst seine Art war.

Jedenfalls gab Leiser zu, dass er Strauß einmal in München bei einer Veranstaltung mit Schweizer Bankern begegnet sei.[32] Was hatte Strauß mit diesen Leuten zu schaffen? Und wieso nahm der LCF-Gesellschafter Leiser an diesem Treffen teil? Der Treuhänder hatte wohl doch nicht gelogen! Wozu auch sollte er das Konkursamt Nidwalden belügen? Noch dazu hätte er sich dadurch strafbar gemacht (siehe Einvernahmeprotokoll vom 11.5.1995, S. 1 mit Eröffnung der Straffolgen).

3. Die Barschel-Affäre

Es gibt überraschende Hinweise, dass es zwischen dem illegalen U-Boot-Geschäft mit Südafrika und der Affäre um Uwe Barschel eine enge Verbindung gibt. Als Ministerpräsident von Schleswig-Holstein war Barschel Vorsitzender des Aufsichtsrats der Howaldt-Werft in Kiel, sie lieferte die U-Boot-Teile und U-Boot-Pläne (siehe oben). Um die Durchführung des illegalen Geschäfts bemühten sich, wie erwähnt, Strauß und Barschel gleichermaßen, siehe dazu wiederum das Buch Mueller/Lambrecht/Müller, *Der Fall Barschel. Ein tödliches Doppelspiel*. Dort wird vermerkt, dass auch Barschel Schmiergeld von südafrikanischer Seite erhalten habe, und zwar eine Millionensumme (S. 162).

Im September 1987 platzte die sogenannte Kieler Affäre um Uwe Barschel, Björn Engholm, Reiner Pfeiffer: Am 18. September gab Uwe Barschel sein falsches Ehrenwort, dass an der Sache nichts dran sei. Er geriet weiter in Bedrängnis, trat zurück, machte dann mit seiner Familie Urlaub auf Gran Canaria. Von dort aus flog er nach Genf, wo er sich mit einem Mann namens »Robert Roloff« treffen wollte. Der würde ihm – wie er seiner Frau Freya und seiner Schwester mitteilte – einen Entlastungsbeweis übergeben, bezogen auf die Machenschaften seines früheren Medienreferenten Pfeiffer. Dieser hatte vor einem Notar an Eides statt ausgesagt, Barschel persönlich habe die Bespitzelung seines SPD-Kontrahenten Engholm angeordnet.[33] Einer Notiz von Uwe Barschel zufolge, die nach seinem Tod in seinem Hotelzimmer, er war im Hotel Beau Rivage abgestiegen, aufgefunden wurde, hat das Treffen mit »Robert Roloff« tatsächlich stattgefunden, denn Barschel notierte auf einem Block: »Treffen mit R.R. hat geklappt.« Weiter notierte er, was ihm Roloff über Pfeiffer erzählt habe, unter anderem, dass dieser früher mit einem

Passfälscher zusammengearbeitet habe (was zutraf, wie man feststellte). Roloff wolle ihm ein Foto übergeben, das Pfeiffer zusammen mit diesem Passfälscher zeige.

Nach dem Tod von Barschel wurde seitens der Ermittlungsbehörden wegen der Frage »War es Selbstmord oder Mord?« intensiv nachgeforscht, wer dieser mysteriöse »Robert Roloff« war, denn er konnte mit dem Tod von Barschel in Verbindung stehen, vielleicht sogar Täter sein. Doch er blieb unauffindbar. Obwohl die Presse groß über »Robert Roloff« berichtete, gab es keinen Hinweis auf seine Person.

Einen Anruf von »Robert Roloff«, wohl ein Deckname, hatte Ministerpräsident Barschel erstmals am 27. September 1987, einem Sonntag, zuhause erhalten. Dabei hatte ihn irritiert, dass der Unbekannte seine Geheimnummer kannte. Dies habe Barschel, so seine Ehefrau Freya, sehr erschreckt.[34] Einen weiteren Anruf Roloffs erhielt Barschel, wie seine Ehefrau Freya später berichtete, im Urlaubsdomizil in Gran Canaria. Eigenartig ist nun, dass einer Information zufolge Strauß am 1. Oktober 1987 von seinem geheimen Konto bei der DG Bank in der Schweiz 50.000 DM an einen Niemeyer Verlag, »zugunsten von Robert Rohloff« auf ein Konto bei der Bank Austria überwies (gemäß Überweisungsbeleg schrieb er Roloff mit »h«). Dies war nur vier Tage nach dem ersten Anruf Roloffs bei Barschel. Und ebenso eigenartig ist, dass er nach dem Tode von Barschel, am 2. November 1987, weitere 150.000 DM vom selben Konto zugunsten von Robert Rohloff überwies. Uwe Barschel war am 10. Oktober 1987 gestorben.

Demnach wusste Strauß, wer Robert Roloff war. Warum er dies den Ermittlungsbehörden nicht mitteilte, was gewaltig verstört, blieb sein Geheimnis. Ebenso drängt sich die Frage auf: Wofür hat er gezahlt? Warum von seinem geheimen Konto in der Schweiz? Und warum zwei Teilbeträge, von denen der erste in Höhe von 50.000 DM wie eine Anzahlung für eine noch zu erbringende Leistung anmutet. Zudem war der Gesamtbetrag merkwürdig hoch? Dies zu klären, wäre Aufgabe der Staatsanwaltschaft. Der Fall Uwe Barschel steht wohl vor einer Wende.

Wie Strauß hat auch Barschel, wie erwähnt, bei dem U-Boot-Deal mit Südafrika Schmiergeld kassiert – so Mueller/Lambrecht/Müller, auch unter Bezug auf eine Mitteilung eines hochrangigen deutschen Rüstungsmanagers (S. 372). Strauß und Barschel standen jedenfalls in Verbindung, Barschel rief Strauß mehrfach auch abends in dessen Privathaus an.

Die genannten Autoren zitieren Max Strauß: »Sie können sicher davon ausgehen, dass Uwe Barschel und mein Vater in der U-Boot-Sache Kontakt hatten.« Strauß kannte gewiss deshalb die Geheimnummer von Barschel, wohl aber schon aufgrund seiner Funktion als Ministerpräsident; in jedem Fall konnte er sie sich mühelos beschaffen. Hatte Rohloff sie von ihm erhalten? Aufgrund der merkwürdigen Zahlungen von Strauß zugunsten Rohloffs erscheint eine solche Vermutung angebracht. Anzunehmen ist, dass sowohl die südafrikanischen Zahlungen an Strauß als auch dessen Zahlungen an »Robert Rohloff« in dem 20-seitigen ursprünglichen DG-Prüfbericht festgehalten sind, den der auf vier Seiten verkürzte DG-Prüfbericht vom 4. April 1994 erwähnt.

In einem 2015 von Jürgen Mayer für die *Internetz-Zeitung* geführten und im Internet veröffentlichten Interview[35] mit einem Ralph T. Niemeyer bekannte dieser auf die Frage, ob er Robert Rohloff gekannt habe: »Ja, aber nicht besonders gut.« Rohloff sei ein CIA-Agent gewesen, gebürtig aus Nicaragua, seit 28 Jahren tot. Sein wirklicher Name sei José Alvaro Baldizon gewesen. Er, Niemeyer, sei am 10. Oktober 1987 abends in Genf gewesen, wo er sich im Hotel Le Richemond mit Rohloff verabredungsgemäß treffen wollte. Rohloff sei aber nicht gekommen. Nicht geahnt habe er, was sich in dieser Nacht im gegenüberliegenden Hotel Beau Rivage abgespielt habe, als Uwe Barschel starb.

Es ist davon auszugehen, dass es einen Zusammenhang, wahrscheinlich Identität, zwischen Ralph Niemeyer und dem erwähnten Niemeyer-Verlag gibt (sofern dies überhaupt ein Verlag war). Der Text des Interviews wurde mir von derselben Person übersandt, von der die Information über die vorgenannten Überweisungen von Strauß stammt.

Der Tod Barschels war zunächst nach Auffassung der Ermittler in der Schweiz und der ermittelnden Staatsanwaltschaft Lübeck Selbstmord, begangen aus Verzweiflung, nachdem sich sein gegebenes Ehrenwort als Lüge herausgestellt hatte und er als Ministerpräsident hatte zurücktreten müssen. Als Todesursache galt, dass er eine Mixtur verschiedener Medikamente eingenommen hatte, genau entsprechend der Empfehlung der Deutschen Gesellschaft für Humanes Sterben (Methode Atrott).

Diese Selbstmordthese wurde im Januar 1988 erschüttert durch den Schweizer Gerichtsmediziner Prof. Hans Brandenberger, früherer Präsident der internationalen Vereinigung forensischer Toxikologen. Aufgrund der unterschiedlichen Verteilung der Gifte in Magen, Blut und Urin gelangte er zu dem Schluss, dass Barschel nicht sämtliche Gifte auf einmal eingenommen hatte oder sie ihm eingeflößt worden waren, sondern zunächst Pyrithyldion, Diphenhydramin und Perazin, erst einige Zeit danach dann die tödliche Dosis Cyclobarbital. Der Professor kam zum Ergebnis: Wegen der intensiven Wirkung der ersten drei Gifte wäre Barschel außerstande gewesen, später dann selbst noch Cyclobarbital einzunehmen. Schlussfolgerung: Es war Mord.

Weitere nicht erklärbare Umstände kamen hinzu. Ein im Müllbehälter des Hotelzimmers aufgefundenes leeres Whisky-Fläschchen aus der Minibar war mit Wasser ausgespült worden – warum und von wem? Eine Untersuchung ergab, dass darin Diphenhydramin gewesen war, eben eines der Gifte, die man auch im Körper Barschels gefunden hatte. Sodann fehlte die Flasche Rotwein, die sich Barschel aufs Zimmer bestellt hatte und die ihm nachweislich gebracht worden war. Auch fehlten die Verpackungen für die Medikamente. Braune Flecken auf dem Handtuch und anderswo waren nicht erklärbar. Auf dem Boden lag ein abgerissener Hemdknopf (trotz umgebundener Krawatte), ein Schuh lag in einer Ecke, der andere anderswo, nass. Der Badevorleger und ein Handtuch wiesen Flecken des Lösungsmittels DMSO auf, das für einen Selbstmord nicht in Betracht kam. Im Mundbereich Barschels wurde eine Druckstelle festgestellt.

Die Staatsanwaltschaft Lübeck, die über fünf Jahre ermittelte, zog daraus den Schluss, dass sich im Hotelzimmer Barschels in der fraglichen Nacht weitere Personen aufgehalten hatten – seine Mörder. Die festgestellten Spuren würden auf ein Handgemenge schließen lassen. Die Staatsanwälte waren schließlich überzeugt, dass die Täter aus einer geheimdienstlichen oder militärischen Organisation kamen, die über Killerkommandos verfügte und über die erforderliche Logistik.

Jahre später wurde bekannt, dass das südafrikanische Apartheidregime Killerkommandos unterhielt. Die von Nelson Mandela als erster Präsident nach dem Ende der Apartheid berufene Wahrheits- und Versöhnungskommission schloss ihre Arbeit erst Ende der neunziger Jahre ab. Erst daraufhin lieferten gerichtliche Untersuchungen Erkenntnisse über geheimdienstliche Killereinsätze im Ausland und die geheimen Giftlabors des Militärs. Während der Ermittlungen zum Tode Barschels war davon noch nichts bekannt.[36] Barschel hatte, wie erwähnt, für die Zusage von U-Booten der Kieler Howaldt-Werft vom Apartheidregime Schmiergeld kassiert, konnte aber nach seinem Rücktritt nicht liefern – ein denkbares Rachemotiv, aber zu primitiv, um wahrscheinlich zu sein, denn Barschel hätte ja gerne geliefert. Die Südafrika-Spur war dennoch plausibel, ein anderes Motiv oder ein Anstoß von dritter Seite vorausgesetzt, wofür es beachtliche Anhaltspunkte gab.

Am 28. Juni 2020 strahlte Phoenix eine Filmdokumentation zum Fall Barschel aus. Der Leitende Oberstaatsanwalt a. D. Heinrich Wille, der die Ermittlungen geführt hatte, legte die (teilweise oben erwähnten) Umstände dar, die der Annahme eines Selbstmords entgegenstanden. Unter dem Titel *Ein Mord, der keiner sein durfte* hatte er 2011 ein Buch über den Fall Barschel veröffentlicht. Der ebenfalls interviewte frühere Generalstaatsanwalt Erhard Rex hielt sowohl Selbstmord als auch Mord für möglich. Barschels Bruder Eike, ein sehr erfolgreicher Manager, sagte kategorisch: »Es war ein politischer Mord.«

Heinrich Wille rügte: Es sei nicht vorstellbar, dass es keine Wissensträger im Bereich des BND gab. Ein BND-Agent, gemeint war wohl Werner Mauss, sei in der fraglichen Nacht in Genf gewesen. Der BND habe die Ermittlungen sogar behindert. Bekannt ist, dass es deswegen sogar eine Kontroverse mit dem Präsidenten des BND gab.

Was Wille wohl nicht wusste: Der BND stand in enger Verbindung mit dem Militärischen Geheimdienst des südafrikanischen Apartheidregimes. Auf Vermittlung von Strauß hatten, wie in Südafrikas Außenministerium archivierte Dokumente bezeugen, am 7. April 1983 – vier Jahre vor dem Tod von Barschel – BND-Vizepräsident Norbert Klusak, der Leiter der Auslandsabteilung Dr. Küpper und der Leiter der Afrikaabteilung des BND in Südafrika ein geheimes Treffen mit dem dortigen Chef des Militärischen Geheimdiensts. Dabei ging es um Unterstützung, aber auch um Ausbildung und Training von Agenten. Ausgesprochen wurde eine Gegeneinladung nach München.

Das Apartheidregime suchte die Unterstützung des BND über seinen Geheimdienst, weil es sich durch umliegende Länder, die wie Angola oder Mosambik unter kommunistischem Einfluss standen, gefährdet sah. Strauß konnte da aufgrund seiner exzellenten Beziehung zum BND helfen, der Fortbestand des Apartheidregimes war ihm erklärtermaßen eine Herzensangelegenheit, wohl vor allem wegen seines unersättlichen Geldbeutels. Bundeskanzler a. D. Helmut Kohl beklagte im Gespräch mit seinem Biografen Heribert Schwan: »Er war Lichtjahre davon entfernt, etwas für Nelson Mandela zu tun.« (S. 143) Dies hätte nicht seiner Interessenlage entsprochen.

Die Vorhaltungen des Leitenden Oberstaatsanwalts a. D. Wille gegenüber dem BND sind schwerwiegend. Indessen lässt sich daraus nicht etwa ableiten, der erwähnte BND-Agent in Genf habe bei der Ermordung Barschels »Schmiere gestanden«. Das wäre abwegig. Unterstellt man eine Mordaktion des südafrikanischen Geheimdienstes (zum Motiv siehe unten), so mag es so gewesen sein, dass dieser den BND vorab um irgendeine »kollegiale« Hilfe gebeten hat, verheimlichend, was er tatsächlich vorhatte. Der spätere Wissensstand des BND ist eine andere, eine offene Frage.

Ein *Telepolis*-Bericht vom 11. Oktober 2012 über die Barschel-Affäre setzt sich mit der Rolle von Ralph Niemeyer (bezeichnet als Herr X) auseinander.[37] Hingewiesen wird auf einen 1989 erschienenen Roman Ralph Niemeyers über Barschel. Darin wird der Mord von fünf Personen ausgeführt, darunter ein asiatischer Profikiller, ein den Geheimdiensten wohlbekannter Waffenhändler und eine Frau. Die beiden letztgenannten Personen seien mit Dirk Stoffberg und seiner deutschen Lebensgefährtin zu assoziieren, so der *Telepolis*-Bericht, verbunden mit dem Hinweis: Stoffberg war der »Mann fürs Grobe« des südafrikanischen Geheimdienstes. War der Roman etwa ein Schlüsselroman?

Stoffberg war mehrfach in Verbindung gebracht worden mit dem Anschlag auf die südafrikanische Freiheitskämpferin Dulcie September in Paris. Wie er selbst angab, war er an dem Wochenende, als Barschel ankam, in Genf, angeblich wegen eines Treffens mit Waffenhändlern. Stoffberg und seine deutsche Lebensgefährtin kamen am 20. Juni 1994 unter nicht vollständig geklärten Umständen in Südafrika zu Tode.[38] Offizielle Todesursache: Doppelselbstmord. Festzuhalten ist somit: Stoffberg und Ralph Niemeyer waren, eigenen Angaben zufolge, zum gleichen Zeitpunkt in Genf wie Uwe Barschel!

Der *Telepolis*-Bericht stellt, auch unter Bezug auf als glaubwürdig bezeichnete Informanten, zu Ralph Niemeyer fest: Warum diese Spur bislang nicht überprüft wurde, ist unverständlich! Anscheinend war sie den Ermittlern unbekannt. Im Buch Heinrich Willes wird der Name Niemeyer nicht erwähnt. Aufgrund der Zahlungen von Strauß an den Niemeyer-Verlag »zugunsten Rohloff« verbietet es sich, Ralph Niemeyer als Spinner abzutun. Vom Landgericht Köln wurde er 1996 wegen Kapitalanlage-Betrugs in 46 Fällen zu einer Gefängnisstrafe von drei Jahren mit Bewährung verurteilt. Das zeigt, dass es ihm nicht wesensfremd war, durch Täuschung zu Geld zu kommen. Dem Strafprozess versuchte er durch Flucht in die Türkei zu entkommen, er wurde dort jedoch am Flughafen Antalya verhaftet – zusammen mit seiner Freundin Sahra Wagenknecht, deren erster Ehemann er von 1997 bis 2013 war.

In der besagten Filmdokumentation wurde auf mögliche Waffengeschäfte Barschels auch mit anderen Ländern hingewiesen, zum Beispiel mit den Iran/Contras. Ebenso wurden seine 19 Fahrten in die DDR, darunter mehrere heimliche, sowie seine Verbindung mit der Stasi herausgestellt. Und dass die Stasi ihm bei seinen Aufenthalten im Hotel Neptun in Warnemünde bei Rostock junge Frauen zuführte, Stasi-Agentinnen.

Damit ein Killerkommando bei einem so hochgestellten und bekannten Politiker zuschlagen konnte, musste ihm eine Falle gestellt werden. Dazu bedurfte es eines Lockvogels. War Rohloff dieser Lockvogel? Dieser Rohloff mit seinem Versprechen, Barschel Belastungsbeweise gegen Pfeiffer zu übergeben? Allein in einem Hotel in der Schweiz, fernab von Schleswig-Holstein, wo ihn jeder kannte, war Barschel isoliert und angreifbar.

Der erwähnten Notiz Barschels zufolge ist er mit Rohloff im Hotel Beau Rivage tatsächlich zusammengetroffen, haben sie ein Gespräch geführt. Anschließend hätte Rohloff dem wartenden Killerkommando das Signal geben können: Barschel ist im Hotel Beau Rivage eingetroffen, sein Zimmer hat die Nr. 317, er ist allein, keine Hindernisse. So könnte es sich abgespielt haben.

Und Ralph Niemeyer sagte ja im besagten Interview (siehe oben), für den fraglichen Abend, 20 Uhr, habe Rohloff ihn ins Hotel Le Richemond bestellt. Er habe dort auf ihn gewartet, jedoch vergeblich. Weiter sagte er: »Ich rief Barschel im Auftrage von Robert Rohloff zwei oder drei Tage nach seiner Abreise [nach seiner Abreise nach Gran Canaria, der Verf.] an. Dann nochmals einen Tag vor dem Treffen in Genf. Im Auftrag von Robert Rohloff habe ich Barschel gesagt, dass es eindeutiges Belastungsmaterial [gegen Pfeiffer, der Verf.] gebe. Das hatte ihn elektrisiert.«

Was hätte Rohloff daran gehindert, Barschel selbst anzurufen? Und warum sollte er Ralph Niemeyer zu einem Treffen in Genf bestellen? Und zu welchem Zweck? Und warum soll er dann nicht gekommen sein? Es drängt sich der starke Verdacht auf, dass Niemeyer die Figur »Rohloff« erfunden hat und dass er sich bei den Telefonaten mit Barschel als solcher ausgegeben hat, um seine Identität zu verbergen und sich im Bedarfsfall auf einen Dritten, den angeblichen Rohloff, hinausreden zu können. Dieser Verdacht drängt sich erst recht auf, wenn man die erwähnten Geldüberweisungen von Strauß an den Niemeyer-Verlag »zugunsten Rohloff« zugrunde legt.

Geht man davon aus, dass gemäß der erwähnten Notiz Barschels das Treffen mit Rohloff tatsächlich stattgefunden hat und dass Ralph Niemeyer identisch mit »Rohloff« ist, so ergibt sich eine neue Sicht: Es ist zu vermuten, dass er Späherdienste geleistet hat für andere, die nach ihm Barschel in seinem Hotelzimmer aufsuchten.

Hinzu kommt, dass Niemeyer alias Rohloff vom Hotel Le Richemond aus das schräg gegenüber liegende Hotel Beau Rivage beobachten konnte. Doch er hat wohl nicht lediglich beobachtet. Barschel gab in den erwähnten Notizen über den Besuch von »R.R.« den Gesprächsinhalt wieder, außerdem beschrieb er ihn: »ca. 178 cm, kein Bart, dunkelblonde Haare, sportlich, Jeans, blauer Pullover und eine Popeline Jacke. Scheint Rheinländer zu sein.« Demnach war R.R. kein aus Nicaragua gebürtiger CIA-Agent. Aber Ralph Niemeyer, Sohn eines Ministerialbeamten in Bonn, war im Rheinland aufgewachsen und in die Schule gegangen (Grundschule und Gymnasium 1976–1989)![39]

Aus der anzunehmenden Identität mit Rohloff folgt weiter, dass die Geldüberweisungen von Strauß »zugunsten Rohloff« in Wahrheit für Ralph Niemeyer bestimmt waren.

Somit ist anzunehmen, dass die fraglichen Geldüberweisungen von Strauß und die Interview-Äußerungen des Ralph Niemeyer zu Ermittlungen führen könnten, die das Rätsel um Barschels Tod lösen. Mord verjährt nicht. Zu beachten ist, dass Ralph Niemeyer im Interview über den angeblichen Robert Rohloff sagte: »Ich lege Wert darauf, dass er mit ›h‹ geschrieben wird.« Strauß hat den Namen auf dem Überweisungsträger tatsächlich mit »h« geschrieben – so meine Information. Auffällig ist auch, dass Niemeyer im Interview äußerte, nach dem Tod von Barschel sei er in die DDR gegangen. Es stellt sich die Frage: Wollte er so sich einer möglichen Strafverfolgung entziehen? Wer ging denn 1987 oder danach noch in die DDR? Und was wollte er dort?

In seinen *Erinnerungen* teilte Strauß mit, dass er nach dem Tod von Barschel in einer Konferenz der Ministerpräsidenten in München folgende Worte des Gedenkens gesprochen habe:

> *»Der Tod wirft Rätsel auf, gibt Probleme auf, hat Erschütterungen ausgelöst. Vielleicht dürfen wir bei dieser Gelegenheit sagen, dass unser Kollege Barschel sich in diesem Jahre in einer besonders schweren Situation befunden hat, aus der heraus man vielleicht versuchen kann, das Geschehene zu verstehen [...] Es ist hier nicht die Zeit, über Sünden, Fehler oder Versäumnisse zu reden. Ich sage: Gott möge ihm ein gnädiger Richter sein, und wer frei ist von Schuld, der werfe den ersten Stein.« (Taschenbuchausgabe S. 495)*

»Gott möge ihm ein gnädiger Richter sein« – ein freundlicher Nachruf war dies gewiss nicht, es war ein merkwürdiger. War Barschel Strauß etwa in die Quere gekommen?

Max Strauß zufolge hat Barschel nach dem Platzen der Kieler Affäre wiederholt seinen Vater angerufen, das letzte Mal vermutlich von Gran Canaria aus, also kurz vor seinem Tod. Max Strauß erinnerte sich: Es war gegen Abend, als das Telefon läutete. Vater Strauß habe den Hörer abgenommen und nach einer Weile gefragt: »Wie kann ich Ihnen helfen?«[40] Wenn dieser Anruf Barschels eine Bitte um Hilfe war, was sein kann oder auch nicht, dann musste sie einen konkreten Bezug gehabt haben.

Zum Zeitpunkt dieses letzten Telefonats stand das Treffen Barschels mit Robert Rohloff bevor. Ging es im Telefonat um dessen Hilfe? Barschel war bereits zurückgetreten. Was erwartete er da noch von Strauß, der mit der Kieler Affäre nichts zu tun hatte? Oder ging es um das U-Boot-Geschäft mit Südafrika? Um die Verteilung von Schmiergeld aus diesem Geschäft?

Das U-Boot-Geschäft war eine gemeinsame Aktion von Strauß und Barschel gewesen. Nach seinem Sturz war Barschel für Strauß aber kein Partner mehr. Mit seinem tatsächlichen oder zu vermutenden Wissen war er für Strauß nur noch lästig, aufgrund seiner verzweifelten Lage zudem unberechenbar und bedrohlich.

Etwa zwei Wochen vor Barschels Tod bekam die Auswerterin der Hauptabteilung III der DDR-Staatssicherheit, Marion Herrmann, das Protokoll eines abgehörten Autotelefongesprächs Barschels auf den Tisch. Danach äußerte Barschel seinem Gesprächspartner gegenüber:

»Wenn die Bonner mich fallen lassen, lernen die mich kennen.«

Marion Hermann: »Für mich hörte es sich so an, als wenn er etwas auszupacken hätte.«[41] In der erwähnten Fernsehdokumentation hob der frühere Leitende Oberstaatsanwalt Heinrich Wille aus Lübeck ebenfalls hervor: »Er hat gedroht!« Wer konnte sich bedroht fühlen?

Strauß konnte nicht verkennen, dass Barschel auch über ihn auspacken konnte. Er musste damit rechnen, dass Barschel aufgrund seiner engen Stasi-Kontakte erfahren hatte, dass er 100 Millionen DM Schmiergeld für den Milliardenkredit an die DDR kassiert hatte, Geld, das er nicht versteuert hatte. Barschel wusste außerdem sicherlich, dass auch Strauß beim illegalen U-Boot-Geschäft mit Südafrika Schmiergeld vereinnahmt hatte. Hätte Barschel, in die Enge getrieben, den Mund aufgemacht: Strauß wäre verloren gewesen! Strauß musste davon ausgehen, dass er zu einer hohen Gefängnisstrafe verurteilt werden würde.

Aber gewiss hatten auch das Apartheidregime und sein militärischer Geheimdienst ein vitales Interesse daran, dass Strauß nicht zu Fall kam. Denn wegen des UN-Embargos war er, der sich darüber hinwegsetzte, als Waffenlieferant unentbehrlich – nicht nur wegen der U-Boote, sondern auch wegen seines beherrschenden Einflusses bei MBB. Das Unternehmen hatte Hubschrauber nach Südafrika verkauft, deklariert für zivile Zwecke, tatsächlich aber geliefert an einen Waffen-Konzern. Überdies war Strauß für das politisch isolierte Apartheidregime ein gewichtiger Fürsprecher bei der Bundesregierung.

Im Übrigen: Bei dem illegalen U-Boot-Geschäft mit Südafrika mischte zudem, wie ein übergelaufener Stasi-Offizier beim Bundesamt für Verfassungsschutz zu Protokoll gab, auch Schalck-Golodkowski mit, der die besagten 100 Millionen DM auf das Konto von Strauß bei der DG Bank Schweiz in bar einbezahlt hatte.

Fest steht, dass sich Ministerpräsident Max Streibl später über die Rolle von Strauß hinsichtlich Barschel negativ ausließ – warum, bleibt offen, aber er hatte wohl begründete Erkenntnisse.

10. KAPITEL

DIE AUSSAGE DER ZEUGIN ANDREA FUCHS

Überraschend klagte Max Strauß Ende Dezember 2017 ein weiteres Mal gegen mich, rätselhafterweise wiederum vor dem Landgericht Köln, und zwar bei derselben Kammer. Welche Gewissheit hatte er, dass er bei dieser Kammer Erfolg haben würde? Dieses Mal klagte er auf Zahlung von Schmerzensgeld in ungenannter Höhe, weil ich durch mein Buch *Macht und Missbrauch* seinen guten Ruf schwer geschädigt hätte. Zusätzlich verklagte er die Verlagsgruppe Random House (Heyne-Verlag), die das Buch als Taschenbuch herausgebracht hatte, ebenfalls auf Schmerzensgeld; außerdem verklagte er den Verlag darauf, die im Buch enthaltene Passage über das »abenteuerliche Gerücht, Strauß habe ein Vermögen von 300 Millionen DM hinterlassen«, künftig nicht mehr zu verbreiten.

Dass er klagte, war verblüffend, denn jetzt lag doch ein Beweis vor, der nicht mehr aus der Welt zu schaffen war: der DG-Prüfbericht vom 4. April 1994. Diesen aber verschwieg Max Strauß in seiner Klageschrift! Selbstverständlich legten mein Anwalt und der Anwalt des Verlagshauses den Prüfbericht dem Gericht vor, zugleich beantragten sie die Vernehmung der Frau Fuchs. als (Mit-)Verfasserin dieses Dokuments.

In der mündlichen Verhandlung sagte die Zeugin aus wie folgt:

Anfang Februar 1994 hätten sie und ihr Kollege Wolf Franzen, der in der DG Bank sonst den Verbund der Volksbanken betreut habe, von ihrem Vorgesetzten Dr. Bräuer den Auftrag erhalten, etwa 900 Konten von VIP-Kunden (und ehemaligen DG-Bank-Vorstandsmitgliedern) bei der DG-Bank-Tochter in der Schweiz auf strafbare Geschäfte zu durchforsten und darüber dem Vorstand zu berichten. Gegen die DG Bank liefen staatsanwaltschaftliche Ermittlungen wegen früherer betrügerischer Handlungen gegenüber französischen Banken. Der amtierende Vorstand habe befürchtet, in den Sog dieses Verfahrens zu geraten. Vier entlassene Rentenpapier-Händler der DG Bank hatten bereits bei der Staatsanwaltschaft gefährlich erscheinende Aussagen gemacht.

Nachdem sie und ihr Kollege schon zahlreiche Konten untersucht und darüber berichtet hätten, seien sie auf ein Konto gestoßen, das unter dem Namen »F. J. Strauß« geführt wurde. Da viele Konten unter fantasievollen Decknamen liefen, wie zum Beispiel Donald Duck, hätten sie und ihr Kollege zunächst geglaubt, es handle sich hier ebenfalls um einen solchen Fall. Dann aber hätten sie zu ihrer Überraschung festgestellt, dass es sich wirklich um ein Konto des verstorbenen bayerischen Ministerpräsidenten Strauß handelte.

In einer bei der Bank hinterlegten Kopie seines Passes habe Strauß noch recht jung ausgesehen, es sei ein Pass älteren Datums gewesen. Zu ihrem Erstaunen habe sie, so die Zeugin, daraus ersehen, dass Strauß mit Vornamen damals nur Franz hieß, das habe sie nicht gewusst. In einer Kopie eines später ausgestellten Passes sei dann der Vorname »Franz Josef« gestanden. Vorgelegen hätten auch Kopien der Pässe von Marianne Strauß und Franz Dannecker, die beide Bankvollmacht gehabt hätten. Nach dem Tod von Marianne Strauß habe der Sohn Max Strauß Bankvollmacht erhalten.

Diese Vollmachten seien keine Vollmachten über den Tod hinaus gewesen. Daher hätte das Konto nach dem Tod von Strauß von der Bank gesperrt werden und den Steuerbehörden gemeldet werden müssen. Beides sei nicht geschehen. Sie erinnere sich noch, dass am Tag der Kontoeröffnung 20.000 DM eingezahlt wurden (durch den Strauß-Intimus Dr. Dannecker).

Gegenüber der Kriminalpolizei hatte sie per E-Mail vom 21. Juni 2017 zu dieser Kontoeröffnung ausgesagt, im Rahmen ihres Prüfungsauftrags habe sich herausgestellt, dass es viele Konten gab, die pro forma von Treuhandgesellschaften geführt wurden, »auf denen aber – wie im Fall des Kontos FJS – offensichtlich direkt vom Inhaber oder einem Bevollmächtigten disponiert wurde. Dies wurde letztlich auch dadurch deutlich, dass nicht die Treuhandgesellschaft Fidinam das Konto FJS eröffnet hatte, sondern ein Dr. Dannecker als Bevollmächtigter. Allein dies machte uns von Anfang an stutzig. Es ist nicht die gängige und korrekte Art und Weise. Diese Fakten mussten Franzen und ich auf Anweisung aus unserem Untersuchungsbericht, dem DG Intern u.a. entfernen. Uns wurde signalisiert, man wolle den Vorstand doch nicht ins Gefängnis bringen.«

Zu den Zahlungsvorgängen des Kontos sagte sie aus:

Die drei Schalck-Golodkowski betreffenden Einzahlungsbelege (über insgesamt 100 Millionen DM) hätten nur die Unterschrift »A. Golodkowski« getragen. Sie und ihr Kollege Franzen hätten dann aber Informationen eingeholt und festgestellt, dass Schalck-Golodkowski immer so unterschrieben habe.

Aus den Unterlagen hätten sich Zahlungen an Strauß aus dem Nahen Osten ergeben, etwa von der Golf-Bank im Libanon; ferner eine Zahlung der Bank Austria in Wien zugunsten der Novum AG sowie zugunsten einer dem DDR-Regime nahestehenden Gesellschaft.

An den Namen Holzer erinnere sie sich in diesem Zusammenhang gut. Gemeint war Dieter Holzer, Lobbyist und Waffenhändler, langjähriger enger Vertrauter von Strauß.

Bezüglich der Konten saudi-arabischer Personen seien die Kontoverbindungen aus den Endlospapieren der Bank ersichtlich gewesen. Ihre Aufgabe sei es gewesen, sich mit den anderen Banken telefonisch kurzzuschließen. Auf diese Art und Weise habe sie die Namen der Kontoinhaber herausgefunden. Dieses Vorgehen sei zwischen den Banken nicht unüblich.

Die Konten von Leo Kirch hätten ihr und ihrem Kollegen ebenfalls zur Prüfung vorgelegen. Sie hätten festgestellt, dass die Zahlungen von Kirch an Strauß (wie sie der Prüfbericht erwähnt) direkt von Kirchs Konto bei der DG Bank Schweiz auf das Konto von Strauß bei der DG Bank Schweiz erfolgt seien.

Strauß habe weitere Konten in der Schweiz unterhalten, so zum Beispiel beim Bankhaus Julius Bär und bei der Bank Ernst & Cie. (Über das Strauß-Konto bei der Bank Ernst & Cie hatte früher bereits die *Neue Zürcher Zeitung* berichtet, über das beim Bankhaus Julius Bär der *Spiegel* 14/1994,[42] sein Informant war der enge Strauß-Spezi Dr. Walter Schöll. In *Macht und Missbrauch* hatte auch ich auf diese Konten hingewiesen, Max Strauß aber hat sie in seinem Prozess gegen mich vor dem Landgericht Köln abgestritten!)

Eine Transaktion von Strauß sei von der DG Bank in Frankfurt über die Deutsche Bank als Abwicklungshaus und sodann über die Deutsche Bank in Mexico City gelaufen. Von dort soll es weitergegangen sein bis Panama und auf die Cayman Islands zur BEG, einer Tochter der DG Bank Schweiz.

Außer dem früheren Vorstandsmitglied Schneider-Gädicke habe auch das frühere Vorstandsmitglied Flach ein Konto bei der DG Bank Schweiz unterhalten, und zwar über die Treuhandgesellschaft Amerofina mit Sitz in Liechtenstein.

Da der Prüfbericht als Endstand des Strauß-Kontos 360 Millionen DM angab, wurde die Zeugin auch nach dem Höchststand des Kontos befragt. Dazu sagte sie aus: »Der Höchststand, den wir gesehen haben, war über 700 Millionen DM. Es gab auch Informationen über einen Kontostand von über 800 Millionen DM, diesen konnten wir aber aufgrund der nicht vollständigen Akten nicht bestätigen.«

Zu dem Verbleib des Geldes des Strauß-Kontos sagte die Zeugin aus: Die Umstände der Barabhebung bei der DG Bank Schweiz habe sie sich von Wolfgang Riester, dem Direktor der DG Bank Schweiz, schildern lassen. Es sei so gewesen, dass an einem Freitagnachmittag ein dunkler »Jagerbenz« 13 Koffer mit insgesamt 480 bis 500 kg an Geldscheinen abgeholt habe. (Mit Jagerbenz war ein Mercedes-Benz-Geländefahrzeug gemeint, wie es oft von Jägern benutzt wird.)

Die Quittungen über die von der DG Bank Schweiz beim Bürohaus Fürrer in Zürich für den Abtransport gekauften Koffer habe sie selbst in den Unterlagen gesehen. Zunächst seien zwölf Koffer geordert worden, dann noch ein weiterer, als sich beim Verpacken der Geldscheine dies als notwendig herausgestellt habe. Was nicht im Protokoll steht: Zusätzlich wurden noch etwa 15 Millionen DM in einem Geldbeutel, der 9 Franken gekostet hatte, verpackt – wohl als Wegzehrung bis nach München gedacht. Auf einem Belegschein der DG Bank Schweiz seien sowohl die ausgehändigte Summe als auch die Kosten für die Koffer und den Geldbeutel vermerkt worden. Diese Kosten habe die Bank in Rechnung gestellt.

Kollegen aus der Schweiz hätten erzählt, dass das Geld dann nach Luxemburg verbracht worden sei. Spätere Erkenntnisse hätten aber ergeben, »dass, wie im Bericht niedergelegt, das Geld bei der Bayerischen Landesbank gelandet ist«.

Darauf angesprochen, dass der Prüfbericht einen vorausgegangenen 20-seitigen Prüfbericht erwähne, erklärte die Zeugin Fuchs, dass der Vorgesetzte Dr. Bräuer diesen umfangreichen Bericht wegen seiner zu brisanten Angaben nicht akzeptiert habe und von ihr und ihrem Kollegen auf den aktuellen Bericht mit vier Seiten kürzen ließ. Sie verfüge jedoch noch über ein Exemplar dieses 20-seitigen Berichts. Sie habe auch noch eine Unterlage mit den notierten Pass-Nummern von F. J. Strauß, Marianne Strauß, Franz Dannecker und Max Strauß.

Schließlich erklärte sie: Soweit sie über einschlägige Unterlagen zum Strauß-Konto verfüge, sei sie wegen ihrer nachwirkenden arbeitsrechtlichen Verpflichtungen daran gehindert, diese an das Gericht herauszugeben. Dies zumal deshalb, weil die EU in einer Richtlinie alles, was Betriebs- und Geschäftsgeheimnis sei, sehr weit definiert habe. Whistleblower seien aufgrund dieser Rechtslage daher nach wie vor nicht geschützt vor Strafverfolgung.

Sie übergab dann aber dem Gericht ein Schreiben des früheren Deutsche-Bank-Chefs Dr. Alfred Herrhausen, datierend vom 10. November

1989. Den Namen des Adressaten hatte sie unkenntlich gemacht, was sie damit erklärte, dass sie ihn noch vorher sprechen wollte. (Hinweis: An der Übergabe dieses Schreibens sah sich die Zeugin rechtlich nicht gehindert, weil es nicht aus dem Fundus der DG Bank stammte.)

Max Strauß gefielen die Aussagen der Zeugin ganz und gar nicht. Er schrie immer wieder: »Sie lügt! Sie lügt!« Darauf konterte die Zeugin: »Ich lüge nicht! Und im Unterschied zu Ihnen bin ich nicht vorbestraft!« Daraufhin schwieg Max Strauß, aber nur für eine Weile.

Die Angaben der Zeugin waren durchweg glaubhaft, sie beeindruckte mit ihrer präzisen Erinnerung. Hinsichtlich ihrer fachlichen Kompetenz verwies sie auf ein Empfehlungsschreiben des früheren Vorstandsvorsitzenden der HypoVereinsbank, Dr. Ernstberger, der sie von ihrem damaligen Arbeitgeber für eine sechswöchige Prüfung in seiner Bank ausgeliehen hatte. Auf jede Frage konnte sie spontan und sachkundig unter Angabe von Details antworten, zudem standen ihre Angaben in Einklang mit anderen Erkenntnissen.

Bei der Auflösung des Strauß-Kontos durch Barabhebung der gesamten 360 Millionen DM war eine Bankgebühr von 1,5 Prozent angefallen, somit Kosten in Höhe von 5.392.470 DM, wie der DG-Prüfbericht vermerkt. Eine entsprechende Gebühr hatte auch Leo Kirch zu bezahlen, als er sein Konto in Höhe von 695 Millionen DM durch Barabhebung abräumte. In beiden Fällen vermerkte der Prüfbericht, dass anschließend die DG Bank Frankfurt diese Kosten übernommen und den Betrag jeweils durch ein PÜV-Geschäft an die Bayerische Landesbank transferiert habe – ausweislich einer an die Bayerischen Landesbank gerichteten PÜV-Note. (Bei Leo Kirch muss die angefallene Gebühr in Höhe von 1,5 Prozent ca. 10,5 Millionen DM ausgemacht haben.)

Auf die Frage des Vorsitzenden, was unter dem Kürzel PÜV zu verstehen sei, erläuterte die Zeugin, das bedeute »Platzüberschreitender Effektenverkehr«. Es habe sich dabei um eine verdeckte Kostenübernahme gehandelt, hier durch die DG Bank zugunsten der Bayerischen Landesbank.

Die Übernahme der bei den Konten Kirch und Strauß angefallenen Barabhebungsgebühren von insgesamt über 15 Millionen DM durch die DG Bank, ohne dass hierzu eine rechtliche Verpflichtung bestanden hätte, war strafbare Untreue gegenüber den Anteilseignern der DG Bank. Im Fall Strauß hatte der Vorstandsvorsitzende Dr. Guthardt laut Prüfbericht die PÜV-Note persönlich abgezeichnet. Der Vorgang beweist, dass sich der Vorstand zur Kostenübernahme gezwungen sah oder dazu gezwungen wurde.

Da die Zeugin den Höchststand des Strauß-Kontos mit 700 Millionen DM beziffert hatte, wurde ihr die Frage gestellt, welche Abflüsse es gegeben habe. Sie antwortete, sie habe dazu einmal eine Liste erstellt und mir übergeben. Es traf zu, dass sie mir allein für das Jahr 1987 folgende Überweisungen von Strauß auf andere Konten mitgeteilt hatte:

am 09.02.1987	75 Mio. DM an die Citibank Mexiko
am 23.03.1987	75 Mio. DM an die Citibank New York (in 3 Tranchen zu je 25 Mio. DM)
am 14.08.1987	5 Mio. DM an die Vatikan Bank (ohne Angabe eines Betreffs)
insgesamt	155 Mio. DM

Von der Citibank New York seien sodann 150 Millionen DM an den Cititrust auf den Cayman Islands überwiesen worden.

Diese von der Zeugin mitgeteilten Überweisungen an die Citibank machten plausibel, dass Max Strauß, wie die Zeugen Bernd Linz und Manette Schumann in den früheren Gerichtsverfahren ausgesagt hatten, im Jahr 1992 300 Millionen DM zur Citibank nach Luxemburg transferieren wollte (was er freilich bestreitet). Es bestand eben schon eine Geschäftsbeziehung seines Vaters zur Citibank!

Ebenfalls ist festzustellen, dass zu dem Kontoendstand von 360 Millionen DM noch mindestens die 155 Millionen DM hinzukamen, die Strauß

1987 auf andere ausländische Konten überwies. Wohlgemerkt: mindestens! Denn im Prüfbericht vom 4. April 1994 wird darauf hingewiesen, dass das Strauß-Konto bei der DG Bank Schweiz mit einer »Vielzahl von weiteren Strauß-Konten in der Schweiz und in diversen weiteren Ländern« verflochten war. Für die Schweiz benannte die Zeugin Fuchs bei ihrer Vernehmung ausdrücklich die Bankhäuser Julius Bär und Ernst & Cie (wie bereits erwähnt). Abflüsse auf diese Konten sind somit noch nicht erfasst.

Somit ist anzunehmen, dass das gesamte Geldvermögen von Strauß im Ausland noch weit über die genannten 700 Millionen DM hinausging.

Die zitierte Angabe der Zeugin Fuchs, nach einer anderen Quelle habe der Höchststand des Kontos 800 Millionen DM betragen, hat folgenden Hintergrund: Wie die Zeugin außerhalb des Prozesses mitteilte, schrieb 1992 – vier Jahre nach dem Tod von Strauß – ein Herr M. Sch. einen Brief an Bundeskanzler Helmut Kohl, in dem er darauf hinwies, dass Strauß bei der DG Bank in der Schweiz ein Konto in Höhe von 360 Millionen DM gehabt habe. Dieses Konto habe zeitweise 820 Millionen DM (!) betragen. Er nannte überdies weitere ausländische Banken, bei denen Strauß ein Konto unterhalten habe: das Bankhaus Julius Bär, die Bank Vontobel, die Vatikan Bank Ambrosio und noch zwei weitere Banken. Auch wies er darauf hin, dass Leo Kirch und REWE-Chef Hans Reischl ebenfalls bei der DG Bank in der Schweiz ein Konto gehabt hätten. Zugleich bat er den Bundeskanzler um Hilfe.

Wie die Zeugin Fuchs weiter mitteilte, wandte sich M. Sch. auch noch an andere Stellen mit Briefen, denen er das Schreiben an Bundeskanzler Kohl jeweils beifügte.

Von Bundeskanzler Helmut Kohl konnte M. Sch. allein schon wegen dessen enger Beziehung zu Leo Kirch keine Hilfe erwarten, dies aber auch aus einem anderen Grund, den er möglicherweise nicht kannte. Oder aber er wusste Bescheid und erwartete gerade deshalb von Kohl Hilfe? Warum schrieb er gerade den Bundeskanzler an? (siehe dazu Teil III).

Es stellt sich die Frage: Woher kannte M. Sch. bereits im Jahr 1992 die Fakten, die zwei Jahre später die Zeugin Fuchs und Wolf Franzen in ihrem Prüfbericht vom 4. April 1994 ebenfalls anführten? Die Zeugin Fuchs kam überhaupt erst am 1. Dezember 1993 zur DG Bank. Es drängt sich folgende Vermutung auf:

Wie bereits erwähnt, hatten Rentenpapier-Händler der DG Bank einschließlich ihres Chefs Friedrich Steil illegale Geschäfte getätigt, die 1990 aufflogen. Sie wurden deswegen fristlos entlassen und strafrechtlich verfolgt. Der damalige Vorstand behauptete, er habe von ihren Geschäften nichts gewusst, was sie entschieden bestritten. Weil sie bei der Staatsanwaltschaft Angaben gemacht hatten, welche der Spitze der DG Bank sehr unangenehm werden konnten, hatte der Vorstand, wie erwähnt, Frau Fuchs und Wolf Franzen Anfang 1994 den Auftrag erteilt, derartige Risiken zu ermitteln und darüber zu berichten.

Einer renommierten ARD-Journalistin gegenüber, die in der Sache recherchierte, bestritt M. Sch., dass er die Briefe geschrieben habe; er gab aber zu, dass er mit dem Chef-Rentenhändler Friedrich Steil befreundet gewesen sei und in dessen Strafprozess zu seinen Gunsten ausgesagt habe. Daher ist anzunehmen, dass er von Friedrich Steil die Dinge erfahren haben konnte, die in dem Brief an Bundeskanzler Kohl standen. Denn als Chef der Rentenpapier-Abteilung hatte Steil in der DG Bank eine so hohe Position, dass er durchaus wissen konnte, ja wissen musste, welche prominenten Kunden bei der DG Bank Schweiz geheime Konten unterhielten.

(Das Landgericht Köln entschied über die Klage von Max Strauß am 4. September 2019, siehe das 19. Kap.)

11. KAPITEL

DER BRIEF DES DEUTSCHE-BANK-CHEFS DR. ALFRED HERRHAUSEN

Der von der Zeugin Fuchs dem Gericht in Kopie übergebene Brief des Dr. Herrhausen datiert vom 10. November 1989 (siehe Anhang), das war drei Wochen, bevor dieser von der RAF ermordet wurde. Zwar hatte die Zeugin den Namen des Adressaten unkenntlich gemacht, aber die seine Geschäftstätigkeit angebende Bezeichnung »Finanz- und Vermögensberatung« stehengelassen.

In seinem an den Finanzberater gerichteten Brief nimmt Dr. Herrhausen Stellung zu vorangegangenen Schreiben, in denen der Finanzberater auf »im Ausland befindliche Konten bzw. Gesellschaften des verstorbenen Franz Josef Strauß« hinwies. Dr. Herrhausen äußert, er habe darüber bereits mehrmals (!) mit Dr. Dannecker (Anwalt und Intimus von Strauß) persönlich gesprochen. Dies gelte auch für »die gegenüber Herrn Leo Kirch, Herrn Dr. Schneider-Gädicke und Herrn Dr. Helmut Guthardt erhobenen Vorwürfe«. Insoweit habe er auch entsprechende Stellungnahmen erbeten und erhalten, wonach »Ihre Vorwürfe – soweit sie unversteuertes Auslandsvermögen und die damit einhergehende Untreue betreffen – nicht gerechtfertigt sind«. Gemeint waren damit die Konten von Strauß und Kirch bei der DG Bank in der Schweiz, denn Guthardt und Schneider-Gädicke waren die Vorstandsvorsitzenden der DG Bank.

Dr. Herrhausen schreibt nun nicht, er habe von Dannecker (der Kontovollmacht über das Strauß-Konto bei der DG Bank Schweiz hatte, siehe oben), Schneider-Gädicke und Guthardt die Auskunft erhalten, dass es ein solches Konto von Strauß bzw. Leo Kirch nicht gebe. Mit einem solchen Dementi wäre die Sache erledigt gewesen. Doch das Konto von Strauß bestand zu diesem Zeitpunkt noch, ebenso das Konto von Kirch, es wurde erst, wie erwähnt, Ende März 1990 aufgelöst, das von Kirch Anfang April 1990. Vielmehr entgegnete Dr. Herrhausen dem Finanzberater, er habe ihm ja schon »mehrmals berichtet«. Dass er als der mächtige Chef der Deutschen Bank sich gehalten sah, deswegen mehrmals mit Dannecker zu sprechen und sich mehrmals persönlich gegenüber dem Finanzberater zu rechtfertigen, zeigt, dass er in großer Besorgnis war.

Dazu hatte er Anlass. Denn die Deutsche Bank kannte das Strauß-Konto bei der DG Bank in der Schweiz bestens, hieß es doch im Prüfbericht vom 4. April 1994: »Auffällig viele Überweisungen kamen von der Deutschen Bank, keine Überweisung war unter 1 Mio. DM!« Somit ging es in diesem Briefwechsel um Beihilfe zur Steuerhinterziehung und Geldwäsche durch die Deutsche Bank. Offensichtlich wusste der Finanzberater davon, leugnen war da zwecklos. Dr. Herrhausen verblieb als Antwort nur die salvatorische Zusicherung: »Trotz allem [...] werden wir als Deutsche Bank intern prüfen, ob wir [...] eventuell unwissend als Helfershelfer missbraucht worden sind.«

Er stritt also nicht ab, was die Deutsche Bank getan hatte, gab jedoch vor, sie sei dabei gutgläubig gewesen. Das war der Versuch, sich herauszureden, es ging um seine persönliche Verantwortlichkeit. Denn er musste von Strauß und den Millionen-Überweisungen auf dessen Konto gewusst haben.

Insofern ist eine illustrative Anekdote hilfreich: In einem (namentlich bekannten) Notariat in der Münchner Innenstadt dauerte eines Tages eine Beurkundung ewig lange, es vergingen Stunden. Andere, die im Vorraum auf ihren Beurkundungstermin warteten, wurden schließlich äußerst ungehalten. Man beruhigte sie schließlich mit der Erklärung: »Drinnen sitzt der Herr Strauß mit einem Vertreter der Deutschen Bank wegen der Verbriefung eines Fondsanteils!« Wofür erhielt Strauß diese milde Gabe? Oder ist diese Anekdote nicht wahr?

Fazit: Der »Prüfbericht« des Dr. Herrhausen, der interne Prüfbericht der DG Bank und die Aussage der Zeugin Fuchs stimmen überein. Und: Das Schreiben Dr. Herrhausens datiert vom 10. November 1989, erst vier Jahre später kam die Zeugin Fuchs zur DG Bank! Die von ihr und ihrem Kollegen Franzen untersuchten Konten von Strauß und Kirch bei der DG Bank Schweiz waren somit schon lange zuvor dem im Herrhausen-Schreiben angesprochenen Finanzberater sowie Dr. Herrhausen selbst bekannt.

Dass das Strauß-Konto und das Kirch-Konto vier Monate nach dem Schreiben Dr. Herrhausens schlagartig abgeräumt und aufgelöst wurden, war höchstwahrscheinlich die Folge der Gespräche Herrhausens mit Dannecker. Denn dieser wusste damit, dass sie von einem außenstehenden Finanzberater entdeckt worden waren, der noch dazu »Krawall machte«.

(Die von Dr. Herrhausen zitierte Stellungnahme des Vorstandsvorsitzenden Dr. Guthardt ist dem Vernehmen nach noch vorhanden.)

12. KAPITEL

DR. FRANZ DANNECKER UND ANDERE MITWISSER GEHEIMER KONTEN

»Beweiskräftig« aber ist auch eine andere Anekdote. Dr. Dannecker verstarb ein paar Jahre nach Strauß. In meinem Buch *Wahn und Willkür* hatte ich niedergeschrieben, was mir ein CSU-Politiker über die Beerdigung Franz Danneckers, des engsten Vertrauten von Strauß in Geldangelegenheiten, berichtete. Dieser Politiker war Dr. Erich Riedl, früherer Staatssekretär im Bundeswirtschaftsministerium. Er erzählte: Als der Sarg an den Seilen in die Grube hinabgelassen wurde, habe der neben ihm stehende Dr. Friedrich Zimmermann, früherer Bundesinnenminister und über Jahrzehnte engster Weggefährte von Strauß, gemurmelt: »Hier wird viel Geld versenkt. Der kannte als Einziger die geheimen Konten von Strauß in der Schweiz.«

Dr. Zimmermann, auch genannt »Old Schwurhand« (wegen eines früheren Meineids), wusste demnach, dass es solche geheimen Konten gab. Und durch den DG-Prüfbericht ist erwiesen, dass Dr. Dannecker sogar Bankvollmacht für ein solches Konto hatte, nämlich für das bei der DG Bank in der Schweiz. Dem entspricht, dass Dr. Herrhausen laut seinem wiedergegebenen Schreiben mehrmals mit Dr. Dannecker über dieses Konto sprach.

Allerdings irrte sich Dr. Zimmermann: Auch andere kannten geheime Strauß-Konten. Dr. Walter Schöll, Strauß-Spezi und Geschäftspartner von Strauß in der gemeinsamen Werbefirma Contas, wusste um ein geheimes Strauß-Konto beim Bankhaus Bär in Zürich. Das verriet er 1994 dem *Spiegel*, er erzählte, dass er Strauß dort einmal sogar bis in den dritten Stock hinaufbegleitet habe.[43] Und Bäderkönig Dr. Eduard Zwick verriet dem *Spiegel*, dass Strauß auch beim Bankhaus Pictet in Genf ein geheimes Konto hatte, er selbst habe Strauß dort eingeführt. Er fügte hinzu: Um dort Kunde zu sein, müsse man schon »ein paar kräftige Millionen dabeihaben«.[44] Außerdem berichteten die Eheleute Zwick dem *Spiegel*, nach dem Tod von Strauß habe ihr Sohn Johannes Monika Hohlmeier auf Strauß-Konten in der Schweiz hingewiesen und darüber informiert, dass es dafür Tarnnamen gebe (*Der Spiegel* 15/1994).[45]

(Die Tarnnamen für das Konto bei der DG Bank Schweiz waren »Fidinam« und »Dessert-Foxx, Big Nefud Tank, Rubalchali-Buggy und Dhana«, siehe oben.)

Was unternahmen die Strauß-Abkömmlinge gegen diese für sie höchst unangenehmen Offenbarungen? In einer Gegendarstellung im *Spiegel*[46] dementierten sie zwar Dr. Schöll, verklagten ihn aber nicht auf Unterlassung. Und Eduard Zwick dementierten sie nicht einmal hinsichtlich der Existenz des Kontos bei Pictet, sie bestritten nur, dass er ihren Vater dort eingeführt habe. Wie bereits erwähnt, gab es auch bei der Bank Ernst & Cie ein geheimes Konto, darüber berichtete die *Neue Zürcher Zeitung* mit dem zusätzlichen Hinweis auf einen Augsburger Oberstaatsanwalt, der dies bestätigt hatte. Max Strauß, so der Pressebericht, habe bis zum Obersten Schweizer Bundesgericht in Lausanne dagegen geklagt, dass deutsche Behörden in dieses Konto Einsicht nehmen dürfen. Dennoch bestritt er im letzten Prozess in Köln die Existenz dieses geheimen Kontos.

13. KAPITEL

Weitere Hinweise auf illegale Geldzuflüsse

Über die Angaben der bisher genannten Zeugen hinaus (einschließlich der vom Amtsgericht München angeführten, siehe oben) sind noch weitere Beschuldigungen zu zitieren, die Strauß schwer belasten, zumal solche aus der CSU und der CDU. Sie liegen auf derselben Linie wie die Angaben des DG-Bank-Prüfberichts.

Bundeskanzler a. D. Helmut Kohl erregte sich in einem Gespräch mit seinem Biografen Heribert Schwan über das enge Einvernehmen von Strauß mit Gnassingbé Eyadéma, dem Führer der togolesischen Militärjunta: »Mit dem hat er Geschäfte gemacht.«[47] Waren es Waffengeschäfte? Wo ist das Geld aus den Geschäften geblieben? Wurde es versteuert? 1984 verlieh Strauß Eyadéma den Bayerischen Verdienstorden.

Dr. Ludwig Huber, Präsident der Bayerischen Landesbank und zuvor stellvertretender Ministerpräsident und Finanzminister, schrieb am 17. Dezember 1987 zornig an die *Süddeutsche Zeitung*[48], nachdem ihm Strauß eine Beteiligung an einem Unternehmen in Österreich vorgeworfen hatte: »Warum soll ich unter Ausnahmerecht stehen? Andere waren oder sind noch beteiligt an Gesellschaften z. B. in Luxemburg, in der Schweiz, in Liechtenstein. Ich habe auch keine Provisionen genommen.« Dies war eindeutig auf Strauß gemünzt. Und es ist bekannt, dass Strauß diese Anschuldigung auf sich bezog.

Wirkung konnte Ludwig Huber bei Strauß nur dann erzielen, wenn das, was er Strauß verdeckt vorwarf, zutraf. Tatsächlich war Strauß jedenfalls beteiligt an der LCF Energie AG in der Schweiz (siehe nachfolgend) und an der dem »Wienerwald«-Inhaber Friedrich Jahn gehörenden Gesellschaft Transcommerce in Liechtenstein. Hinsichtlich einer Verbindung nach Luxemburg drängt sich der Umstand auf, dass der Zeugin Manette Schumann zufolge der oben erwähnte Luxemburger Immobilienhändler als Mittelsmann der Geschwister Strauß an die Citibank Luxemburg herantrat mit dem Angebot, dort eine Bargeldsumme von 300 Millionen DM anzulegen (siehe oben).

Der Vorhalt Ludwig Hubers »Ich habe auch keine Provisionen genommen« deckt sich damit, dass er einmal die Bemerkung fallen ließ, er habe ja »im Gegensatz zu anderen nicht an dem Milliardenkredit verdient«. (Dies wollte er hinterher allerdings anders gemeint haben[49].) Der Milliardenkredit an die DDR war unter Führung der Bayerischen Landesbank abgewickelt worden. Nahe liegt zudem, dass Dr. Ludwig Huber von seinem Kollegen Dr. Guthardt, dem Vorstandsvorsitzenden der DG Bank, erfahren hatte, dass Schalck-Golodkowski die von Strauß »verdiente« Provision auf dessen Konto bei der DG Bank Schweiz einbezahlt hatte. Spitzenbanker tauschen sich aus – streng vertraulich.

Der frühere Präsident einer Behörde trat 2010 über einen meiner Kollegen aus dem Finanzministerium an mich heran und teilte mir mit, dass Strauß für die Vermittlung des Milliardenkredits an die DDR heimlich eine hohe Provision kassiert habe. Dazu könne er »harte Angaben« machen, er habe darüber Unterlagen. Dies erschien glaubhaft, da er sehr eng war mit Dr. Ludwig Huber. Bei einem Treffen am Gardasee habe ihm dieser eröffnet, dass er umfangreiches Material zur Sicherheit in Italien deponiert habe.

Um sicherzustellen, dass seine Angaben nicht verloren gehen würden, wenn ihm etwas zustoße, hinterlegte der frühere Behördenpräsident später seine Unterlagen an einer zuverlässigen Stelle, die gegebenenfalls aktiv werden würde.

Der Arzt Dr. G. teilte mir mit, was ihm sein verstorbener Patient Dr. Friedrich Freudenberger an schlimmen Dingen über Strauß erzählt hatte. Früher war dieser ein enger Berater von Strauß in finanziellen und wirtschaftlichen Dingen gewesen. Er trennte sich später von Strauß »aus moralischen Gründen«, auch auf Drängen seiner Frau, wie er Dr. G. erzählte. In einem Brief vom 7. März 2013 an Wilfried Scharnagl, den früheren Chefredakteur des *Bayernkurier*, hielt Dr. G. diesem unter anderem vor, dass Freudenberger ihm 1989 gesagt habe: »Es ist gut, dass F. J. Strauß vor der Wende verstorben ist – er hätte das politisch nicht überlebt. [...] Auf meine Fragen erzählte er mir von den Geldtransaktionen in die DDR und teilweisen Rückführungen dieser Gelder in die BRD.« Waren hiermit Gelder für Häftlingsfreikäufe und der Milliardenkredit gemeint?

Dr. Freudenberger war einst im diplomatischen Dienst, er betreute Strauß, wenn dieser als Bundesverteidigungsminister in den USA war. Im Schreiben an Scharnagl gab Dr. G. wieder, was ihm Dr. Freudenberger hierzu erzählte:

Als Anfang der sechziger Jahre Strauß in der New Yorker Bronx eine Affäre mit Prostituierten hatte, wurde alles damals als Zeitungskampagne gegen ihn, den Bundesverteidigungsminister, dargestellt. Er, Freudenberger, habe die undankbare Aufgabe gehabt, bei Frau Strauß alles als Lüge hinzustellen: »Ich habe in meinem ganzen Leben vorher und nachher nie mehr so gelogen wie damals! Es war alles wahr, was geschrieben wurde.«

Von der Wiedergabe einer weiteren im Brief an Scharnagl zitierten Äußerung Dr. Freudenbergers wird hier abgesehen, sie erscheint zu bedenklich, um außerhalb eines Ermittlungsverfahrens berichtet zu werden, das die Affäre Uwe Barschel beträfe.

Der Treuhänder S. behauptete, dass er in den Jahren 1984 bis 1986, als der U-Boot-Deal mit Südafrika lief – Strauß kassierte dabei Schmiergelder –, im Genfer Hotel »Noga Hilton« die Bekanntschaft von Uwe Barschel gemacht habe. Treuhänder S. fungierte als Gelddrehscheibe in Dreiecksgeschäften zwischen Südafrika, der DDR und west-europäischen Ländern.[50]

Wie bereits erwähnt: Ein früherer CSU-Bundestagsabgeordneter Y. suchte mich Anfang 2010 zu einem vertraulichen Gespräch auf. Er berichtete mir empört über eine Reihe skandalöser Finanz-Vorgänge in der CSU. Auf meine Frage, ob es zutreffe, dass Strauß für die Genehmigung der atomaren Wiederaufbereitungsanlage in Wackersdorf von der Atomindustrie Geld erhalten habe, erhielt ich zur Antwort: »Ja, ich weiß es.«

Von anderer Seite wurde eine Summe von 50 Millionen DM genannt, die Strauß vereinnahmt habe – und zwar auf einem Konto in Liechtenstein. So horrend diese Summe erscheint, sie wäre nicht unglaubhaft angesichts der von Schalck-Golodkowski gezahlten 100 Millionen DM, den 50 Millionen DM von Leo Kirch, den 30 Millionen DM von Flick.

Sein schlechtes Gewissen war es wohl, warum Strauß den Schwandorfer Landrat Hans Schuierer anlog, als der ihn 1979 im Regensburger Kolpinghaus auf die Gerüchte über eine geplante atomare Wiederaufbereitungsanlage ansprach. Die Antwort von Strauß: Es gebe hierfür »keinerlei Pläne und Überlegungen«. Nur wenige Wochen später stellte sich das Gegenteil heraus, Strauß hatte sich sogar beim Bund um eine solche Anlage in Bayern bemüht. Landrat Schuierer, der an der Spitze des Widerstands gegen das Projekt stand und deshalb von Strauß als »Steigbügelhalter des Kommunismus« verunglimpft wurde, sagte 25 Jahre später in einem Interview mit der *Süddeutschen Zeitung*: Das Ganze »war von Anfang bis Ende ein Lügenpaket«.[51]

Ministerpräsident Max Streibl hat wohl von den 50 Millionen DM Wackersdorf-Schmiergeld gewusst, ebenso von dem Konto in Liechtenstein. Möglicherweise war dieses Schmiergeldgeschäft ein zusätzlicher Grund für ihn gewesen, das Projekt Wackersdorf zu stoppen.

Max Streibl hat sicherlich Fehler gemacht, größere und kleinere, korrupt aber war er nicht. Es ist kein Fall von Schmiergeldannahme bekannt. Das skrupellose Gebaren von Strauß, das er als langjähriger Finanzminister bestens kannte, war Streibl zutiefst zuwider, er hasste Strauß. Einmal warf er ihm vor Zeugen an den Kopf: »Du bist doch das größte Arschloch, das ich kenne!«[52] Als Strauß in Wildbad Kreuth 1976 den

Beschluss der Trennung von der CDU durchsetzte, informierte Streibl heimlich noch in der Nacht Bundeskanzler Kohl und distanzierte sich von Strauß (Helmut Kohl, *Erinnerungen 1982–1990*, S. 752). Man konnte Streibl nicht widersprechen, als er sich 1996 gegenüber dem *Spiegel* über Strauß und seine Bräuche aufregte: »Mein Gott, das ist ja unglaublich, wenn ich bedenke, wie die es getrieben haben und weswegen ich zurückgetreten bin. Das waren, daran gemessen, wirklich nur Lappalien.« (*Der Spiegel* 30/1996)[53]. Die CSU-Spitze ist absolut verlogen, wenn sie Streibl totschweigt, Strauß aber trotz seiner Korruption und anderer schwerer Straftaten in den Himmel hebt. So zuletzt in ihrer 2020 zum 75-jährigen Bestehen der CSU herausgegebenen Broschüre »Bayern. Mythos. Zukunft«: Ein winziges Foto, darunter »Max Streibl folgt 1988 Strauß als Ministerpräsident.« Sonst nichts.

Unter Strauß gab es in der Staatskanzlei eine doppelte Aktenführung. Neben den offiziellen Akten hatte Strauß seine »persönlichen«. Jemand musste um deren Brisanz gewusst haben. Denn als Streibl sein Amt als Ministerpräsident antrat, fand er, wie mir sein persönlicher Referent, der Ministerialdirigent Franz Stäbler erzählte, in seinem Büro in der Staatskanzlei zu seiner großen Überraschung nur leere Schränke vor – die Strauß-Akten waren auf wundersame Art und Weise verschwunden. Wer hatte sie an sich genommen? Was wusste Edmund Stoiber als Leiter der Staatskanzlei über ihren Verbleib? Das waren doch Dokumente der Amtsführung des Ministerpräsidenten Strauß, sie durften nicht verschwinden, das war strafbar als Verwahrungsbruch.

Wie Stäbler weiter erzählte, hat Streibl als Minister und Ministerpräsident Tagebuch geführt. Davon hätten andere gewusst, einer habe gejammert: »Der schreibt alles auf!« Das war wohl auch notwendig. Nach seinem erzwungenen Rücktritt wurde Streibls dokumentiertes Wissen offenbar als große Gefahr angesehen, wofür folgender überlieferter Vorgang spricht:

Der für die Sicherheit von Ministerpräsident Streibl zuständige Polizeibeamte W. habe sich mit Streibl auch nach dessen Rücktritt wiederholt getroffen, weil sie ein sehr gutes Verhältnis zueinander hatten. Eines Tages habe W. sehr betroffen Streibl mitgeteilt, er habe Weisung erhalten, sich nicht mehr mit ihm zu treffen, er, Streibl, sei jetzt zum Sicherheitsrisiko erklärt worden. Streibl sei außer sich gewesen und habe gesagt: »Vor 14 Tagen habt ihr mich noch bewachen sollen und jetzt das!« Wer sah in Streibl ein Sicherheitsrisiko?

Der Journalist K. führte am 16. November 2010 ein Interview mit Dr. Friedrich Zimmermann, dem früheren CSU-Bundesinnenminister, zum Thema »Strauß und seine Millionen«.

Dabei bestätigte Zimmermann, dass Strauß von bestimmten Leuten Geldgeschenke erhalten habe. Außerdem aber bestätigte er auch, dass die Gelder, die auf bekannt gewordenen CSU-Sonderkonten eingingen, die Strauß geführt hatte, nicht bei der CSU ankamen, diese habe davon nichts gesehen. Demnach leitete Strauß dieses Geld, das der CSU gehörte, in die eigene Tasche um. Versteuert hat er es sicherlich nicht, das wurde schon bei den 1,2 Millionen DM, die er von Flick kassierte, offenbar (siehe oben). Das Interview wurde per Filmkamera und auf Tonband festgehalten.

Der frühere Personalabteilungsleiter K. eines der größten bayerischen Industrieunternehmen teilte mir am 24. September 2009 mit:

F. J. Strauß und ein anderer CSU-Bundesminister hätten auf der Gehaltsliste des Unternehmens gestanden – ohne jede Tätigkeit, zugleich ein Fall von Steuerhinterziehung. Er habe erlebt, dass das Unternehmen in den siebziger Jahren eine Spende von 10 Millionen DM an einen katholischen Männerorden gegeben habe. Dieser habe 1 Millionen für sich behalten, 1 Millionen habe jemand anderes erhalten, acht Millionen seien auf ein Konto in Liechtenstein an Strauß weitergeleitet worden.

Auf meine Frage, ob Strauß das Geld der CSU zugeführt habe, erwiderte er entschieden: »Nein! Er hat das Geld in die eigene Tasche gesteckt.«

Der frühere Mitarbeiter F. eines überaus großen und bekannten bayerischen Immobilienunternehmens teilte mir am 20. Juli 2009 mit, ein Geschäftsführer habe ihm auf die Frage, ob es zutreffe, dass Strauß an dem Unternehmen »beteiligt« sei, erwidert, das könne er ruhig bestätigen. Wegen der erforderlichen Baugenehmigungen war Strauß für das Unternehmen sicher von hohem Wert.

Der frühere Bankangestellte Z. teilte mir am 21. August 2016 mit, er habe erlebt, dass Ministerpräsident Strauß 1979 von seinem Privatkonto bei der Vereinsbank 1 Million DM an eine Persönlichkeit in Südrhodesien überwiesen habe. Er, Z., habe den von Strauß unterschriebenen Überweisungsträger selbst in Händen gehabt. Die Überweisung sei problematisch gewesen, weil Südrhodesien damals unter einem UN-Embargo stand und zudem der Empfänger auf der Embargoliste stand. Es stellt sich die Frage nach der Herkunft des Geldes, seinem Verwendungszweck und nach der erhaltenen Gegenleistung.

In ihrem Buch *Die Elefantenmacher* berichten Lambrecht/Mueller, dass Strauß-Intimus Dr. Franz Dannecker nach dem Tod von Strauß einem von ihnen bei einem zufälligen Treffen am Frankfurter Flughafen redselig erzählte, dass nicht nur der Milliardär Friedrich Karl Flick Bargeld bei Strauß abgeliefert habe, sondern auch ein Münchner Großhändler. Der Name wird im Buch nicht genannt, aber es handelte sich eindeutig um Jost Hurler. Dem Vernehmen nach trug Hurler Strauß das Geld kofferweise zu. Außerdem stellte er Strauß sein Flugzeug samt Piloten kostenlos zur Verfügung – auch für dessen Flüge in die Schweiz. Diese Wohltaten machen plausibel, warum Hurler rechtswidrig einen Steuererlass von über 100 Millionen DM erhielt (die Rede war auch von 120 Millionen DM), den er mit Strauß im Hotel »Überfahrt« am Tegernsee ausgehandelt hatte.

Strauß war für den Erlass von Steuern absolut nicht zuständig, das wäre Sache der Finanzbehörden gewesen. Dass er sich darüber hinwegsetzte und den unzulässigen Erlass auch durchsetzte, beweist die Gesetzlosigkeit in Bayern, wenn Strauß etwas wollte.

Noch am Tag, an dem in der *SZ* die erste Anzeige des Fackelträger-Verlags das Erscheinen meines Buches *Macht und Missbrauch* ankündigte, rief mich eine Frau Helga H. an: Endlich könne sie etwas loswerden, was sie seit Langem bedrücke! Es gehe um Strauß. Sie sei früher Prokuristin bei den Firmen Deutsche Funkwerbung GmbH und Insel-Film GmbH gewesen. In dieser Zeit habe sie erlebt, dass der Firmeninhaber Norbert Handwerk erhebliche Zahlungen in Form von Barschecks an Strauß leistete.

In einer Eidesstattlichen Versicherung legte sie Folgendes nieder:

»An eine Zahlung erinnere ich mich ganz besonders. Herr Handwerk wies mich an, einen Bar-Scheck über 100.000 DM auszustellen und persönlich zur Familie Strauß zu bringen. Ich wurde von Herrn Franz Josef Strauß persönlich empfangen und in ein Zimmer geleitet, in dem auch Frau Marianne Strauß sowie die beiden Kinder Franz Georg Strauß und Monika Strauß zugegen waren. In deren Gegenwart übergab ich Herrn Strauß den Bar-Scheck in einem Umschlag. Mir schien, dass die gesamte Familie Strauß in diese heimliche Geldübergabe eingeweiht war.

Die regelmäßigen Zahlungen an die Familie Strauß müssen sich über die Jahre auf einige 100.000 DM summiert haben.

Bei Betriebsprüfungen der Finanzbehörden wurden die mit ›Spende Strauß‹ gekennzeichneten und steuermindernd geltend gemachten Ausgaben nicht beanstandet, obwohl die Beamten gewusst haben müssen, dass es sich um illegale Zahlungen an die Familie Strauß handelte.«

Einmal, so die frühere Prokuristin, habe sie zu einem Betriebsprüfer gesagt: »Das ist doch nicht rechtens.« Der Betriebsprüfer habe achselzuckend erwidert: »Der Staatsanwalt wird Strauß mehr glauben als Ihnen.« Die Geschwister Strauß machten auf Vorhalt geltend, erhaltenes Geld sei für soziale Zwecke ausgegeben worden.

Klaus Peter B. beschrieb in einem Brief vom 21. Januar 2000 an den *SZ*-Journalisten Michael Stiller ebenfalls ein Strauß-Inkasso:

Er sei früher in den Graphischen Betrieben Carl-Gerber in München beschäftigt gewesen. Dort habe er erlebt, wie in den Räumen der Geschäftsleitung zwei Strauß-Beauftragte – er nannte ihre Namen – mehrfach Geldbeträge in der Größenordnung von 30.000 bis 100.000 DM in Empfang nahmen. Einmal sei eine Panne passiert:

»So fuhr M. mit Personenschutzmannschaft zwecks Bargeldabhebung bei der Firma vor, musste aber unter Protest wieder abziehen. Man hatte die vereinbarte Geldübergabe im Hause Gerber schlicht vergessen. Daraufhin habe er den Auftrag erhalten, bei einem nahegelegenen Geldinstitut sofort 70.000 DM abzuheben.« Ca. eine Stunde später kam M. allein in einem Kleinwagen vorgefahren und holte das Bargeld ab. »Nur Bargeld, also keine Druckerzeugnisse. Wie bereits erwähnt, diese Abholungen wiederholten sich.«

Der Vorgang zeigt: Das Geld hätte jeweils überwiesen werden können. Aber nein, Strauß bestand auf Bargeld, anderenfalls hätten Steuerprüfer die Spur des Geldes zu ihm verfolgen können.

Lothar L. schrieb mir nach dem Erscheinen von *Macht und Missbrauch*:

»Endlich hat jemand die Dinge so beschrieben, wie sie sich abgespielt haben, und endlich die Rolle von Herrn Strauß authentisch beschrieben. Sie haben ja so recht!

Ich war von März 1974 bis zum Juli 1975 Pilot [...] bei Dr. Zwick und von August 1975 bis zum Juni 1977 [...] bei Jost Hurler. Die ganze Zeit und besonders bei Dr. Eduard Zwick war ich für die Belange von Herrn Strauß abgestellt und mit dem durch Europa und Afrika geflogen, oft in sehr fragwürdigen Einsätzen. Die Freundschaft (des Dr. Zwick) zum Herrn Strauß war eine Wechselwirkung zwischen Geben und Nehmen. Spurte Strauß im Sinne Zwicks, war ihm der Zugang zum jeweiligen Flugzeug jederzeit möglich. War Strauß in Zwicks Augen nicht so erfolgreich, musste ich schon mal die Maschine ›unklar‹ melden oder eine Wartung vorschützen.«

Das erklärt sich so: Zwick wollte keine Steuern zahlen, Strauß musste ihm dabei Hilfestellung leisten und ihn auch vor Strafverfolgung schützen. Das alles flog später auf in der sogenannten Zwick-Affäre.

In einer Eidesstattlichen Versicherung legte Lothar L. unter anderem nieder:

»04.06.1975 bis 25.04.1976: Flug mit Ehepaar Strauß und Ehepaar Zwick nach Zürich und Genf. Schon vor und auf dem Flug nach Zürich wurde davon gesprochen, dass es sich um eine Banktour handelt und dass von beiden Ehepaaren Bargeld auf Schweizer Banken deponiert werden solle; beide Ehepaare hatten Handkoffer dabei. Die Ehefrauen, so hieß es, seien mitgeflogen, weil sie in Zürich Unterschriften leisten mussten.

Es hat mindestens zwei weitere Banktouren mit Franz Josef Strauß in die Schweiz gegeben. Durch meine häufigen Flüge [...] wurde ich mehrfach Zeuge, wie Frau Zwick oder Herr Zwick Herrn Strauß Umschläge mit Bargeld überreicht haben.

Mir ist in den Gesprächen zwischen Strauß und Zwick auch zu Ohren gekommen, dass sich Herr Strauß sehr für die Steuerbelange von Herrn Zwick einsetzte, der immer wieder Ärger mit dem Finanzamt Passau hatte.«

Lothar L. konnte noch mit einer weiteren Story aufwarten – eine, die Strauß in seiner ganzen Verschlagenheit bloßstellt:

Die bayerischen Bauern litten unter den ihre Existenz bedrohenden Billigimporten von Schlachtvieh aus der DDR, es war zu einem massiven Preisverfall gekommen. Importe von Schlachtvieh aus anderen Ostblockländern, wie zum Beispiel Ungarn oder Polen, waren verboten. Das Verbot wurde jedoch umgangen, indem das Fleisch zunächst in die DDR transportiert und dann als DDR-Fleisch deklariert nach Bayern verfrachtet wurde. Die DDR-Importe liefen vor allem über die Firma März in Rosenheim, wo Strauß heimlich mitkassierte. Strauß bestritt jedoch entschieden gegenüber dem Bauernverband, dass er etwas mit diesen Importen, die ausschließlich nach Bayern gingen, zu tun habe.

Am Politischen Aschermittwoch im März 1976 in Passau sprach Strauß in der Nibelungenhalle zu seinen Anhängern, darunter viele Bauern. Lothar L., der ihn nach Vilshofen geflogen hatte, hörte zu. Mit Donnerstimme forderte Strauß, dass die Bauern einen gerechten Preis für ihr Fleisch erhalten müssten. Nach dem Mittagessen sagte Strauß zu L.: »So, wir fliegen jetzt nach Budapest. Dort mache ich ein schönes Geschäft für meinen Freund März.« Als ihn L. beim Rückflug fragte, ob alles gut gelaufen sei, bejahte Strauß, das Geschäft sei zustande gekommen (es war ein verbotenes Umgehungsgeschäft!). Es ging um den Import von ca. 2000 Tonnen Schweinefleisch oder noch mehr, halb so teuer wie in der Bundesrepublik. Irritiert erinnerte der Pilot Strauß daran, dass er doch tags zuvor in der Nibelungenhalle gefordert habe, die Bauern müssten einen gerechten Preis für ihr Fleisch erhalten. Darauf erwiderte Strauß lachend: »Ja, so muss man's halt machen!« Dass Strauß ohne persönlichen Profit nach Budapest geflogen war, hätte nicht zu seiner Natur gepasst. »Ja, so muss man's halt machen«, das war sein Lebensprinzip. Er belog und betrog alle.

Der Autor Peter Siebenmorgen berichtet in seinem Buch *Franz Josef Strauß. Ein Leben im Übermaß*, von ihm eingesehene Dokumente zeigten, dass Strauß, seine Frau Marianne und der Rechtsanwalt Reinhold Kreile 1964 eine Firma Eureco GmbH & Co. KG »für die Beratung und Vertretung von Industrieunternehmungen« gründeten. Zugleich wurde für die Firma ein Konto bei der Bayerischen Vereinsbank am Rotkreuzplatz in München eingerichtet. Von 1964 bis 1968 flossen der Strauß-Firma 94.892 DM zu.

Doch 1976 richtete Kreile für die Firma beim Bankhaus Vontobel in der Schweiz ein Konto ein. Warum blieb man nicht bei der Bayerischen Vereinsbank? Es drängt sich auf, dass das Konto in der Schweiz illegale

Zahlungen aufnehmen sollte, man musste vor Steuerfahndung und Betriebsprüfung sicher sein. Tatsächlich gingen dort »postwendend die ersten 100.000 DM, angewiesen von der Gebrüder März Kommanditgesellschaft« ein – »für die Beratung und Vermittlung von Geschäften«.[54]

Strauß hatte stets bestritten, dass er bei den Geschäften der Fleischfirma März mitkassierte. Nunmehr war bewiesen, dass er gelogen hatte – und sicher dieses Schmiergeld auch nicht versteuert hatte.

Im gleichen Jahr 1976 richtete Strauß das Konto FIDINAM/DG Bank Schweiz ein. Warum das? Warum dieses zweite Konto in der Schweiz? Der Grund ist wohl der, dass Kreile an der Eureco mit 10 Prozent beteiligt war, dass Strauß aber Millionenbeträge aus anderen Quellen nicht mit ihm teilen wollte. Prompt gingen gleich nach Einrichtung des Kontos 500.000 DM ein, in vier Raten eingezahlt von Flick-Manager Eberhard von Brauchitsch (siehe oben).[55]

Dr. Ludwig Huber, früherer stellvertretender Ministerpräsident, verfasste unter dem 18. Dezember 1987 »zur Vorlage bei Gericht« folgende Eidesstattliche Versicherung über ein Gespräch, das er mit dem »Wienerwald«-Inhaber Friedrich Jahn geführt hatte:

»Herr Friedrich Jahn zeigte sich mehrfach in meiner Gegenwart erbost darüber, dass sein früherer Duz-Freund Franz Josef Strauß ihm nicht entscheidend und genügend geholfen habe, als er den ›Wienerwald‹ nach dem Vergleich zurückkaufen wollte. Er sagte, Strauß habe ihm sehr viel zu verdanken, zum Beispiel sei der Juwelier Burschi Heiden regelmäßig vor Weihnachten mit einem Schmuckkoffer zu einer privaten Weihnachts-Vorfeier gekommen, damit Familie Strauß für jeden etwas aussuchen konnte. Er, Herr Jahn, habe die Rechnung bezahlt.

Der Herr Ministerpräsident habe viel Geld in der ›Transcommerce‹ in Liechtenstein gehabt und sei dann erbost gewesen, dass er bei dem Vergleich Jahns alles verloren habe. Er, Jahn, habe auch Kellnerinnen an Strauß vermitteln müssen. Herr Rechtsanwalt Dr. Dannecker [...] ›habe Nutten aus der Verdistraße besorgen und Franz Josef Strauß zutragen müssen‹.«

Die geschilderte weihnachtliche Szene war zutiefst christlich und sozial. Der Familie Strauß wird gehuldigt durch die Darbringung von Gold und Edelsteinen – ganz wie in der Bibel, wo allerdings die Heilige Familie schlechter wegkam, denn ihr wurde nicht regelmäßig an Weihnachten, sondern nur einmal gehuldigt. In beiden Fällen freilich dürfte keine Steuer auf die erhaltenen Geschenke gezahlt worden sein.

Aber es war auch hier ein Verhältnis von Nehmen und Geben. Dank Strauß konnte Jahn eine Steuerschuld von 100 Millionen DM auf 3 Millionen DM drücken.[56] Und für die Verschaffung eines Kredits bei der Bayerischen Landesbank zur Tilgung einer Steuerschuld von 15 Millionen DM kassierte Strauß von Jahn 450.000 DM Provision – Jahn zeigte einem Journalisten der *Münchner Abendzeitung* das entsprechende Papier.

Das viele Geld, das Strauß laut Jahn in der Transcommerce in Liechtenstein investiert hatte, waren dem Vernehmen nach 2 Millionen DM. Wiederum stellt sich die Frage: Woher kam dieses Geld? Und warum deponierte es Strauß in Liechtenstein?

Dass Dannecker Strauß Nutten zuführen musste, macht plausibel, warum er von Strauß Bankvollmacht über dessen geheimes Konto bei der DG Bank in der Schweiz erhielt. Er war eben der Intimissimus.

14. KAPITEL

Ein Rückblick: Strauss und Bestechung bei der Bundeswehr

Aufgrund all dessen, was nunmehr bekannt ist, ist anzunehmen, dass einstige Beschuldigungen gegen Strauß, er habe als Bundesverteidigungsminister in den Jahren 1956 bis 1962 Bestechungsgelder kassiert, stichhaltig waren.

In der HS-30-Schützenpanzer-Affäre stand Strauß erstmals unter Verdacht, Schmiergeld erhalten zu haben. Als Verteidigungsminister bestellte er bei der schweizerischen Firma Hispano-Suiza 10.680 Schützenpanzer. Als Vorschuss zahlte das Verteidigungsministerium 205 Millionen DM, damals eine ungeheure Summe. Die Firma, die noch nie einen Schützenpanzer gebaut hatte, konnte nicht liefern, das als Vorschuss gezahlte Geld war verloren.

Von Anfang an stand die Auftragsvergabe unter dem Verdacht der Bestechung. Und tatsächlich: Der frühere Reichsminister Gottfried Treviranus sagte vor der Staatsanwaltschaft in Bochum und anschließend unter Eid vor einem Richter aus, er habe Bundesverteidigungsminister Strauß 1958 eine Liste von Personen übergeben, die von Hispano-Suiza bestochen worden waren – mit insgesamt 18 Millionen DM. Strauß, der ebenfalls unter Verdacht stand, bestritt dennoch, diese Liste erhalten zu haben.

Doch am 29. Oktober 1966 – drei Jahre nach dem Rücktritt von Strauß – meldete die *Welt*, dass Staatssekretär Karl Gumbel vom Bundesverteidigungsministerium bestätigt habe, dass Treviranus die besagte

Liste Strauß tatsächlich überreicht habe. Strauß hatte gelogen! Aber warum? Der Grund liegt auf der Hand: Er hätte die Schwarzgeldliste der Staatsanwaltschaft übergeben müssen. Das aber hatte er nicht getan. Denn wenn er ebenfalls Schmiergeld kassiert hatte, wäre er mitaufgeflogen, auch wenn er selbst anscheinend nicht auf der Liste stand.

Ein Untersuchungsausschuss des Bundestages stellte fest, dass Oberst Redepenning, der persönliche Referent von Strauß im Bundesverteidigungsministerium, 2,3 Millionen DM erhalten hatte. Redepenning beging Selbstmord. Der CDU-Bundestagsabgeordnete und Rechtsanwalt Dr. Otto Lenz, der den Vertrag mit Hispano-Suiza vorbereitet hatte, erhielt Treviranus zufolge 3 Millionen DM. Und Strauß selbst erhielt nichts, gar nichts?

Jedenfalls hat sich der Verdacht, Strauß habe damals von Hispano-Suiza Schmiergeld kassiert, durch die im DG-Bank-Prüfbericht vom 4. April 1994 festgestellten Zahlungseingänge erhärtet.

In der Onkel-Aloys-Affäre, benannt nach Dr. Aloys Brandenstein, einem Nennonkel von Marianne Strauß, der in kürzester Zeit unerklärlich reich geworden war, nachdem ihn Strauß bei einem Panzerkettengeschäft zwischengeschaltet hatte, bestand ebenfalls der Verdacht, Strauß habe Schmiergeld kassiert. Vor Gericht bekundete der Fahrer Brandensteins, wenn er diesen jeweils zu Strauß gefahren habe, habe er wiederholt einen schweren Koffer dabeigehabt. Nach dem Besuch sei der Koffer ganz leicht gewesen. Der Fahrer vermutete, dass in dem Koffer Geld gewesen war. Das Gericht jedoch kam zu dem Schluss, es sei nicht auszuschließen, dass der Koffer nicht Geld, sondern andere Papiere enthalten habe, es sah deshalb die vermutete Bestechung nicht als erwiesen an.

In der Lockheed-Affäre, es ging um die Beschaffung von mehreren Hundert Kampfflugzeugen des Typs Starfighter für die Bundeswehr, schaltete Strauß nach bewährtem Muster wieder einen Mittelsmann ein, Ernest Hauser, früherer amerikanischer Offizier und Spezi von Strauß aus seiner Zeit in Schongau. Hauser, der von Lockheed erhebliche Provisionen vereinnahmte, beschuldigte Strauß später vor einem Ausschuss des US-Kongresses, er habe von Lockheed 12 Millionen Dollar an Schmiergeld kassiert.[57] Strauß wies dies entrüstet zurück. Da er die Lockheed-Akten im Bundesverteidigungsministerium vernichten ließ[58] (obwohl dies nach Paragraf 133 Strafgesetzbuch als Verwahrungsbruch strafbar war), konnte man ihm nichts nachweisen. Allerdings kam ans Tageslicht, dass Lockheed zwei japanische Ministerpräsidenten und auch Prinz Bernhard der Niederlande bestochen hatte. Dass ausgerechnet Strauß leer ausgegangen sein sollte, war daher denkbar unwahrscheinlich. Durch die im DG-Bank-Prüfbericht vom 4. April 1994 ausgewiesenen Schmiergelder hat sich der Verdacht erhärtet.

Die nach speziellen Anforderungen von Strauß gefertigte Variante des Starfighters erwies sich als sehr absturzanfällig. Über die Jahrzehnte stürzte fast ein Drittel der Starfighter der Bundeswehr ab, mehr als 100 Piloten verloren dabei ihr Leben.[59]

15. KAPITEL

Leistung und Gegenleistung

Von Anbeginn seiner Zeit als CSU-Vorsitzender, Presseberichten zufolge auch schon vorher, ließ Strauß sich unentwegt mit Prostituierten ein. Diese Presseberichte vermochte Strauß nicht zu dementieren, was der damalige stellvertretende Ministerpräsident Alois Hundhammer anprangerte. Auch die Besuche in einem bekannten Münchner Etablissement sind bekannt.[60]

Hier herauszustellen sind indessen die Fälle, in denen Strauß Liebesdienste in Anspruch nahm, für die andere finanziell aufkamen – natürlich mit dem Hintergedanken, zu gegebener Zeit eine nicht zu kleine Gegenleistung einzufordern. Er selbst zahlte nicht oder höchst ungern. Wie der *Spiegel* in den sechziger Jahren berichtete,[61] kam es zu einem heftigen Streit mit einer farbigen Prostituierten um die Bezahlung, die Strauß bei einer Dienstreise als Bundesverteidigungsminister in dem Hotel St. Francis in San Francisco eine Stunde lang auf sein Zimmer genommen hatte. Strauß verklagte den *Spiegel* zunächst auf Widerruf, unmittelbar vor der Verhandlung nahm er die Klage zurück. Wohlgemerkt: Strauß war damals erst wenige Jahre verheiratet. Und wie verhielt es sich bei dem späteren Fall, als ihm 1972 nächtens in New York eine Puerto-Ricanerin die Brieftasche entriss? Einem Informanten zufolge, der sich auf den Strauß-Spezi Walter Schöll berief, der Strauß auf der Reise begleitete, konnte sie ihm die Brieftasche nur deshalb entreißen, weil er sie bereits in der Hand hielt, über den Preis verhandelnd.

Wie schon erwähnt, legte der frühere stellvertretende CSU-Ministerpräsident Dr. Ludwig Huber in einer Eidesstattlichen Versicherung vom

18. Dezember 1987 »zur Vorlage bei Gericht« unter anderem nieder, der »Wienerwald«-Inhaber (Hendl-König Friedrich Jahn) habe ihm gegenüber geklagt, er habe Kellnerinnen an Strauß vermitteln müssen. Und Dr. Dannecker, »Wienerwald«-Justiziar, habe Strauß Nutten aus der Verdistraße in München besorgen und zutragen müssen.

Was war die Gegenleistung? Eine solche war im Fall Jahn jedenfalls ein erquickender Steuernachlass in Höhe von wenigstens 10 Millionen DM, zustande gekommen auf Druck von Strauß, heftig gerügt vom Bayerischen Obersten Rechnungshof.

Der Bäderkönig Eduard Zwick erzählte 1994 recht offenherzig gegenüber dem *Spiegel*, er, Strauß, Dannecker und Schöll hätten sich einmal in Wien in einem verschwiegenen Etablissement vergnügt.[62] Die Puff-Mutter habe ihnen anschließend angeboten, sich am geplanten Umbau ihrer Edelabsteige finanziell zu beteiligen. Sie hätten sich die Pläne schicken lassen, sich fantastische Gewinne ausgerechnet, aber dann doch davon Abstand genommen.[63] Außerdem berichtete Zwick, er habe zu den Geburtstagen von Strauß in seiner Villa an der Côte d'Azur jeweils leichte Damen einfliegen lassen. Zweimal versuchten solche Damen, Zwick mit Hinweis auf Strauß zu erpressen, eine wurde, wie Zwick preisgab, mit 60.000 DM Schweigegeld abgefunden.[64] Zwick zahlte sicher auch für das Strauß-Vergnügen in dem besagten Bordell in Wien – Strauß zahlte nie, Zwick zahlte immer.

Was war die Gegenleistung? Sie bestand in weitgehender Verschonung des Bäderkönigs von Steuerzahlungen und von Strafverfolgung wegen Steuerhinterziehung – dank des engagierten Einsatzes von Strauß. Die aufgelaufene Steuerschuld Zwicks belief sich schließlich auf 63 Millionen DM.

Zwei weiteren bekannten Unternehmern, deren wirtschaftlicher Erfolg stark vom Wohlwollen seitens Strauß abhing, wurde ebenfalls nachgesagt, dass sie Strauß attraktives »Personal« zur Verfügung stellten. Sie wurden reichlich belohnt.

Als empörende Quintessenz ist festzustellen, dass die Unkosten für die Genüsse des CSU-Vorsitzenden durch die erfolgten Steuernachlässe auf die Bürger des Landes umgelegt wurden. Dies gilt auch für die Fälle, in denen die Leistung in zugewendetem Bargeld bestand, etwa seitens Flick oder Hurler. Flick erhielt einen beträchtlichen Nachlass bei der Vermögensteuer, wie Prof. Dr. Franz Klein, Präsident des Bundesfinanzhofs, erfahren hatte.

Es ergibt sich noch eine Schlussfolgerung: Wer möchte glauben, dass Strauß trotz dieser dargelegten, angesichts seiner Position als CSU-Vorsitzender unfassbaren Hemmungslosigkeit ansonsten ein korrekter Mann war? Wer möchte da glauben, dass er keine Bestechungsgelder nahm und sie nicht auf geheimen Konten im Ausland bunkerte? Wer möchte gar glauben, dass er all diese Gelder brav beim deutschen Finanzamt versteuerte – so wie es von allen Bürgern verlangt wird? Fügt sich doch das eine zum anderen. Dies ist der Grund, warum die ausschweifenden Gewohnheiten des christlich-sozialen Vorsitzenden Strauß hier geschildert werden.

16. KAPITEL

DER CSU-VORSITZENDE UND DAS CHRISTLICH-SOZIALE

»Ich habe keine dunkle Seite wie andere, bei mir weiß jeder, woran er ist,« hatte Strauß bei seiner Kanzlerkandidatur 1980 öffentlich versichert.[65] Dass er sich so äußerte, ist psychologisch aufschlussreich. Natürlich war er sich bewusst, wie schändlich er handelte, dazu war er intelligent genug. Aber er wollte es verdrängen, sich vor sich selbst rechtfertigen, indem er den »anderen« unterschob, sie seien noch schlimmer als er. Hier zielte er auf Bundeskanzler Helmut Schmidt, seinen Wahlkampfgegner.

Und er pries sich den Wählern mit geringen Einkommen an: »Ich stehe dem kleinen Mann – ob es der Kumpel an Rhein und Ruhr ist, ob es der Arbeiter am Flugplatz in Berlin ist, ob es der Taxichauffeur in Hamburg ist oder ob es die breite Schicht der Hausfrauen ist – näher als die meisten der hohen Funktionäre und Manager [...] weil das meine Herkunft ist, weil ich dort mehr politische Heimat habe als in manchen Häusern der Vornehmen und Reichen [...]«[66]

Theatralisch posierte er als heroischer Kämpfer für Werte: »Ich stehe für die freiheitlich-demokratische Grundordnung, gegen den Volksfront-Terror auf der Straße, gegen den bürokratischen Sozialismus, gegen die Zerstörung des Wertbewusstseins und gegen die kulturrevolutionäre Umwälzung dieser Werte.«.[67]

Aber was war die Wahrheit?

Sein Lebenselixier: totale Skrupellosigkeit

Wenn Strauß auf Versammlungen mit Donnerstimme die angeblich total verfehlte Ostpolitik »der Regierung Willy Brandt« anprangerte, wenn er Willy Brandt und Egon Bahr mit heiligem Zorn als Landesverräter und Dilettanten hinstellte, wenn er vor Erregung schwitzend den Ausverkauf deutscher Interessen brandmarkte, dann stand ein aufrechter deutscher Patriot am Mikrofon. So schien es.

Dass er zum Beispiel hintenherum mit der Fleischfirma März unter Umgehung deutscher Importvorschriften einträgliche Geschäfte mit den DDR-Machthabern durch Import billigen Schlachtviehs machte und damit bayerische Bauern in ihrer Existenz gefährdete, bestritt er heftig. Und doch war es wahr. Dass er beim Milliardenkredit an die DDR heimlich eine Provision kassiert habe, stritt er entschieden ab. Und doch war es wahr. Aber es ging noch viel weiter, bis zum Verrat von Staatsgeheimnissen!

Sein soziales Leitbild

Wenn Strauß unablässig »die sozialistische Gleichmacherei« der SPD-geführten Bundesregierung und deren angebliches Schüren des Sozialneids gegen die Wohlhabenden angriff, so erscheint auch dies jetzt in einem neuen Licht. Ja, wenn man Hunderte von Millionen D-Mark, vielleicht sogar eine Milliarde, auf Konten in der Schweiz und in anderen Ländern liegen hatte, dann war Sozialneid natürlich etwas ganz Abscheuliches.

Als 1974/75 eine Reform des Einkommensteuergesetzes anstand, habe ich in einer abschließenden Besprechung der CDU/CSU in Bonn erlebt, dass Strauß, obwohl früherer Bundesfinanzminister, kein einziges Wort zur Sache sagte, sondern nur grummelte, es komme »in erster Linie darauf an, keine Neidgefühle bei den Leuten hochkommen zu lassen«.

Völlig zusammenhanglos fügte er hinzu, dass der Krupp-Erbe Arndt von Bohlen und Halbach bei seiner Abfindung für sein Ausscheiden aus dem Krupp-Konzern »beschissen« worden sei. Man konnte sehen: Seine Gedanken waren dort, wo die Millionen rollten.

In einem Interview mit der *SZ* vom 11. November 2018 erzählte Roswitha Verhülsdonk, frühere stellvertretende CDU-Vorsitzende und Parlamentarische Staatssekretärin im Bundesfamilienministerium, folgende Episode: Die SPD habe nach der von ihr gewonnenen Bundestagswahl 1974 das Kindergeld massiv erhöhen wollen, was sie befürwortet habe, aber:

> *»Strauß verlangte, dass wir dagegen stimmen. Ich habe heftig widersprochen. [...] Strauß war sauer und schrieb dem Mainzer CDU-Landeschef Bernhard Vogel, ich dürfe nicht nochmal ein Bundestagsmandat kriegen. Vogel hat mir den Brief gezeigt. So verfuhr Strauß mit Leuten, die ihm nicht passten.«*

Sie fügte hinzu, Strauß habe in der Fraktion »immer gedroht«.

Man muss sich vor Augen halten: Während Strauß damals Front machte gegen die Erhöhung des Kindergeldes, kassierte er zur gleichen Zeit für sich, wie erwähnt, von Friedrich Karl Flick heimlich 1,2 Millionen DM, von denen 500.000 DM auf seinem geheimen Konto bei der DG Bank Schweiz landeten, sicherlich alles unversteuert (der Brief von Strauß an Vogel ist zugleich ein Beispiel für seine berüchtigte Rachsucht).

Als Ministerpräsident ließ er sich sogar dazu herbei, sich auf Kosten kranker Kinder zu bereichern. Friedrich und Kathi Baur, Eigentümer eines großen Versandunternehmens, hatten eine Stiftung gegründet zur Erforschung und Behandlung von Kinderkrankheiten, insbesondere der Kinderlähmung. Sie verfügten in ihrem Testament, dass nach ihrem Tode mehrere Testamentsvollstrecker das Unternehmen und die Stiftung betreuen sollten. 1984 übernahm Strauß das

Amt eines Testamentsvollstreckers. Dafür erhielt er jährlich 250.000 bis 300.000 DM. Diese heimlichen Einkünfte soll er, der vormalige Bundesfinanzmister, strafbarerweise nicht versteuert haben, wie ein früherer CSU-Minister erzählte (siehe auch 2. Kap., Beschluss des Amtsgerichts München). Sein Aufwand bestand darin, dass er einmal im Jahr an einer Sitzung der Testamentsvollstrecker teilzunehmen hatte, die praktischerweise in der Staatskanzlei stattfand. Da der Witwe Kathi Baur die gezahlte Vergütung zu hoch erschien, begrenzte sie diese in einem weiteren Testament rechtswirksam auf 60.000 DM jährlich. Strauß scherte sich nicht darum, er kassierte rechtswidrig weiter volle 300.000 DM – trotz seines Riesenvermögens in der Schweiz und in anderen Ländern.

Als später ruchbar wurde, dass Strauß als Testamentsvollstrecker rechtswidrig zu viel kassiert hatte, erklärte Max Strauß gegenüber dem *Spiegel*: »Von uns gibt es keinen Pfennig zurück.« Er drohte, jeder, der das Geld zurückfordere, werde sich eine »blutige Nase« holen. Und Monika Hohlmeier sagte, für sie sei »die Sache gegessen« (*Der Spiegel* 11/1994)[68].

Seine seltsame Humanität

»Ein Mensch wie tausend Teufel« – unter diesem Titel berichtete die *SZ* am 19. Februar 2016 über Carl Chmielewski, Kommandant des KZ Gusen und des KZ Herzogenbusch in Holland. Der Bericht basierte auf einem 2015 erschienenen Buch, in dem der Sohn Walter die Untaten seines Vaters schilderte:

> *»Viele Menschen wurden von ihm eigenhändig erschlagen, totgepeitscht, erschossen, totgetreten. Aus der Laune heraus. Er vergewaltigte weibliche Häftlinge und raubte Wertsachen. Als ein Häftling entkam, mussten alle Mithäftlinge zwei Tage und Nächte auf dem Appellplatz strammstehen, ohne Essen und Trinken. Wer zusammenbrach, wurde auf der Stelle erschossen.«*

Nach dem Krieg tauchte Carl Chmielewski unter. Schließlich wurde er gefasst und 1961 wegen 283-fachen Mordes zu lebenslanger Haft verurteilt. Aber 1979, man kann es nicht glauben, wurde er von Franz Josef Strauß begnadigt!

Warum begnadigte Strauß diesen Teufel? Todkrank war er nicht, er starb 1991, also erst 12 Jahre später, in Bernau am Chiemsee. Es konnte daher nur einen illegitimen Grund für die Begnadigung gegeben haben. Die skandalösen Huldigungen des Massenmörders Augusto Pinochet und des mordbelasteten Pieter Botha durch Strauß ständen damit in Einklang.

Nicht auszuschließen ist, dass Strauß sich für seine Kanzlerkandidatur, die er bereits 1979, also im Jahr der Begnadigung, betrieb, durch diese Geste Unterstützung von der extremen Rechten erkaufen wollte. Dafür könnte auch sprechen, dass er nach dem Oktoberfestattentat am 26. September 1980, neun Tage vor der Bundestagswahl, sofort Linksradikale verantwortlich machte. Dem Bundesinnenminister Gerhart Baum warf er vor, dass er gegen diese nichts unternommen habe. Tatsächlich aber hatte der Täter Gundolf Köhler Verbindungen zur rechtsradikalen Wehrsportgruppe Hoffmann, deren bekanntes Treiben in Bayern Strauß toleriert hatte. Bei dieser Gruppe hatte der Täter trainiert. Im März 1980 hatte der Bundesinnenminister die Wehrsportgruppe verboten. Daraufhin hatte ihn Strauß heftig angegriffen, das Verbot als unverhältnismäßig bezeichnet.

Dass angesichts dieser öffentlich bekundeten Vorgaben des Großen Vorsitzenden Polizei und Justiz sich gehindert sahen – die Angst vor Strauß war groß –, einen rechtsextremen Hintergrund zu erkennen, war die Folge. Sie stuften Gundolf Köhler als psychisch labilen Einzeltäter ein – ganz im Sinne von Strauß.

Im Dezember 1980, nur drei Monate nach dem Oktoberfestattentat, wurden in Erlangen der jüdische Verleger Shlomo Lewin und seine Lebensgefährtin Frieda Poeschke ermordet. Die Munition war aus dem Polizeipräsidium Ansbach gestohlen worden, was der Polizeichef

Werner Maluck sofort angezeigt hatte – jedoch erfolglos. Er beschuldigte daraufhin die Regierung, sie decke Neonazis. Tatsächlich hatte den Mord Uwe Behrendt, ein Mitglied der Wehrsportgruppe Hoffmann, begangen. Maluck beschuldigte außerdem Strauß, den Nürnberger Polizeipräsidenten, seinen Vorgesetzten, zu decken. Dass Strauß hier wie zuvor beim Oktoberfestattentat eine schwerlich haltbare Einzeltäterthese propagierte, war ebenfalls sehr merkwürdig, zumal eine solche Beurteilung nicht ihm als Politiker, sondern den Ermittlungsbehörden oblag. Er wollte es sich mit der extremen Rechten nicht verderben.

Anlässlich des 40. Jahrestags des Oktoberfestattentats Ende September 2020 berichtete der bayerische Innenminister Joachim Herrmann im Rechtsausschuss des Landtags über das Ergebnis der vom Generalbundesanwalt nochmals aufgenommenen Ermittlungen. Danach war der Täter rechtsextrem ausgerichtet. Außerdem stellte Herrmann fest, Strauß habe die Gefährlichkeit der Wehrsportgruppe Hoffmann »völlig unterschätzt«.[69] Das war sicher so, aber es war nur die halbe Wahrheit.

Zurück zu Carl Chmielewski: Als 2016 der Landtagsabgeordnete Prof. Dr. Peter Bauer eine Anfrage an die Staatsregierung stellte, welche Straftäter von Strauß begnadigt worden seien, fehlte in der Antwort der Fall Chmielewski. Als der Abgeordnete dies nach einem Hinweis rügte, erklärte die Seehofer'sche Staatskanzlei: »Trotz aller Sorgfalt wurde diese Akte nicht als relevanter Vorgang aufgefunden.«[70]

Es gab noch einen weiteren höchst anrüchigen Gnadenakt. CSU-Staatssekretär a. D. Dr. Erich Riedl äußerte mir gegenüber, es sei ihm rätselhaft, warum Strauß sogleich nach seinem Amtsantritt als Ministerpräsident am 30. Mai 1979 Vera Brühne begnadigt habe. Sie war am 4. Juni 1962 zusammen mit ihrem Freund Johann Ferbach wegen Doppelmordes an dem Arzt Dr. Otto Praun, mit dem sie ein Verhältnis hatte, und seiner Haushälterin zu lebenslangem Zuchthaus verurteilt worden. Dr. Praun, der in Pöcking am Starnberger See lebte, war in Waffengeschäften unterwegs – und er war mit Strauß gut bekannt! Der Untersuchungsausschuss des Bundestags, der 1967/68 die Bestechungsaffäre um die beabsichtigte Beschaffung von 10.000 Schützenpanzern zu untersuchen hatte – Strauß als Bundesverteidigungsminister stand unter massivem Korruptionsverdacht –, stellte in seinem 1969 veröffentlichten Bericht fest, dass unter anderen Dr. Praun 300.000 DM Schmiergeld erhalten hatte (so auch ein Urteil des Landgerichts München I vom 2. Dezember 1969). Strauß musste fürchten, Vera Brühne könnte über ihren Liebhaber Dr. Praun von seinen eigenen Waffengeschäften erfahren haben und anfangen zu reden, wenn er sie nicht begnadigte.[71] Aufgrund der nunmehr festgestellten Waffengeschäfte in Verbindung mit dem DG-Bank-Prüfbericht vom 4. April 1994 ist mit Sicherheit dies als sein Motiv anzunehmen.

Seine Verachtung des Rechts

Der CSU-Bundesminister a. D. Alois Niederalt sagte über Strauß zornig zu mir: »Er hielt sich an keine Gesetze, an keine Verträge oder Abmachungen, an nichts – das öffentliche Wohl, das war sein eigenes.« Habe er ihn auf eine Rechtswidrigkeit hingewiesen, habe Strauß bloß gespottet: »Ach du mit deiner Rechtsklauberei.«

Nach einer auf einen früheren CSU-Minister zurückgehenden Information soll Strauß die erwähnten Testamentsvollstrecker-Vergütungen von insgesamt 1,3 Millionen DM nicht versteuert haben. In seinem erwähnten Beschluss vom 15. Dezember 2015 wies das Amtsgericht München ausdrücklich darauf hin, dass sich Nachforschungen der Staatsanwaltschaft dazu aufdrängen würden. Im Untersuchungsausschuss zur Amigo-Affäre hatte die CSU die Frage der Opposition nach der Versteuerung zurückgewiesen, das Steuergeheimnis vorschützend.

Als der Ministerpräsident Strauß 1984 zum Thema »Betriebsprüfung bei den Finanzämtern« erklärte, man müsse die Planstellen vermindern, stellte die Bayerische Finanzgewerkschaft an den früheren Bundesfinanzminister empört die Frage, ob er damit meine, »dass Steuerhinterziehung der richtige Weg ist, sich Wettbewerbsvorteile zu verschaffen«. Die unglaubliche Antwort von Strauß war: Die Steuerbelastungen müssten dem »freiheitlichen Selbstverständnis gerecht werden«.[72] Er selbst hat, wie man heute weiß, danach gehandelt. Er dürfte kaum mehr als sein Ministerpräsidentengehalt in Höhe von etwa 300.000 DM versteuert haben.

Für Ministerpräsident Alfons Goppel hatte Strauß »kein Verhältnis zum Recht«.[73] Dies galt auch für die Justiz. Einer, der engen Kontakt mit Strauß hatte, hatte angeblich erlebt, dass Strauß im kleineren Zirkel äußerte: »Für mich gibt es keinen unabhängigen Richter, ich biege mir jeden Richter zurecht.« Das Bayerische Oberste Landesgericht stehe ihm im Wege, er werde es abschaffen.

Bekannt ist, dass Strauß den Justizminister Karl Hillermeier, der nicht wusste wie ihm geschah, anbrüllte, als der Strauß-Spezi Eduard Zwick von der Justiz wegen Steuerhinterziehung strafrechtlich verfolgt wurde. Finanzminister Max Streibl wurde von ihm zusammengebrüllt, als er gegen Lothar Müller, die Strauß-Bastion im Bayerischen Finanzministerium, nach diesen belastenden Feststellungen des Rechnungshofs zu gesetzwidrigen steuerlichen Begünstigungen bestimmter Persönlichkeiten vorgehen wollte. Ein früherer Justizminister war von Strauß – damals Bundesverteidigungsminister – massiv bedrängt worden, als die Staatsanwaltschaft in Nürnberg eine Bestechungsaffäre der CSU verfolgte. Die ermittelnden Staatsanwälte wurden daraufhin dienstlich gerügt; anschließend entschuldigte sich der Justizminister bei ihnen, er sagte, er sei unter Druck gesetzt worden.

Daher war es völlig ausgeschlossen, dass die Staatsanwaltschaft und die Steuerfahndung im Fall Strauß den vielfachen Hinweisen auf Korruption und auf Steuerhinterziehung hätten nachgehen dürfen. Nur so erklärt es sich, dass Strauß ungestört Unsummen von Geld aufhäufen konnte.

Strauß verbreitete Angst. Der frühere Kultusminister Prof. Hans Maier berichtet in seinem Buch *Böse Jahre, gute Jahre* über Wutausbrüche von Strauß: [...] dann konnte sich der Mann in Sekundenschnelle in ein zuckendes Bündel von Wut und Aggressivität verwandeln.« (S. 252) Die Minister fürchteten um ihr Amt, die Ministerialbeamten kuschten sowieso, mit ganz wenigen Ausnahmen. Gesetzliche Sicherungen funktionierten nicht mehr.

Prof. Maier erzählt weiter: Als er es 1981 gewagt habe, einen Artikel im *Bayernkurier* zu kritisieren, habe das die Umgebung von Strauß als Angriff auf den »Großen Vorsitzenden« selbst wahrgenommen. Daraufhin habe einer, der ihm sonst wohlgesinnt war, zu ihm gesagt: »Bist du eigentlich noch ganz dicht? Weißt du nicht, wo die Glocken hängen? Weißt du nicht, wo Gott wohnt?«

In einem demokratischen Rechtstaat wohnt Gott nicht in der Staatskanzlei – das galt damals, es gilt heute und in Zukunft.

17. KAPITEL

Der Patriot und die Staatsgeheimnisse

Das Inkasso von 100 Millionen DM Schmiergeld für den Milliardenkredit entschlüsselt auch das spätere traute Verhalten von Strauß gegenüber dem Stasi-Oberst Alexander Schalck-Golodkowski, zumal den Verrat von Staatsgeheimnissen. Peter Przybylski, früher Staatsanwalt beim Generalstaatsanwalt der DDR, nach der Wende Rechtsanwalt in Berlin, schilderte in seinem 1992 erschienenen Buch *Tatort Politbüro* (Bd. 2) unter Bezugnahme auf DDR-Dokumente, was da geschah. Er stellte fest:

> *»Franz Josef Strauß [hat] Wissen über geheime Dinge der westlichen Politik, einschließlich der Nato, Schalck gegenüber ungeniert preisgegeben.« (S. 287)*

Als charakteristisch zitierte der Autor hierfür ein Gespräch, das Schalck-Golodkowski und Strauß am 11. Mai 1987 führten. Thema war der damals anstehende amerikanisch-sowjetische Vertrag über die Vernichtung der Mittelstreckenraketen in Europa. Am nächsten Tag berichtete Schalck-Golodkowski an das Politbüro-Mitglied Günter Mittag:

> *»Strauß bat, bei der Weitergabe dieser Einschätzung seinen Namen nicht zu erwähnen [eine Bitte, die mehr als verständlich war, denn was er preisgab, war Landesverrat, schwer strafbar nach Paragraf 94 und Paragraf 95 Strafgesetzbuch, der Verf.].*

Zu dieser Frage informierte Strauß darüber, dass in den letzten Tagen im Kreis von Kohl, Strauß, [Bundesverteidigungsminister] Wörner und [Kanzleramtschef] Schäuble eine streng interne Einschätzung zur Haltung der BRD-Regierung zu den Verhandlungen zwischen den USA und der UdSSR über den Abschluss von Abkommen, denen die ›Nulllösung‹ von Mittelstreckenraketen mit atomaren Sprengköpfen zugrunde liegt, erarbeitet wurde [...]

Bei Raketen mit einer Reichweite von 125 bis 500 km beträgt das Übergewicht zugunsten der UdSSR 1540 Stück zu 120 Stück. Als Schlussfolgerung daraus wollen die USA eine massive Abrüstung in der BRD bei der Waffenart 0–500 km durchsetzen, die die Regierung der BRD nicht will [...]

Die BRD-Regierung ist erst bereit, über eine Nulllösung bei Raketen mit einer Reichweite von 500 bis 1000 km eine positive Entscheidung zu treffen, wenn im Bereich der Raketen von 0–500 km Fakten geschaffen werden [...]

[...] auf bundesdeutschem Boden sind gegenwärtig in der Reichweite 0–500 km nur Lance-Raketen mit einer Reichweite von 120 km stationiert«.[74]

In einem 19-seitigen Protokoll über ein Gespräch mit Strauß berichtete Schalck nach Ostberlin, Strauß habe Interna über die Stationierung der Mittelstreckenraketen Pershing 2 in der Bundesrepublik, der Cruise-Missiles auf Sizilien und amerikanischer F-11-Jagdbomber im Taunus ausgebreitet. Und dass Strauß »nicht die Forderung erhob, den Schießbefehl [in der DDR an der deutsch-deutschen Grenze, der Verf.] jetzt aufzuheben«. Strauß habe zudem gesagt, er werde sich bei Bundeskanzler Kohl dafür einsetzen, dass der Finanzkredit an die DDR »ohne Herstellung eines Junktims« ausgereicht wird.[75]

Zuvor bereits hatte der Strauß-Abgesandte Josef März Schalck versichert, Strauß verlange kein Junktim, im Gegensatz zu Bundeskanzler Kohl, den man »offensichtlich durch inkompetente, in der Sache nicht informierte Leute falsch beraten habe«.[76]

(Klar: Wenn man schon ein üppiges Bakschisch einstreicht, dann kann man nicht auch noch verlangen, dass kein DDR-Flüchtling mehr an der Grenze erschossen wird. Strauß hatte da schon, wie immer, das richtige Augenmaß.)

Von einem Gespräch am 5. Mai 1988 berichtete Schalck nach Hause:

»Mit der Bitte um äußerst vertrauliche Behandlung informierte mich Strauß, dass vor wenigen Monaten eine Strategiekommission zur Politik gegenüber der DDR im sogenannten Zehnerausschuss der CDU/CSU-Fraktion stattgefunden hat. Strauß stellte dazu fest, dass zwei politische Konzeptionen zur Diskussion standen: ›Die Politik der Konfrontation mit allen ökonomischen Konsequenzen [...]‹ oder ›Die Politik des Dialogs [...]‹«[77]

Weiter berichtete Schalck-Golodkowski von diesem Gespräch an die DDR-Führung, dass sich Strauß bereitgefunden habe, im Sinne der DDR auf die Erhöhung der jährlichen Transitpauschale von 525 Millionen auf 899 Millionen DM hinzuwirken; alsbald kam eine vertretbare Lösung zustande.[78] Strauß musste Verständnis dafür haben, dass die DDR-Führung auf diese Weise die für den Zwei-Milliarden-Kredit an ihn gezahlten 100 Millionen DM wieder hereinholen wollte – und zwar um ein Vielfaches. Strauß konnte gar nicht anders, als sich dafür einzusetzen, er hatte sich ja der Stasi ausgeliefert, sie konnte ihn jederzeit hochgehen lassen. So ist auch der sonst nicht erklärbare Verrat der Geheimnisse zu sehen: Er musste der DDR-Führung zeigen, was er weiterhin für sie wert war!

Der Autor und Rechtsanwalt Przybylski konstatierte: Wer Schalck-Golodkowski Spionage vorwirft, «der wird konsequenterweise Strauß posthum des Landesverrates anklagen müssen«.[79]

Renate Piller, Lebensgefährtin von Strauß, erzählte mir, sie habe einmal Schalck-Golodkowski einige Zeit nach seiner Flucht aus der DDR im Dezember 1989 in der Münchner Innenstadt getroffen. Erschrocken habe er gesagt: »Um Gottes willen, wenn uns hier jemand zusammen sieht!« Er sei auf und davon.

Es gibt noch eine Fortsetzung: Strauß setzte 1985 durch, dass sein ehemaliger Büroleiter Holger Pfahls, einer seiner allerengsten Vertrauten, Präsident des Bundesamts für Verfassungsschutz wurde, somit unter anderem Chef der westdeutschen Spionageabwehr. Dazu berichtete Schalck-Golodkowski an Stasi-Minister Erich Mielke, den Chef der DDR-Spionage, Strauß habe ihm (über Josef März) mitgeteilt, dadurch werde »manches auch auf diesem Gebiet für ihn leichter«. Seine persönlichen Beziehungen zu Pfahls seien »so ausgeprägt, dass er Möglichkeiten sieht, rechtzeitig auch über diesen Weg bestimmte Fragen zu beeinflussen«.[80]

Wie ist es zu erklären, dass Strauß, so unfassbar es ist, sich sogar andiente, in diesem hochsensiblen Bereich der Spionageabwehr zugunsten der DDR zu intervenieren? Die einzig plausible Antwort lautet: Er hatte beim Milliardenkredit an die DDR insgeheim 100 Millionen DM »Provision« abkassiert – ein so intimes Verhältnis will gepflegt werden, es schafft Verpflichtungen. Schon 1977 hatte er das Bayerische Landesamt für Verfassungsschutz an Ermittlungen gegen den mutmaßlichen DDR-Spion Simon Goldenberg gehindert (siehe unten).

Schalck-Golodkowski wusste die Situation zielführend zu nutzen. Als Strauß im Juli 1985 in die USA flog, um dort auch mit Präsident Reagan zu sprechen, meldete Schalck-Golodkowski bei Strauß-Spezi März Interesse an, »dass uns wichtige Fragen [...] in geeigneter Weise durch F. J. Strauß übermittelt werden«. Das hatte den Ton einer Anforderung. Wer 100 Millionen DM Schmiergeld gezahlt hat, kann so etwas schon verlangen! März bot Schalck-Golodkowski an, Strauß in Nizza zu treffen, wohin ihn die Privatmaschine von Strauß bringen würde.[81] Wenn Präsident Reagan gewusst hätte, was hier ablief ... Und Strauß offerierte liebenswürdig sogar noch den Service seiner Privatmaschine!

Als Staatsminister Philipp Jenninger mit Schalck-Golodkowski über von der DDR gewünschte neue Kredite verhandelte, erfuhr der Stasi-Oberst von Strauß, dass Jenninger »in dieser Frage nicht ehrlich sei!«[82]

Strauß diskreditierte hintenherum den Abgesandten des Bundeskanzlers! Kohl selbst schmähte er, der sei wie ein Pudding, wenn man den an die Wand nageln wolle, rutsche der herunter.

Mit Schreiben vom 10. Februar 1984 berichtete Schalck-Golodkowski an Stasi-Minister Erich Mielke:

> *»Dass wir seit einigen Tages nichts von Strauß hören, weder zum Thema Messe noch zum anderen Thema, hängt offensichtlich nach Aussagen von März mit erheblichen persönlichen Meinungsverschiedenheiten zwischen Kohl und Strauß zusammen. März schätzt ein, dass wir in den nächsten Tagen – heute finden in Bonn Gespräche zwischen Kohl und Strauß statt – zur Messe und zum anderen Komplex verwertbare Nachrichten erhalten.«*[83]

Wiederum scheint hier der fordernde Ton auf: Strauß solle »liefern«.

Zu beachten: Was das »andere Thema« bzw. der »andere Komplex« war, zu dem Strauß postwendend nach dem Gespräch mit dem Bundeskanzler berichten sollte, war offenbar so heikel, dass es der Stasi-Oberst sogar intern nur auf diese verdeckte Weise ansprechen wollte.

Im Schalck-Untersuchungsausschuss des Bundestags 1991 – 1994 resümierte der SPD-Obmann Andreas von Bülow, dass Strauß »zum wichtigsten Spion der DDR geworden« sei und die weitergegebenen Nachrichten schwerer wiegen »als die Spionage des Brandt-Spions Günther Guillaume«.

Seine Geldgier hatte Strauß so weit gebracht.

Bundeskanzler Konrad Adenauer hatte Strauß richtig eingeschätzt. Gegenüber Heinrich Krone, dem Vorsitzenden der CSU/CDU-Fraktion, äußerte er mehrmals, er sei beunruhigt wegen Strauß. Wohin sein Weg gehe, wisse man nicht. Er sei besorgt, was dieser »unbeherrschte Mann einmal anrichten könne«. Und: »Wir müssen den Kampf mit Strauß aufnehmen!« (so die Tagebuch-Notizen Krones 1961/62). Krone teilte Adenauers Befürchtungen voll und ganz.

Welchen Weg Strauß genommen hat, ist nunmehr offenbar.

Hinzuzufügen ist der Fall Simon Goldenberg, der 1982 in der »Langemann-Affäre« ans Tageslicht kam. Damals veröffentlichte die Zeitschrift KONKRET geheimdienstliche Enthüllungen des Hans Langemann, im bayerischen Innenministerium Leiter der Abteilung Verfassungsschutz, früherer BND-Agent. Goldenberg betrieb über 20 Jahre in Ostberlin in großem Stil ein Vermittlungsgeschäft; für die Gebrüder März wickelte er in der DDR nach eigenen Angaben Geschäfte bis zu 100 Millionen DM jährlich ab. 1976 übersiedelte er aus (angeblich) gesundheitlichen Gründen in die Bundesrepublik, wo er fortan im Unternehmen der Gebrüder März wirkte.

Mit Schreiben vom 8. Juli 1977 an den bayerischen Innenminister Dr. Alfred Seidl forderte der Präsident des Landesamts für Verfassungsschutz, Dr. Hans Ziegler, eine Überprüfung Goldenbergs. Denn nach Erkenntnissen des Bundesamts für Verfassungsschutz und eines befreundeten Geheimdienstes sei Goldenberg Kontaktperson östlicher Geheimdienste. Die Bundesanwaltschaft habe gegen ihn in acht Ermittlungsverfahren den Verdacht verräterischer Beziehungen festgestellt. Außerdem solle er an Devisen-Schiebungen mit gefälschten US-Dollars beteiligt gewesen sein. Dr. Ziegler folgerte:

> *»Im Hinblick auf die Beziehungen des Vorsitzenden der CSU, Herrn Dr. Franz Josef Strauß, zu den Gebrüdern März, darf ich Sie, sehr verehrter Herr Staatsminister, um Entscheidung bitten, ob [...] Klärungsmaßnahmen durchgeführt werden können.«*

Im Langemann-Untersuchungsausschuss des Landtags sagte der Innenminister 1982 aus, er habe dieses Schreiben dem Büro Strauß zugeleitet. Von dort kam dann die Weisung von Strauß, in der Sache nichts zu unternehmen. Daraufhin hielt Dr. Ziegler wütend dem Innenminister in einem weiteren Schreiben vor: »Nach der nunmehr gegebenen Sachlage hat das bayerische Landesamt für Verfassungsschutz nicht zu vertreten, wenn durch völliges Absehen von einer weiteren Klärung gegebenenfalls wichtige Hinweise für die Sicherheitsinteressen der Bundesrepublik nicht ausgeschöpft werden können [...]« Man bedenke: Strauß war zu diesem Zeitpunkt (1977) noch nicht Ministerpräsident, sondern nur CSU-Vorsitzender. Und dennoch erteilte er eine Weisung, die vom zuständigen Innenminister tatsächlich befolgt wurde – rechtswidrigerweise. Die Episode war typisch für die Angst vor Strauß, diese war das Hauptelement seiner Macht über den Staatsapparat in Bayern.

Im Untersuchungsausschuss befragt, behauptete Strauß, er könne sich an das Schreiben Dr. Zieglers »nicht erinnern«, zweifellos eine Lüge (siehe Bericht des WDR-Fernsehmagazins »Monitor« vom 14. September 1982).

Da Strauß bei den Ostgeschäften der Gebrüder März mitkassierte, arbeitete Goldenberg faktisch auch für ihn und seinen Geldbeutel. Da kam es auf die Sicherheitsinteressen der Bundesrepublik nicht mehr an – ein unglaublicher Vorgang.

Der Untersuchungsausschuss des Landtags beendete seine Tätigkeit 1982, im Folgejahr 1983 organisierte Strauß den für ihn so ergiebigen Milliardenkredit an die DDR.

Rückblende: Als Bundesverteidigungsminister hatte Strauß bekanntlich den *Spiegel*-Herausgeber Rudolf Augstein und *Spiegel*-Redakteure 1962 mehrere Monate wegen angeblichen Landesverrats hinter Gitter gebracht, nachdem sie über seine Affären berichtet hatten. In Vergessenheit geraten ist, dass er bereits in der FIBAG-Affäre den Finanzberater Hans Herrschaft wahrheitswidrig landesverräterischer Beziehungen beschuldigt hatte. Strauß war damals dem Vorwurf ausgesetzt, er habe sich für den beabsichtigten Bau von 5500 Wohnungen für US-Soldaten einen Gewinnanteil von 50 Prozent ausbedungen. Im eingesetzten Untersuchungsausschuss des Bundestags wurde er von Hans Herrschaft, der als Zeuge aussagte, schwer belastet. Am Tag nach seiner Aussage wurde Herrschaft in München wegen Landesverrats verhaftet. Der Erste Staatsanwalt G. legte ihm nahe, eine Ehrenerklärung für Strauß abzugeben, was

Herrschaft jedoch ablehnte. Nach 26 Tagen wurde er entlassen, nach fünf Jahren wurde das Verfahren eingestellt. Strauß scheute sich nicht einmal, seinen ihm verhassten Stellvertreter im Parteivorsitz Staatsminister Franz Heubl in einem 76-seitigen Dossier mit der Verdächtigung landesverräterischer Beziehungen Richtung Tschechien/Sowjetunion anzugreifen.[84] Fazit: Strauß legte »Landesverrat« stets zu seinem Vorteil aus.

Noch eine Anmerkung: In einem Schriftsatz an das Landgericht Köln brachte Max Strauß gegen den Vorwurf, sein Vater habe im Rahmen landesverräterischer Beziehungen 100 Millionen DM Schmiergeld für die Vermittlung des Milliardenkredits an die DDR erhalten, das erstaunliche Argument vor: Weder die »Unabhängige Kommission zur Überprüfung des Vermögens der Parteien und Massenorganisationen der DDR« noch die Staatsanwaltschaft hätten je den Vorwurf erhoben, »100 Mio. DM mit unbekanntem Verbleib entnommen zu haben«. Kein Wunder: In der Schweiz verstecktes Geld ist eben schwer auffindbar. Überdies ist allgemein bekannt, dass bisher Milliarden D-Mark des DDR-Vermögens nicht gefunden werden konnten.

18. KAPITEL

Der Gewinn aus dem Fortbestand des DDR-Regimes

Dass Strauß Schmiergeld von der Firma März kassierte bei deren illegalen Fleischimporten aus Ostblockstaaten über die DDR, war seine Gepflogenheit bereits vor dem Milliardenkredit. Schalck-Golodkowski berichtete 1983 nach Ostberlin, Strauß sei stark darüber verärgert, dass es der Fleischfirma März nicht gelinge, in intensive Geschäftsbeziehungen mit der DDR zu treten, und dass immer wieder Konkurrenzfirmen der Vorzug gegeben werde.

Dazu sagte Schalck-Golodkowski 1993 vor einem Untersuchungsausschuss des Bayerischen Landtags aus, diese Warnung habe ihm März übermittelt. Er habe daraufhin veranlasst, dass »das Volumen der Exporte nach Bayern, die über März abgewickelt wurden, nicht angetastet wurde«. Hielt Strauß sich damals noch verschämt im Hintergrund, so konnte Schalck-Golodkowski 1987 – vier Jahre nach dem Milliardenkredit – nach Hause berichten:

»Erstmalig hat sich Strauß selbst mit der Bitte an mich gewandt«, die Geschäftsbeziehungen zur Firma März zu verbessern.[85] Warum sollte Strauß jetzt noch verbergen, dass er mitkassierte?

Der Hauptvorwurf gegen Strauß wegen des Zwei-Milliarden-Kredits lautete, er habe dadurch den Fortbestand des DDR-Regimes ermöglicht. Jedermann fragte sich damals, warum ausgerechnet er, der die DDR-Führung immer so hart angegriffen hatte, dieser eine solche Wohltat zugestand. Noch dazu war kurz zuvor ein CSU-Parteitagsbeschluss gegen derartige Vorleistungen gefasst worden, über den hatte Strauß sich jetzt hinweggesetzt. Des Rätsels Lösung ist einfach:

Strauß konnte doch am Zusammenbruch des DDR-Regimes kein Interesse haben, denn ohne den Zwei-Milliarden-Kredit hätte er keine 100 Millionen DM kassieren können! Zudem hatte er Aussicht auf eine weitere Provision. Aus Schalcks Unterlagen geht hervor, dass noch eine dritte Milliarde abgesprochen war. Am 27. Januar 1984 teilte Schalck Strauß mit, er habe dessen Vorschläge seiner »Nummer 1« vorgetragen. »Nummer 1« sei einverstanden, »dass Sie im Gespräch mit BK [Bundeskanzler, der Verf.] davon ausgehen, dass die AH-Bank [Außenhandelsbank, der Verf.] in der zweiten Hälfte März einen weiteren Kredit in der bekannten Höhe angeboten bekommt und dass in absehbarer Zeit ohne die Forderungen nach neuen unerfüllbaren Bedingungen eine dritte Tranche angeboten wird«.[86] Da Strauß 1983 für die erste Milliarde 50 Millionen DM vereinnahmt hat, 1984 50 Millionen DM für die zweite, so ist anzunehmen, dass er für die dritte nochmals die gleiche Summe kassiert hätte.

Und auch in der Folge konnte ihm am Zusammenbruch der DDR nicht gelegen sein. Denn dann wären die Schmiergelder weggefallen, die er von der Firma März vereinnahmte. Zudem wäre aufgeflogen, wie er für den Milliardenkredit entlohnt worden war. Doch Strauß war unersättlich:

So wie Strauß Staatsgeheimnisse verriet, so beging er weiter Verrat an den bayerischen Bauern. Denn die extrem billigen Schlachtviehimporte aus der DDR und die illegalen aus Ostblockregionen und -ländern wie Weißrussland, Ukraine, Tschechoslowakei, Ungarn, Bulgarien durch die Fleischfirma März wurden fortgesetzt. Im Schalck-Untersuchungsausschuss des Landtags 1992 stellte Gustav Sühler, früherer Präsident des Bauernverbandes, öffentlich klar, dass Strauß persönlich hinter den Billigimporten stand. Strauß betrog seine treuesten Wähler.

Noch ein anderes Geschäft mit der DDR, das 1987/88 lief, somit nach dem Milliardenkredit, und zwar wiederum über Schalck-Golodkowski, sollte sich für Strauß üppig lohnen. Das Hamburger Makler-Büro Walter und Christian Hinneberg fädelte den Verkauf von drei Airbus-Flugzeugen an das DDR-Unternehmen »Interflug« für rund 220 Millionen DM ein. Bei den Vertragsverhandlungen wirkte Strauß, Vorsitzender des Airbus-Aufsichtsrats, mit. Als die Hinnebergs bei Airbus ihre Maklergebühr, einen Millionenbetrag, geltend machten, blitzten sie ab. Sie erfuhren, dass Airbus-Präsident Jean Pierson die Zahlung abgelehnt habe, weil bereits Kommission »an die Münchner Adresse«, gemeint sein konnte nur Strauß, gezahlt worden sei. Die Hinnebergs liefen Sturm, beriefen sich noch auf weitere Informationen, nahmen aber schließlich von einer Klage Abstand, nachdem ihnen gesagt worden war, in Bayern hätten sie damit kaum eine Chance, auch sei es nicht ratsam, sich mit der Familie Strauß anzulegen.[87]

Zu ergänzen ist: Auf dem DG-Bank-Konto von Strauß in der Schweiz landeten Airbus-Zahlungen, ob auch die vorliegende, mag dahinstehen.

Staats- und Parteichef Erich Honecker und Stasi-Chef Erich Mielke konnten hoch zufrieden sein: Zwei Ministerpräsidenten der Bundesrepublik standen ihnen im Geheimen willig zur Verfügung – Strauß wegen seiner Geldgier, Barschel wegen seiner Gier nach Frauen. Da konnten die DDR-Machthaber auf aufwendige Spionage in der Bundesrepublik nahezu verzichten.

Hochzufrieden sein konnte später aber auch Schalck-Golodkowski. Sein geheimes Wissen über Strauß brachte ihm nach seiner Flucht in die Bundesrepublik reichlich Gewinn. Um Kost und Logis musste er sich nicht sorgen. Schalck wurde »durch Vermittlung der Strauß-Familie in München geschützt untergebracht«, heißt es in einem BND-Vermerk vom 15. Januar 1990. Der mit der Strauß-Familie eng verbundene CSU-Politiker Peter Gauweiler hatte den BND-Präsidenten darüber telefonisch informiert.

Wissen ist Macht. Stasi-Oberst Schalck trat nicht als armseliger Bittsteller auf, der ums Gnadenbrot bittet, er forderte. Der BND notierte, unter dem Stichwort »Materielle Aspekte« erwarte Schalck ein Konzept für berufliche Integration (Beraterverträge), finanzielle Leistungen des BND, Krankenversicherung, Pensionsansprüche, die Klärung von Steuerfragen, die »Schleusung« seiner Saab-Limousine nach München und die Klärung seiner Vermögensverhältnisse in der DDR.

Erstaunlich: Bald residierte Schalck herrlich und in Freuden in einer Villa am Tegernsee bis zu seinem seligen Ende. Wer kam dafür auf?

19. KAPITEL

Der abgewiesene Fälschungsvorwurf der Geschwister Strauss

Von der *SZ* mit dem internen Prüfbericht der DG Bank vom 4. April 1994 konfrontiert, äußerte Max Strauß: »Das Dokument ist eine dreiste Fälschung. Zufälligerweise findet er [Schlötterer] ein Dokument, das ihm aus allen Beweisnöten hilft. Wir haben das Gefühl, der BGH soll angelogen werden.«[88] Zugleich stellten er und seine Geschwister gegen mich und meinen Anwalt Hildebrecht Braun Strafanzeige bei der Staatsanwaltschaft Köln wegen Urkundenfälschung. Ich meinerseits stellte Strafantrag gegen Max Strauß wegen Verleumdung. Die Staatsanwaltschaft Köln gab die Strafanzeige der Geschwister zuständigkeitshalber ohne jede Prüfung an die Staatsanwaltschaft München I ab. Hierzu gesellte sich noch eine weitere Strafanzeige des Franz Georg Strauß, in der er schrieb: »Schlötterer hat Frau Fuchs angeleitet, die Fälschung zu erstellen.«

Die Staatsanwaltschaft München war nunmehr gezwungen zu ermitteln. Sie ließ Frau Fuchs durch die hessische Kriminalpolizei – wegen ihres dortigen Wohnsitzes – vernehmen. Die Zeugin. bestätigte, dass sie den Prüfbericht (Vermerk) zusammen mit ihrem inzwischen verstorbenen Kollegen Wolf Franzen verfasst und unterzeichnet habe.

Die Staatsanwaltschaft München I wies daraufhin mit Verfügung vom 24. Oktober 2017 die Strafanzeige der Geschwister Strauß zurück. Als diese dagegen Beschwerde einlegten, bekräftigte sie in einem Bericht vom 26. April 2018 an den Generalstaatsanwalt:

»Es handelt sich nach den Angaben der Zeugin Fuchs mithin bereits nicht um eine unechte Urkunde.«

Außerdem bestätigte die Staatsanwaltschaft, es handle sich angesichts der bundes- und landespolitischen Bedeutung des früheren bayerischen Ministerpräsidenten und der im Vermerk wiedergegebenen Veranlasser der Zahlungen »um Vorgänge von gravierendem Gewicht, an deren Mitteilung ein erhebliches Informationsbedürfnis der Allgemeinheit besteht« (ebd., S. 11, 12). Doch die Geschwister protestierten heftig: Die Zeugin Fuchs habe »ganz offensichtlich gelogen« und den Prüfbericht vor der von mir und meinem Anwalt Hildebrecht Braun abgehaltenen Pressekonferenz im Zeitraum Juli/August 2016 verfasst! Für diese Anschuldigung, so die Staatsanwaltschaft in einem weiteren Bescheid, gebe es keine Anhaltspunkte.

Abgesehen davon existierte noch ein weiterer Beweis für die Echtheit des Dokuments, nämlich drei darauf sichtbare Namenskürzel (Paraphen) von leitenden Bankern der DG Bank, die seinerzeit damit ihre Kenntnisnahme vermerkt hatten: Die Zeugin Fuchs sagte dazu aus, dass es sich um die Namenskürzel des Vorstandsvorsitzenden Dr. Th., des Bereichsleiters Dr. Bräuer und des Hauptabteilungsleiters Bü. handle. Dazu vernommen, sagte Dr. Th. aus: »Bei der Frage, ob das Dokument echt ist oder nicht, kann ich im engeren Sinne nichts sagen.« Er habe keine Erinnerung. Zugleich räumte er ein, dass das fragliche Namenskürzel dem seinen sehr ähnlich sei. Eine Fälschung behauptete er nicht. Zudem belastete ihn Dr. Sch., jetziger Chefsyndikus der Bank, mit der Aussage, das Namenskürzel »könnte von Dr. Th. stammen«.

Dr. Bräuer war als Bereichsleiter derjenige, der – Frau Fuchs zufolge – ihr und ihrem Kollegen Franzen den Auftrag zur Erstellung des Prüfberichts und anderer Prüfberichte erteilt hatte. Sie sagte weiter aus, er habe wiederholt den ursprünglich 20 Seiten umfassenden Prüfbericht zusammengestrichen, bis er nur noch vier Seiten umfasste, ihn dann entgegengenommen und mit seiner Paraphe abgezeichnet. Bei seiner kriminalpolizeilichen Vernehmung antwortete er auf die Frage: »Haben Sie dieses Papier abgezeichnet oder nicht?« zunächst ausweichend, schließlich: »Ich kann diese Frage nicht beantworten. Ich habe keine Erinnerung.« Somit schloss er nicht aus, dass er den Prüfbericht abgezeichnet hatte. Auf Vorhalt gab er zudem zu, dass die besagte Paraphe auf dem Prüfbericht »der meinen teilweise ähnelt«. Der Hauptabteilungsleiter Bü. sagte jedoch klipp und klar aus: »Die Unterschrift am rechten oberen Rand ist die des Herrn Br.« Damit bestätigte er die Aussage der Zeugin Fuchs. Dies bestätigten auch der Kreditdirektor W. sowie der Zeuge Dr. B., der frühere Chef-Syndikus, dieser mit dem Zusatz, er sei sich aber nicht ganz sicher.

Überdies hatte Dr. Bräuer jedes Blatt des kriminalpolizeilichen Protokolls seiner Vernehmung unten mit seinem Namenskürzel abgezeichnet und dieses stimmte exakt mit dem fraglichen Namenskürzel auf dem Prüfbericht überein. Das hatte er wohl nicht bedacht.

Die Staatsanwaltschaft wies ferner darauf hin, dass der Zeuge Bü. ausgesagt habe, dass die Unterschrift des verstorbenen Wolf Franzen als zweiter Unterzeichner des Prüfberichts tatsächlich von diesem stammen könne.

Doch die Geschwister Strauß legten Beschwerde bei der Generalstaatsanwaltschaft München ein. In dem erwähnten Bericht an die Generalstaatsanwaltschaft vom 26. April 2018 (Az: 115 Js 108971/17) trat die Staatsanwaltschaft der von den Geschwistern Strauß erhobenen Beschuldigung der Fälschung auch mit dem Hinweis auf die Aussagen der genannten Zeugen entgegen. Sie stellte zudem heraus, der Zeuge Dr. Bräuer habe »ausdrücklich angegeben, dass er es nicht komplett ausschließen könne, dass es einen Auftrag zur Erarbeitung des Prüfberichts vom 04.04.1994 seinerzeit gegeben habe«.

Darauf, dass auch Dr. Br. ausgesagt habe, »dass Herr Heinz Neun die Auffassung geäußert habe, dass es schon ›so‹ gewesen sein könne, wie es in dem Prüfbericht vom 04.04.1994 niedergelegt worden sei«, verwies die Staatsanwaltschaft ebenfalls. (Herr Neun war der Assistent des früheren Vorstandsvorsitzenden Dr. Guthardt gewesen.) Außerdem hob sie in ihrem Bericht an die Generalstaatsanwaltschaft hervor, dass ich gegen den Zeugen Dr. Bräuer und den Zeugen Fl., früherer stellvertretender Vorstandsvorsitzender der Bank, Strafanzeige wegen Strafvereitlung und Begünstigung durch Falschaussage gestellt hätte. Zwar habe sie das Verfahren gegen beide eingestellt, deren »Unschuld [...] konnte dabei aber nicht positiv festgestellt werden«. Dieser schwerwiegende Umstand bestätigte zusätzlich, dass die Wahrheit auf der Seite der Zeugin Fuchs stand.

Zum Inhalt des Prüfberichts vom 4. April 1994 hatte der Zeuge Dr. Ba, der frühere Chef-Syndikus, ausgesagt: Der Vermerk stellt »eine Zusammenstellung aller Scheußlichkeiten dar, es sind alle unangenehmen Dinge darin aufgeführt, an die man nicht erinnert werden möchte«. Damit bestätigte er, dass der Inhalt nicht erfunden war. Zu den Scheußlichkeiten gehörten aus seiner Sicht als verantwortlicher Jurist der Bank sicher die darin erwähnten Fakten, die Straftaten waren: schwere Untreue des Vorstandes, indem die Bank ohne jede Rechtsverpflichtung die angefallenen Barabhebungsgebühren beim Konto Strauß in Höhe von rund 5,4 Millionen DM und beim Konto Leo Kirch in Höhe von rund 10 Millionen DM übernahm; die unterlassene Meldung des Kontos Strauß nach dessen Tod an das Finanzamt; Geldwäsche bei den Bareinzahlungen von Stasi-Oberst Schalck-Golodkowski und anderen Zahlungen.

Des Weiteren hob die Staatsanwaltschaft in ihrem Bericht an den Generalstaatsanwalt hervor, dass der frühere Kreditdirektor W. in einer Notiz zum DG-Bericht vom 4. April 1994 mitteilte, dass »vom Inhalt her tatsächlich solche Verbindungen nebst Transaktionen so oder so ähnlich stattgefunden haben (mögen)«. Und sie stellte fest:

> *»Schließlich fehlen tatsächliche Anhaltspunkte dafür, dass der Beschuldigte Dr. Schlötterer vorliegend kollusiv mit der Zeugin Fuchs gehandelt habe und den Vermerk vom 04.04.1994 bei der Zeugin Fuchs ›bestellt‹ haben könnte.«*

Mit Bescheid vom 17. Juli 2018 wies die Generalstaatsanwaltschaft die Beschwerde der Geschwister Strauß gegen die Zurückweisung ihrer Anzeige wegen Urkundenfälschung zurück.

Sie schloss sich ausdrücklich den Feststellungen der Staatsanwaltschaft an. Daraufhin stellten die Geschwister Strauß beim Oberlandesgericht München den Antrag, die Staatsanwaltschaft zu verpflichten, ein Strafverfahren gegen mich und meinen Anwalt einzuleiten sowie Durchsuchungen durchzuführen. Sie erlitten eine herbe Abfuhr. Das Oberlandesgericht monierte insbesondere, die Geschwister Strauß würden hinsichtlich des Prüfberichts nicht einmal angeben, wer ihn tatsächlich gefälscht haben soll.

Der Fälschungsvorwurf war damit endgültig gescheitert.

Die Glaubwürdigkeit der Geschwister Strauß wird überdies durch die denkwürdige Art und Weise ihres Vorgehens illustriert.

Herr Max Strauß verweigert die Aussage

Wegen seines in der Presse erhobenen Vorwurfs, der Prüfbericht sei eine dreiste Fälschung, wurde Max Strauß von der Kriminalpolizei vorgeladen, ich hatte Strafantrag wegen Verleumdung gestellt. Was geschah? Anstatt sich zur angeblichen Fälschung zu äußern, ließ er durch seinen Anwalt mitteilen, dass er die Aussage verweigere. Die Kriminalpolizei der Stadt Wasserburg hielt in einer Aktennotiz vom 7. März 2017 fest: »Herr Strauß erschien nicht zum Termin.«

Doch wenigstens hier mögen er und seine Geschwister gebührend zu Wort kommen.

O-Ton des Herrn Max Strauß in seiner Strafanzeige vom 10. Januar 2018 gegen die Zeugin Fuchs und den Zeugen Bernd Linz:

»Schlötterer und Frau Fuchs sind Meister im Lügen und Täuschen, so dass es schwerfällt, ihre kriminelle Masche zu durchblicken. Es wird

> *Zeit, Schlötterer, seiner Komplizin Andrea Fuchs und deren Helfer Linz*[89] *das schmutzige Handwerk zu legen. Linz ist der Lebensgefährte von Frau Fuchs, das Trio kennt sich offensichtlich seit vielen Jahren.«*

Beide würden heute zusammenleben.

O-Ton des Herrn Franz Georg Strauß in seiner Strafanzeige vom 12. Januar 2018 gegen die Zeugin Fuchs und den Zeugen Bernd Linz:

> *»Herrn Schlötterer war bekannt, dass die von ihm vorgelegte Unterlage DG-intern eine Fälschung ist. Schlötterer hat [...] Frau Fuchs angeleitet, die Fälschung zu erstellen.«*

O-Ton Frau Monika Hohlmeier in ihrer Strafanzeige vom 26. Januar gegen die Zeugin Fuchs und den Zeugen Bernd Linz:

> *»Zur Begründung nehme ich Bezug auf die Ausführungen meines Bruders Max [...] vom 10. Januar 2018. Im Hinblick auf § 188 StGB weise ich darauf hin, dass ich Mitglied des Europäischen Parlaments bin.«*

In Wahrheit haben sich Frau Fuchs und Linz nie gesehen oder gesprochen, sie lebt in der Nähe von Frankfurt, er mit seiner Frau in Schleswig-Holstein. Wie erwähnt hatte Linz sich beim Fackelträger-Verlag per E-Mail als Zeuge dafür gemeldet, dass die Passage in *Macht und Missbrauch* über die 300 Millionen DM zutraf. Und natürlich hatte ich Frau Fuchs nicht angeleitet, den Prüfbericht zu erstellen, ich hatte bis Frühjahr 2016 keine Ahnung von seiner Existenz, ebenso wenig von dem von ihr vorgelegten Schreiben des früheren Deutsche-Bank-Chefs Dr. Herrhausen.

Die Tatsache, dass die Geschwister Strauß solche Unwahrheiten auftischten, fällt auf sie zurück; denn dies führt zu dem Schluss, dass sie ebenso wahrheitswidrig den Prüfbericht als Fälschung hinstellen. Auch ihre gesonderten Strafanzeigen, die sich gegen Frau Fuchs und Bernd Linz richteten, blieben erfolglos. Es gebe, so die Staatsanwaltschaft, keinen Nachweis für Urkundenfälschung durch Frau Fuchs und keinen Beleg dafür, dass ihre Angaben nicht zuträfen (Bericht der Staatsanwaltschaft München I vom 26. April 2018 an den Generalstaatsanwalt).

Überdies wurde die Aussage der Zeugin Fuchs – über das Vernehmungsprotokoll hinaus – untermauert durch detaillierte Angaben, die sie in umfangreichen E-Mails vom 21. Juni und 24. Juli 2017 an die Kriminalpolizei gemacht hatte und die damit der Staatsanwaltschaft vorlagen. Daraus ergab sich, dass Frau Fuchs und ihr Kollege Franzen 1994 im Auftrag des Vorstandes eine ganze Kette von VIP-Kunden bei der DG Bank Schweiz zu überprüfen hatten und darüber ihren Vorgesetzten berichtet haben (insgesamt sollten 900 überprüft werden). Schon deshalb war es nicht möglich, speziell den Prüfbericht über das Konto von Strauß herauszugreifen und als Fälschung hinzustellen. In der ausführlichen E-Mail vom 21. Juni 2017 benannte sie zahlreiche Personen und Gesellschaften, deren Konten sie und Franzen auftragsgemäß überprüft hatten – unter Angabe von nachprüfbaren Details. Sie verwies zudem in dieser E-Mail auf »meine handschriftlichen Aufzeichnungen, die mir noch vorliegen«. Dies erklärt auch die Präzision ihrer Angaben.

Das Schicksal der Schmerzensgeldklagen des Max Strauß

Wie bereits ausgeführt klagte Max Strauß Ende Dezember 2017 beim Landgericht Köln gegen mich und die Verlagsgruppe Random House auf Schmerzensgeld wegen Schädigung seines Rufs und seiner Ehre (siehe 10. Kap.).

Die beiden Klagen auf Schmerzensgeld wies die Kammer als unbegründet ab. Das dürfte für Max Strauß und seine Geschwister sehr schmerzlich gewesen sein.

Allein dem zusätzlichen Klageantrag gegen Random House auf Unterlassung gab die Kammer statt. Sie räumte ein: Zwar könnte »mit dem Prüfbericht der DG Bank vom 04.04.1994 ein Mindestbestand aus Beweistatsachen vorliegen«. Aber da Max Strauß vor der Veröffentlichung von *Macht und Missbrauch* nicht die Gelegenheit erhalten habe, sich zu dem Vorwurf des Buches zu äußern, sei die Darstellung weiterhin unausgewogen. Indessen ließ die Kammer (versehentlich? wirklich versehentlich?) außer Acht, dass das Buch an der fraglichen Stelle Monika Hohlmeier zitierte mit einer Äußerung in einem Fernsehinterview, der Nachlass sei lediglich »ein niedriger zweistelliger Millionenbetrag« (was ihrer späteren Angabe vor Gericht widersprach, der Nachlass habe etwas weniger als 6 Millionen DM betragen!). Und das schwerwiegende Schreiben des Deutsche-Bank-Chefs Dr. Alfred Herrhausen (siehe oben) ließ die Kammer einfach unter den Tisch fallen, sie erwähnte es mit keinem Wort – von weiteren »unerklärlichen« Fehlern der Begründung ganz zu schweigen (zur möglichen sachfremden Motivation einer solchen Kammer in Köln siehe Justiziar Uwe Jürgens in NJW 26/2020, S. 1846 ff.). Die Random House Group legte keine Berufung ein, in der Hauptsache, der Schmerzensgeldforderung, hatte sie den Prozess ja gewonnen.

Herauszustellen aber ist: Nach Vorlage des DG Prüfberichts vom 4. April 1994 bei Gericht sah sich Max Strauß zu einem gewaltigen Rückzieher gezwungen: Mit seiner vorangegangenen Klage (in Bezug auf *Macht und Missbrauch*) hatte er heftig bestritten, dass der Nachlass seines Vaters Einnahmen aus Waffengeschäften enthalte; ferner behauptete er, seine Eltern hätten alle Einnahmen versteuert, auch solche auf Schweizer Konten.

Nunmehr räumte er plötzlich ein, er wisse nicht, ob sein Vater Einnahmen aus Waffengeschäften gehabt habe. Und er wisse auch nicht, ob sein Vater Einnahmen nicht versteuert habe (Schriftsatz vom 9. April 2018).

Dieses Eingeständnis wiegt schwer. Die Strategie der Geschwister Strauß, alle unliebsamen Wahrheiten als Verleumdung hinzustellen und mit Strafanzeigen niederzukämpfen, lief damit ins Leere.

20. KAPITEL

Die Hörigkeit der Staatsanwälte

Wann hat eine Staatsanwaltschaft Anklage zu erheben? Das ist nach der Strafprozessordnung dann der Fall, wenn der Angeschuldigte »hinreichend verdächtig« erscheint. Dann hat die Staatsanwaltschaft eine Anklageschrift zu fertigen und dem Gericht zuzuleiten. Bejaht das Gericht den hinreichenden Tatverdacht, so beschließt es die Eröffnung des Hauptverfahrens (Paragraf 203 der Strafprozessordnung).

Der Staatsanwaltschaft ist es somit untersagt, keine Anklageschrift einzureichen, weil angeblich kein »dringender Tatverdacht« bestehe, denn ein solcher ist nicht erforderlich; ebenso wenig darf sie nach dem Grundsatz »im Zweifel für den Angeklagten« (*in dubio pro reo*) von der Anklage absehen (Kleinknecht/Meyer, *StPO*, Paragraf 203 Rn 2). Mit anderen Worten: Die Staatsanwaltschaft darf sich nicht anmaßen zu entscheiden, was Sache des Gerichts ist. Tut sie es dennoch, machen sich die Verantwortlichen wegen Strafvereitlung oder Verfolgung Unschuldiger im Amt strafbar. Dies kann auch der Justizminister sein, die Sache Strauß war wegen ihrer Wichtigkeit berichtspflichtig und musste ihm daher vorgelegt werden.

Besteht gegen die Geschwister Strauß ein hinreichender Tatverdacht? Das ist eindeutig der Fall, mehr noch, es liegt ein dringender Tatverdacht vor: der Steuerhinterziehung, des versuchten Prozessbetrugs, der falschen Anschuldigung und Verleumdung gegen mich sowie gegen die Zeugen Andrea Fuchs und Bernd Linz. Dennoch hat die Staatsanwaltschaft München I sich geweigert, eine Anklageschrift einzureichen – sicher in Abstimmung mit dem Generalstaatsanwalt und dem Justizminister.

Begründung: Es beständen (vorgeblich) »Restzweifel«, daher sei nach dem Grundsatz »im Zweifel für den Angeklagten« zu verfahren (so unter anderem die Einstellungsverfügung vom 28. Juli 2017, Az: 115 Js 232037/16). Dies war klipp und klar rechtswidrig. Selbst dem Gericht wäre es gemäß Paragraf 203 Strafprozessordnung verwehrt, wegen Restzweifeln kein Strafverfahren durchzuführen. Mit ihrer rechtswidrigen Begründung als Sperrriegel verhinderten hier die Staatsanwaltschaft und ihre Vorgesetzten, dass der Fall in den Gerichtssaal gelangte. Dass dies als Strafvereitlung mit bedingtem Vorsatz strafbar ist, bekümmerte sie nicht. Denn wo kein Staatsanwalt als Ankläger, da kein Richter! In jedem anderen Fall würde die Staatsanwaltschaft auch nur bei einem Bruchteil der hier vorliegenden Beweise Anklage erheben!

Überdies trifft die zusätzliche Ausflucht-Begründung der Staatsanwaltschaft München I, es gäbe keine weitere Ermittlungsmöglichkeit, um die (vorgeblichen) Restzweifel auszuräumen, keinesfalls zu (dazu unten).

Der dringende Tatverdacht resultiert, zur Vermeidung zu vieler Wiederholungen kurzgefasst, insbesondere aus

- dem Schreiben des Deutsche-Bank-Chefs Dr. Herrhausen vom 10. November 1989 (siehe 11. Kap.),
- dem DG-Bank-Prüfbericht vom 4. April 1994 (siehe 7. Kap.),
- der bestätigenden Aussage der Zeugin Fuchs als Mitverfasserin des Prüfberichts (siehe 10. Kap.),
- den bestätigenden Aussagen der Zeugen Linz und Schumann (siehe 4. und 5. Kap.),
- den auf vielfachen Informationen beruhenden Angaben des Autors (siehe 1. Kap.),
- den belastenden Feststellungen des Amtsgerichts München vom 15. Oktober 2015 (siehe 2. Kap.),
- den belastenden Feststellungen des Landgerichts München I vom 25. Januar 2016 (siehe 2. Kap.).

Vor allem ist der Staatsanwaltschaft vorzuwerfen, dass sie sich über unleugbare Übereinstimmungen zwischen den Beweismaterialien hinweggesetzt hat, diese ausgeblendet und nicht einmal erwähnt hat:

1. Im vorgelegten Schreiben des Dr. Herrhausen geht es um von ihm nicht bestrittenes (!) unversteuertes Auslandsvermögen von Strauß und Kirch bei der DG Bank sowie um die Verstrickung der Deutschen Bank.
   Der vier Jahre spätere DG-Bank-Prüfbericht stellte ebenfalls diese Guthaben von Strauß und Kirch bei der DG Bank Schweiz fest sowie auffällig viele Überweisungen von der Deutschen Bank, »keine unter 1 Mio.«.
   Diese anders nicht erklärbare Übereinstimmung allein schon widerlegt die Fälschungsbehauptung der Geschwister Strauß.

2. Der Autor hat in *Macht und Missbrauch* berichtet, Informationen zufolge habe Strauß ein Erbe von 300 Millionen DM hinterlassen. Dies habe auch der frühere Bundesminister Alois Niederalt mitgeteilt und kommentiert.
   Die Zeugin Schumann hat ausgesagt, über einen Mittelsmann sei das Anliegen der Geschwister Strauß an sie herangetragen worden, einen Bargeldbetrag von 300 Millionen DM, mutmaßliches Erbe nach F. J. Strauß, bei der Citibank Luxemburg zu deponieren.
   Der Zeuge Bernd Linz hat, wie bereits erwähnt, ausgesagt, dass ihm, als er unter der für einen Rückruf hinterlassenen Telefonnummer angerufen habe, sich eine Sekretärin mit »Büro Max Strauß« gemeldet und ihn dann weiterverbunden habe. Max Strauß habe ihm eröffnet, er wolle einen Bargeldbetrag von 300 Millionen DM zur Citibank transferieren. Es sei das Erbe seines Vaters F. J. Strauß. Dieses Telefonat habe 1992 stattgefunden.
   Der DG-Bank-Prüfbericht stellte 1994 fest, dass Ende März 1990 (eineinhalb Jahre nach dem Tod von Strauß) bei der DG Bank

Schweiz ein von Strauß hinterlassenes Guthaben in Höhe von 360 Millionen DM als Bargeldbetrag abgehoben wurde. Max Strauß habe Bankvollmacht gehabt und nachweislich diverse Verfügungen über das Konto getroffen.
Diese Übereinstimmungen, die sich auch auf das Herrhausen-Schreiben erstrecken, führen zu der Schlussfolgerung, dass all diese Angaben zutreffen. Wie sonst ließen sie sich erklären?

3. Eine weitere Übereinstimmung besteht darin, dass Bernd Linz von der Citibank Luxemburg für den Rückruf beim Büro Max Strauß eine Telefonnummer erhielt, bei der sich dann tatsächlich, wie ausgeführt, eine Sekretärin mit »Büro Max Strauß« meldete. So die Aussage von Bernd Linz, die vom Landgericht Köln nicht angezweifelt wurde.
Wie ließe sich sonst erklären, dass die Sekretärin, die nicht wissen konnte, wer anrief, sich spontan mit »Büro Max Strauß« meldete?

4. Besonders wichtig ist noch folgende Übereinstimmung: Bernd Linz sagte vor Gericht aus, auf seine Frage, wo der Bargeldbetrag von 300 Millionen DM liege, habe Max Strauß erwidert: Bei der Bayerischen Landesbank. Tatsächlich war diese an der Barabhebung Ende März 1990 beteiligt. Wie der Prüfbericht vom 04.04.1994 vermerkt, hatte die Bayerische Landesbank zunächst die 1,5-prozentige Gebühr für die Barabhebung in Höhe von 5.392.470 DM verauslagt.
Daher ist auch anzunehmen, dass die 360 Millionen DM zunächst dort deponiert wurden. Da der DG-Bank-Prüfbericht die gleiche Einschaltung der Bayerischen Landesbank bei der Barabhebung durch Leo Kirch erwähnt, ist anzunehmen, dass auch seine 695 Millionen DM dort Zuflucht fanden.
Für die Staatsanwaltschaft München I, den Generalstaatsanwalt und ihre verantwortlichen Vorgesetzten, Justizminister Bausback

und seinen Nachfolger Eisenreich, gibt es keine Rechtfertigung dafür, dass all diese in frappierender Weise übereinstimmenden Fakten stillschweigend negiert wurden, statt Anklage gegen die Geschwister Strauß wegen des Verdachts der Steuerhinterziehung zu erheben und zugleich den noch vorhandenen Betrag einzuziehen. Denn die besagten 360 Millionen DM waren eine so riesige Summe, dass sie nicht aufgebraucht worden sein kann und daher mutmaßlich auch heute noch zu versteuernde Erträge abwirft. Hinzu kommen die Gelder, die, wie der DG-Prüfbericht feststellte, auf anderen Strauß-Konten in der Schweiz und in anderen genannten Ländern lagen.

5. Bislang verweigerte sich die Staatsanwaltschaft – vorschützend, es gebe keine weiteren Ermittlungsansätze mehr (obwohl es solcher gar nicht mehr bedurfte!). In Wahrheit gibt es sie zuhauf. Das Amtsgericht München hatte, wie schon ausgeführt, der Staatsanwaltschaft eine ganze Reihe gebotener Ermittlungsmöglichkeiten vorgehalten. Mein Anwalt Hildebrecht Braun hat weitere Zeugen benannt (Klaus-Peter Blöchinger, Lothar Lehmeier, Helga Hinke u.a.). Vor allem aber hat die Staatsanwaltschaft, was schon das Amtsgericht gerügt hatte, die Geschwister Strauß nicht vernommen! Und sie hat nicht einmal nachgefragt bei der Bayerischen Landesbank nach dem Verbleib der 360 Millionen DM. Das wäre doch eine sehr ergiebige und leicht erreichbare Quelle! Abzufragen wären dort: Buchhaltung, Vorstandsmitglieder, Verwaltungsratsmitglieder, Mitarbeiter. Die laut DG-Prüfbericht von der Bayerischen Landesbank für die Barabhebungen von den Konten F. J. Strauß und Leo Kirch zunächst verauslagten Gebühren in Höhe von 5,4 Millionen DM bzw. 10,2 Millionen DM waren so hoch, dass die Spitze der Landesbank diese Ausgaben genehmigt haben musste. Darüber muss es auch heute noch Unterlagen geben.
Ebenso verzichtete die Staatsanwaltschaft darauf, von der DG Bank

(jetzt DZ-Bank) das Original des Prüfberichts vom 4. April 1994 anzufordern. Sie führte dort auch keine Durchsuchung durch. Zudem gab der zuständige Staatsanwalt Florian B. in einer Einstellungsverfügung vor, der jetzige Chef-Syndikus Dr. Sch. der Bank habe ausgesagt, er habe vergeblich nach Unterlagen gesucht, er wisse nicht, wo man noch suchen könne. Das war die Unwahrheit. Denn Dr. Sch. hatte laut Vernehmungsprotokoll eingeräumt, dass man im Archiv der Bank noch nicht gesucht habe. Sodann hat sich die Staatsanwaltschaft trotz siebenmaliger schriftlicher Aufforderung durch meinen Anwalt geweigert, die Zeugin Fuchs unmittelbar zu vernehmen, um weiterführende Angaben und Beweise zu erhalten – sie will demnach keine weiteren Beweise!
Und was ist mit dem aufgetauchten Dr.-Herrhausen-Schreiben? Dieser lästige Beweis wird von der Staatsanwaltschaft einfach in ihrer Einstellungsverfügung totgeschwiegen. Gerade wegen dieses Schreibens und der im DG-Prüfbericht vom 4. April 1994 geschilderten Rolle der Deutschen Bank (»keine Überweisung unter 1 Million«) könnte und müsste sie dort nachforschen.
Es liegt offen zutage: Der jetzige Justizminister Eisenreich und die ihm unterstehenden Staatsanwälte wollen sich ihre vorgeblichen »Restzweifel« nicht rauben lassen, um nicht gegen die Geschwister Strauß vorgehen zu müssen. Strafgesetzbuch und Strafprozessordnung haben zurückzustehen.

6. Der Höhepunkt aber war eine schier unglaubliche Eulenspiegelei. Wegen des pflichtwidrigen Verhaltens des Staatsanwalts Florian B. erstatteten sowohl ich als auch mein Anwalt Strafanzeige. Deren Bearbeitung wurde von der Justizverwaltung dem Leitenden Oberstaatsanwalt Michael Schrotberger, Staatsanwaltschaft Ansbach, übertragen. Wie nicht anders zu erwarten, wies er die Strafanzeige zurück (mit Verfügung vom 16. September 2019, Az: 1022 Js 12193/18).

Zunächst räumte er in seiner Begründung ein: Die von dem Zeugen Bernd Linz[90] bekundeten Gespräche mit Max Strauß »über etwaige Gelder bei der Bayerischen Landesbank könnten zwar in einem direkten Zusammenhang mit einem etwaigen Guthaben bei der DZ-Bank stehen« (gemeint: DG Bank). Dann aber hielt er dagegen: »Aufgabe eines Staatsanwalts ist es jedoch nicht, bloße Möglichkeiten zu diskutieren, sondern tatsachenbasierte Fakten zusammenzutragen.« Richtig! Warum hat der Staatsanwalt Florian B. dann weder bei der Landesbank nachgeforscht noch bei der DZ-Bank eine Durchsuchung vorgenommen?

Schrotberger weiter: »Auch wenn sein [Linz'] Gesprächspartner Max Strauß gewesen sein sollte, existiert weder ein Beleg für den behaupteten Kontostand bei der Bayerischen Landesbank noch einer dafür, dass den Erben von Franz Josef Strauß das Geld auch im Rahmen der Erbfolge zugeflossen ist.«

Über dieses enorme Maß an juristischer Fabulierkunst kann man nur staunen. Demnach sollte es sogar noch kein Beweis sein, wenn Max Strauß dem Zeugen Bernd Linz tatsächlich eröffnet hatte, 300 Millionen DM Bargeld lägen bei der Bayerischen Landesbank, es handle sich um das Erbe nach seinem Vater, er wolle das Geld zur Citibank nach Luxemburg transferieren! Wenn schon Schrotberger behauptete, es bedürfe eines zusätzlichen Belegs, dann war es doch, wie er genau wusste, gerade die Pflicht des Staatsanwalts Florian B., hierfür unter anderem bei der Landesbank nachzuforschen – das konnte dieser zudem noch nachholen. Schrotberger argumentierte bösgläubig – mit keinem Wort erwähnte er zudem als Belege die mehrfachen Übereinstimmungen mit den Angaben der Zeugin Schumann, der Zeugin Fuchs, des DG-Prüfberichts vom 4. April 1994 und mit dem Schreiben des Dr. Herrhausen vom 10. November 1989.

Doch Schrotberger steigerte sich noch: Wenn er gar postulierte, es fehle auch ein Beleg dafür, dass den Geschwistern Strauß die besagten 300 Millionen DM als Erbschaft nach ihrem Vater zugeflossen wären, sie dieses Geld also nicht etwa durch ihrer Hände Arbeit verdient hätten, so hätte doch der Staatsanwalt Florian B. dies leicht feststellen können: durch eine Vernehmung der Geschwister Strauß oder durch Einsichtnahme in deren Steuererklärungen. Auch das könnte der Staatsanwalt mühelos nachholen und er müsste es, wenn er sich nicht nochmals strafbar machen will. Abgesehen davon: Der DG-Prüfbericht vom 4. April 1994 ist Beweis genug.

Mit gleicher »Souveränität« schob der Oberstaatsanwalt auch den schwerwiegenden Umstand beiseite, dass Max Strauß im Jahr 2006 eine Geldstrafe von 300.000 Euro wegen Betrugs in bar (!) bei der Justizkasse einbezahlt hatte. Wer hat schon so einen gewaltigen Bargeldbetrag zur Hand? Es war naheliegend, dass er aus der Bargeldsumme von 300 Millionen DM stammte. Schrotberger konzedierte: »Dieser Umstand würde, wenn er zutreffend wäre, ein Indiz für ein früher vorhandenes Barvermögen darstellen.« Dann aber konterte er: »Ein Rückschluss auf ein im Wege der Erbfolge erworbenes Vermögen ist indes nicht möglich.« Wiederum gilt: Dies lässt sich mühelos durch eine Vernehmung des Max Strauß klären.

Die Staatsanwälte hätten Max Strauß schon 2006, zum Zeitpunkt der Einzahlung, wegen des Verdachts der Geldwäsche und der Steuerhinterziehung vornehmen müssen, wozu sie aufgrund des Geldwäschegesetzes verpflichtet waren. Das unterließen sie; sie zogen es vor, sich strafbar zu machen, statt bei der politischen Spitze unliebsam aufzufallen.

Die Bareinzahlung war eine feststehende, der Justiz bekannte Tatsache. Die ausgeprägte Wahrheitsliebe Schrotbergers tritt zutage, wenn er diesen Umstand trotzdem konditioniert: »[...] wenn er zutreffend wäre.«

Aufgrund einer neuen gesetzlichen Regelung kann die Justiz vorläufig Vermögenswerte beschlagnahmen, bei denen der Anschein besteht, dass sie aus Straftaten finanziert sind. Den Eigentümern obliegt es dann, nachzuweisen, dass das Geld aus legalen Quellen stammt. So hat zum Beispiel die Berliner Justiz im Juli 2018 in Berlin 77 Immobilien eines mafiösen libanesischen Familienclans vorläufig beschlagnahmt. Den gleichen Nachweis kann man von den Geschwistern Strauß hinsichtlich der Herkunft der 300 Millionen DM sowie der Gelder verlangen, die laut DG-Prüfbericht vom 4. April1994 auf zahlreichen weiteren Konten liegen. Anders als Schrotberger glauben machen möchte, müsste die Justiz ihnen auch aufgrund der neuen Gesetzeslage nicht nachweisen, dass sie das Geld als Erbschaft nach F. J. Strauß erlangt haben – also aus einem illegalen Vermögen ihres Vaters. Vielmehr tragen sie selbst die Beweislast für eine legale Herkunft.

7. Auf Aufforderung des Landtags erstattete die Justizministerin Dr. Beate Merk am 28. Februar 2013 im Rechtsausschuss einen Bericht zum »Umgang mit Steuerhinterziehung, Geldwäsche und sogenanntem Schwarzgeld«. Eingangs äußerte sie: »Ich freue mich Ihnen heute dazu berichten zu können.« Sodann:

»In Bayern gehen wir gegen Steuerhinterziehung und Geldwäsche entschieden vor. Alle damit beauftragten Ressorts nehmen dieses Thema außerordentlich ernst. Steuerhinterziehung ist in Bayern kein Kavaliersdelikt. Selbstverständlich wird in Bayern ohne Ansehen der Personen ermittelt. Auch vor großen Namen gibt es keine Zurückhaltung.« (Prot. 93, VF 28.02.2013)

Das war und ist die Unwahrheit. Allein schon der Fall F. J. Strauß, die vergeblichen Strafanzeigen des Gustl Mollath über Hunderte von Millionen DM Schwarzgeldverschiebungen in die Schweiz und die missbräuchliche Einstellung des Strafverfahrens gegen Leo Kirch, der 400 Millionen DM hinterzogen hatte (siehe II. Teil,

> 2. Kap.), beweisen es. Ebenso die vergeblichen Strafanzeigen des Richters a. D. Dieter Eckermann vom 11. April 2017, 15. Februar 2018 und 26. November 2018 gegen Justizminister Winfried Bausback und andere Amtsträger wegen verweigerter Ermittlungen zum Umfang der von der Ministerin Christine Haderthauer in der sogenannten Modellbau-Affäre vereinnahmten Beträge in Verbindung mit Steuerhinterziehung.

Und es geht so weiter.

21. KAPITEL

Politischer Denkmalschutz

Im Juni 2020 wurde in der englischen Stadt Bristol das Denkmal eines im 17. Jahrhundert als Sklavenhändler reich gewordenen Kaufmanns ins Meer gestützt. So etwas darf mit dem CSU-Denkmal Strauß nie und nimmer geschehen! Zu befürchten wären katastrophale Folgen für die Glaubwürdigkeit seiner Nachfolger Söder & Co. und die Erfolgschancen der Partei.

Als »von oben« erwünschter Denkmalschutz ist daher zu sehen, dass der besagte Staatsanwalt Florian B. – stellvertretender Leiter der Politischen Abteilung der Staatsanwaltschaft München I – mir und meinem Anwalt Hildebrecht Braun mit Bescheid vom 1. Juni 2017 überraschend eröffnete:

> *»[...] dass aufgrund einer Strafanzeige vom 18.11.2016 u. a. gegen Sie ein Ermittlungsverfahren durch die Staatsanwaltschaft Köln eingeleitet und [...] durch die Staatsanwaltschaft München übernommen worden ist.«*

Was er verschwieg: Es handelte sich um die Strafanzeige der Geschwister Strauß wegen angeblicher Urkundenfälschung. Zugleich täuschte er vor, die Staatsanwaltschaft Köln habe den nach Paragraf 252 StPO für die Einleitung eines Strafverfahrens erforderlichen Anfangsverdacht (»zureichende Anhaltspunkte«) geprüft und bejaht.

In Wahrheit aber hatte die Staatsanwaltschaft Köln die Strafanzeige ohne jede Prüfung sofort nach München weitergeleitet. Staatsanwalt

Florian B. sah sich offenbar außerstande, Anhaltspunkte für einen Anfangsverdacht der Urkundenfälschung zu finden. Dass die Verfolgung Unschuldiger strafbar ist, darüber setzte er sich nonchalant hinweg. Auch bekümmerte es ihn nicht, dass er mit der Einleitung des Ermittlungsverfahrens rechtswidrig in die Berufsausübung meines Anwalts Hildebrecht Braun eingriff. Und obwohl die Zeugin Fuchs sogleich die Echtheit des DG-Prüfberichts bestätigt hatte, führte Florian B. das Strafverfahren munter noch ein halbes Jahr fort, statt es pflichtgemäß sofort einzustellen. Er erfüllte damit auch insoweit den Straftatbestand der Verfolgung Unschuldiger. Den Antrag des Anwalts auf Akteneinsicht lehnte er ab, weil dieser Beschuldigter sei. Als der Anwalt dann daraufhin sich selbst einen Anwalt nahm, wurde sogar dessen Antrag auf Akteneinsicht abgelehnt – ohne jede Rechtfertigung.

Eine bei Justizminister Georg Eisenreich mit der Bitte um persönliche Stellungnahme eingereichte Beschwerde meines Anwalts gegen dieses strafbare Verhalten des Florian B. blieb ohne Antwort. Von Beruf ist Eisenreich Rechtsanwalt. Was ist von einem solchen »Minister« zu halten? In jedem Fall ergibt sich die Schlussfolgerung, dass er diese Straftaten gebilligt oder hingenommen und sich dadurch selbst strafbar gemacht hat.

Eine von mir zuvor gegen Justizminister Winfried Bausback gestellte Strafanzeige vom 28. September 2018 wegen des von ihm zu verantwortenden strafbaren Verhaltens des Staatsanwalts Florian B. war erwartungsgemäß zurückgewiesen worden mit der wahrheitswidrigen Begründung, der Staatsanwalt habe sich nicht strafbar gemacht, somit auch nicht der Minister. Gegenüber den *Nürnberger Nachrichten* erklärte das Justizministerium, der Minister sei zwar über die Verfahren unterrichtet worden, habe aber »auf die Entscheidungen keinen Einfluss genommen« (*NN* vom 24. November 2018). Das entlastete ihn überhaupt nicht. Denn nach Paragraf 357 des Strafgesetzbuches macht sich ein Vorgesetzter, der eine rechtswidrige Tat – hier die eines Staatsanwalts – geschehen lässt, in gleicher Weise strafbar.

Die rechtswidrigen Verfahrensweisen der Justizminister in Bayern haben System: Gustl Mollath, der vergeblich Schwarzgeldverschiebungen in die Schweiz in vielfacher Millionenhöhe bei der Staatsanwaltschaft angezeigt und sich deswegen mehrmals vergeblich an Ministerpräsident Stoiber gewandt hatte, wurde zum Schweigen gebracht, indem man ihn in die forensische Psychiatrie wegsperrte – rechtswidrig, wie das Landgericht München I 2019 mit Beschluss vom 12. Dezember 2019 feststellte. Gemäß Art. 5 der Europäischen Menschenrechtskonvention sprach ihm das Gericht Schadensersatz in Höhe von 670.000 Euro zu (zu zahlen nicht von den Verantwortlichen, sondern aus Steuermitteln!). Die Regierung Söder hatte Klageabweisung beantragt, dem in dieser Höhe geschlossenen Vergleich hatte sie sich zunächst entschieden widersetzt.

Die Justizministerin Beate Merk hatte das strafbare Verhalten der Staatsanwaltschaft mehrfach gegenüber dem Landtag gerechtfertigt – vor und nach seiner Inhaftierung. Und sich vehement gegen die Freilassung Mollaths gestemmt – mit wahrheitswidrigen Behauptungen. Aufgrund der allgemeinen Empörung über sie war sie als Justizministerin nicht mehr tragbar. Dafür bedachte sie Horst Seehofer nach der Landtagswahl 2013 mit dem Pöstchen einer Staatsministerin für Europa-Angelegenheiten; offenbar konnte er sie nicht fallen lassen, weil sie zu viel wusste. Die Bevölkerung regte sich darüber gewaltig auf, aber die Wahl war eben vorbei.

Ein weiterer Fall, in dem die Staatsanwaltschaft pflichtwidrig und hartnäckig Ermittlungen verweigerte, betrifft einen früheren Landesschatzmeister S. der CSU. Eberhart Herrmann, Jurist und Händler wertvoller Kunstteppiche, hatte gegen ihn Strafanzeige wegen des Verdachts der Steuerhinterziehung erstattet. Zum einen, weil er Teppiche im Gesamtwert von 700.000 Euro mit Geld von Schweizer Konten bezahlte, das sich Herrmann eigens in der Schweiz abholen musste; dazu machte Eberhart Herrmann sehr detaillierte und überprüfbare Angaben. Zum anderen, weil er, so Herrmann, der Information eines bekannten Münchner Bankers zufolge in Liechtenstein über ein Vermögen von 100 Millionen DM verfügte. Die Strafanzeige wurde von der Staatsanwaltschaft ohne sachliche Begründung abgeschmettert. Und obwohl die Steuerfahndung Düsseldorf mit Schreiben vom 9. Juni 2010 der Steuerfahndung München Unterlagen übersandte, die letzteren Vorwurf betrafen, leitete der damalige Justizminister Bausback keine Ermittlungen ein, wie er auf eine parlamentarische Anfrage hin zugeben musste. Und Finanzminister Markus Söder setzte, soweit bekannt, rechtswidrigerweise auch nicht die Steuerfahndung in Marsch – er war wohl nicht opportun.

Diese aufreizenden Parallelfälle zeigen unwiderlegbar eine »politische« Ausrichtung der Verantwortlichen der Strafverfolgung auf. Es sind Beispiele, die sich beliebig vermehren ließen.

Vor der nächsten Landtagswahl aber werden Eisenreich und Bausback die Wähler wieder anflehen: »Schenken Sie mir bitte Ihr Vertrauen!« Nach der Wahl werden sie es den Wählern lohnen wie bisher.

Natürlich handelten und handeln die Justizminister nicht ohne eingeholte oder erwartete Rückendeckung ihrer in der Tradition von Strauß und Stoiber stehenden Chefs – früher von Seehofer, dann von Söder. Was die Steuerhinterziehung einer bestimmten Klientel betrifft, so hatten sich die beiden freimütig zu deren Schonung bekannt. Nordrhein-Westfalen kaufte in den vergangenen Jahren mehrere Steuer-CDs zu Konten in der Schweiz und in Liechtenstein an, was dem deutschen Fiskus mehrere Milliarden Euro an Steuereinnahmen brachte. Bayern beteiligte sich an den Kosten, verweigerte aber eigene Ankäufe. Im Oktober 2012 kündigte Finanzminister Söder jedoch auch diese finanzielle Beteiligung auf: »Das machen wir nicht mehr mit.« Und Seehofer sekundierte: »Wir haben genug Steuereinnahmen, wir müssen nix zusammenkaufen.«[91] Bayerns damaliger Schuldenstand: 32 Milliarden Euro! So war es nur folgerichtig, dass, wie schon zuvor die von Mollath angezeigten Schwarzgeldverschieber einschließlich der HypoVereinsbank, erst recht der verdiente CSU-Landesschatzmeister und die Geschwister Strauß als Schutzbefohlene behandelt wurden – Letztere vornehmlich aus Gründen der Denkmalpflege und damit um der Selbsterhaltung willen.

Das von Markus Söder den bayerischen Amtsstuben verordnete Kreuz gebietet eben Barmherzigkeit. Dies zeigt sich auch in seiner aufopferungsvollen Rolle als Corona-Fürsorger für das Volk. Das soll sich wohl dankbar zeigen, wenn es einmal so weit ist. Und ihm sein volles Vertrauen schenken. Man lasse sich nicht täuschen: Sein großes Vorbild ist erklärtermaßen Strauß, der korrupt war und das Recht mit Füßen trat. Die in seiner, Söders, Amtszeit fortgesetzten Manipulationen in der Justiz, für die er als Ministerpräsident verantwortlich ist, qualifizieren ihn ebenso wenig als Kanzlerkandidat wie weiland sein hehres Vorbild. Er selbst wird dies freilich nicht wahrhaben wollen.

22. KAPITEL

Das Wissen der CSU-Spitze und die Angst

Es stellt sich die Frage: Was wussten die Spitzenleute der CSU von den geheimen Umtrieben ihres Vorsitzenden? Sicher hatten sie keine Kenntnis vom Umfang des zusammengerafften Vermögens, aber sie wussten, dass Franz Josef Strauß, wo es nur ging, abkassierte und illegale Geschäfte machte. Dass sie nicht taub und blind waren, ist aus ihren sporadischen Äußerungen ersichtlich, die in prekären Situationen aus ihnen herausbrachen. Bereits zum Teil zitiert, aber nachfolgend zusammengefasst, zeigen sie ein klares Bild.

Umfassende Kenntnis allerdings – als Einziger – hatte wohl Dr. Franz Dannecker, Mitglied des Landesvorstands der CSU und Justitiar der Partei. Als engster Vertrauter von Strauß hatte er nachweislich Bankvollmacht für das DG-Bank-Konto in der Schweiz, deshalb vermutlich auch für andere Strauß-Konten. Dafür sprechen auch die von Bundesinnenminister a.D. Dr. Fritz Zimmermann (»Old Schwurhand«) am Grabe Danneckers zu Dr. Erich Riedl hingemurmelten Worte: »Hier wird viel Geld versenkt. Der kannte als Einziger die Konten von Strauß in der Schweiz.« Immerhin wusste Dr. Zimmermann aber von der Existenz solcher Konten. Staatssekretär a. D. Dr. Erich Riedl äußerte mir gegenüber: »Strauß hat in der Wirtschaft unendlich viele Möglichkeiten zu privaten Einnahmen gehabt.« «Solche Töpfe hatte Strauß zuhauf«, erzählte mir auch der Bundesminister a. D. Alois Niederalt.

Das wiederum steht in Einklang mit dem auf Strauß gemünzten zornigen Vorwurf von Dr. Ludwig Huber, früher stellvertretenden Ministerpräsident, in einem Brief an die *SZ* vom 17. Dezember 1987:[92] »Andere waren oder sind noch beteiligt an Gesellschaften z.B. in Luxemburg, in der Schweiz, in Liechtenstein. Ich habe auch keine Provisionen genommen.«. Und der gestürzte Ministerpräsident Max Streibl erregte sich 1996 in einem Interview mit dem *Spiegel* über Strauß: »Mein Gott, das ist ja unglaublich, wenn ich bedenke, wie die es getrieben haben und weswegen ich zurückgetreten bin. Das waren daran gemessen, wirklich nur Lappalien.«[93] Nochmals zitiert sei auch der frühere CSU-Minister, der mir erzählte: »Die Waffenhändler gehen bei Strauß ein und aus.« Und aufgrund der Presseberichte Mitte 1988 über die (nicht bestrittene!) unglaubliche Verbindung des Monzer al-Kassar, des gefährlichsten Waffenhändlers der Welt, zu Strauß konnten alle, aber wirklich alle CSU-Oberen sehen, welche Spiele Strauß spielte.

Doch das Wissen beschränkte sich nicht auf die oberen Chargen. So kritisierte der frühere CSU-Landtagsabgeordnete Nikolaus Asenbeck, ein aufrechter Landwirt, in einem vom Bayerischen Rundfunk gesendeten Interview zum 25. Todestag von Strauß am 3. Oktober 2013, dass Strauß »einen Hang zu Geld und Sachwerten« gehabt habe. Als 1994 das Korruptionsverhältnis zwischen dem Bäderkönig Eduard Zwick und Strauß offenbar wurde, trat Parteichef Theo Waigel die Flucht nach vorne an: »Jeder wusste, dass Strauß kein Heiliger war!« (*SZ* vom 5. April 1994). Freilich wusste es jeder – mit Ausnahme des Volkes.

Der prominente Großunternehmer Erich Lejeune, engagiertes CSU-Mitglied, las damals der CSU-Führung in der *Münchner Abendzeitung* vom 31. März 1994 in einer eigenen Kolumne die »Leviten« (so die Überschrift). Er hielt ihr vor: »Der überaus ausgeprägte Erwerbssinn« von Strauß war »in den inneren Zirkeln der CSU immer sehr wohl bekannt. Doch kaum jemand wagte zu Lebzeiten von Strauß daran offene Kritik zu üben. Leider.« Zugleich appellierte er an Ministerpräsident Edmund

Stoiber: »Treten Sie weiter für eine CHRISTLICH SAUBERE UNION ein. Die Wähler werden es Ihnen und der CSU danken.«

Dieser Appell erreichte nicht das Ohr Edmund Stoibers – man denke allein an den von ihm zu verantwortenden Fall Gustl Mollath,[94] dann an die Steueraffäre und an die Landesbankkredit-Affäre von Leo Kirch, die Hypo-AlpeAdria-Affäre, die LWS-Affäre usw. Die Wähler hatten Stoiber keineswegs zu danken.

Apropos Edmund Stoiber: Verblüffend ist, dass der Lobbyist und Waffenhändler Dieter Holzer Stoiber ebenso »freundschaftlich« verbunden war wie Strauß, bei dem er ein und aus ging, und später – man staunt – Bundeskanzler Helmut Kohl (siehe III. Teil). Stoiber durfte samt Familie sechsmal in Holzers Luxusvilla an der Côte d'Azur Urlaub machen.

Als die Sache ruchbar wurde und ihn die Opposition fragte, was er dafür bezahlt habe, konnte er sich angeblich nicht erinnern.[95] Noch befremdlicher wurde es, als er 2002 vor einem Untersuchungsausschuss des Bayerischen Landtags sich ebenfalls nicht erinnerte, wie er ein Appartement in München finanziert hatte, das er »auf Anraten Holzers« im selben Haus gekauft hatte, wo dieser ein Appartement besaß. Der Minderheitenbericht stellte trocken fest: »Weder der Bundestagsuntersuchungsausschuss noch dieser Untersuchungsausschuss konnten klären, ob der Kauf mit finanzieller Unterstützung Holzers oder anderer Dritter erfolgte« (Landtagsdrucksache 14/10000, S. 78). Soweit bekannt, blieb Stoiber die Antwort auch weiterhin schuldig. Bei jedem normalen Bürger wäre ein strafrechtliches Ermittlungsverfahren eingeleitet worden – hier geschah dies natürlich nicht. Schließlich war Stoiber als Ministerpräsident der oberste Chef der Staatsanwaltschaft.

Wie nur war es möglich, dass Strauß sich bis zu seinem Ende im Amt halten konnte? Wie war es möglich, dass keiner aus der Führungsriege der CSU Front machte gegen Strauß, ihn kritisierte oder sein Wissen heimlich an die Presse weitergab? Es war die pure Angst, die jeden schweigen ließ. Zum einen die Angst vor der Rache von Strauß – der Verlust des Ministeramts oder/und des Abgeordnetenmandats wäre die unweigerliche Folge gewesen. Zum anderen war es die Furcht, dass die CSU massiv an Wählerstimmen einbüßen würde und der gleiche Verlust einträte, hätte die Öffentlichkeit erfahren, was es mit Strauß auf sich hatte. Selbst der Staatsminister und stellvertretende CSU-Vorsitzende Dr. Franz Heubl wagte es nicht, die Machenschaften von Strauß aufzudecken, als dieser ihn 1976 mit einem Dossier über seine angeblichen Sünden öffentlich fertigzumachen versuchte. Ministerpräsident Max Streibl hätte Strauß nach dessen Tod zweifellos liebend gerne bloßgestellt, zumal Strauß ihn immer wieder gedemütigt hatte, doch er hatte die Dolche der Strauß-Günstlinge Edmund Stoiber, Gerold Tandler, Peter Gauweiler und Otto Wiesheu zu fürchten.

Als sich dann Ministerpräsident Stoiber 1994 mit detaillierten Berichten des *Spiegel* über die geheimen Konten von Strauß in der Schweiz konfrontiert sah (14/1994 und 15/1994), ebenso mit gleichen Angaben des Bäderkönigs Eduard Zwick,[96] und der *Spiegel* Strauß einen korrupten Ministerpräsidenten nannte, trat er diesen Beschuldigungen in einer schneidenden Rede im Landtag entgegen. In der Plenarsitzung am 15. April 1994 schmähte er die *Spiegel*-Story als »Gebräu aus Halbwahrheiten, Unwahrheiten, Aussagen eines rachsüchtigen Steuerflüchtlings« (gemeint war Zwick) usw. Den Hauptvorwurf des *Spiegel*, Strauß könnte ein Steuerflüchtling sein, nannte er »hinterlistig«. Erklärtermaßen fürchtete er, dass er von dem »Schmutz, mit dem man Strauß bewerfe, als sein langjähriger Mitarbeiter etwas abbekomme« – zu Recht.[97]

Wie hielt es Horst Seehofer als Ministerpräsident mit der Wahrheit? Im April 2009 bekannte die CSU-Sozialministerin Christine Haderthauer in einem Radiointerview, Strauß sei kein Vorbild für Politiker: »Da gab es ja dann doch viele Dinge, die ich anderen nicht zur Nachahmung empfehlen würde.« Seehofer drohte daraufhin, sie aus dem Kabinett »rauszuschmeißen«! Sofort widerrief Haderthauer. »Strauß«, erklärte sie, »hat Einzigartiges geleistet für Bayern, die CSU und Deutschland«.[98]

Markus Söder, ausgerichtet an seinem Vorbild Strauß, wird ebenfalls Einzigartiges leisten.

II. TEIL

DER GEHEIME GELDSCHATZ DES MEDIENMOGULS LEO KIRCH

1. KAPITEL

Bestechung als Geschäftsprinzip

Am 12. Dezember 2017 sendete das ZDF eine Dokumentation über Leo Kirch (inhaltlich wiedergegeben in der *SZ* vom gleichen Tage). Helmut Thoma, früherer RTL-Chef, kam dabei zu Wort. Er prangerte an: Ein Drittel des Programms des ZDF sei seinerzeit von Leo Kirch und seinen verschiedenen Firmen gestellt worden! Das ZDF kaufte von ihm in enormem Umfang Filmpakete, Leo Kirch wurde reich. Wie es dazu kam, sagte Thoma in dieser Sendung nicht, aber er hatte es in einem in der *SZ* vom 17./18. April 2010 veröffentlichten Interview offengelegt: durch Bestechung! Leo Kirch habe einmal zu ihm gesagt: »Sie glauben gar nicht, wie preiswert die Leute sind.« Kirch unternahm, soweit bekannt, gegen diese ungeheuerliche Anschuldigung nichts, zumal keine rechtlichen Schritte.

Tatsächlich hatte es aufgrund einer 1988 von einer Anwaltskanzlei erstatteten Strafanzeige einmal ein staatsanwaltschaftliches Ermittlungsverfahren wegen Bestechung des Fernsehdirektors Helmut Oeller (Bayerischer Rundfunk) durch Leo Kirch gegeben. Ein guter Bekannter Oellers namens Hans Schmidmeier sagte bei der Münchner Staatsanwaltschaft aus, dass seine Frau am 3. September 1984 im Gobelinsaal des Nobelhotels Dolder in Zürich von Kirch eine Aktentasche entgegengenommen habe, in der sich 2,7 Millionen DM befunden hätten, bestimmt für den Fernsehdirektor Oeller als Entgelt für den Ankauf eines Filmpakets im Wert von mehr als 45 Millionen DM durch den Bayerischen Rundfunk. Die Übergabe der Aktentasche durch Kirch wurde von Frau Schmidmeier und von heimlich postierten Zeugen, die die Übergabe beobachtet hatten, bestätigt. Auch wurde festgestellt, dass Leo Kirch an diesem Tag tatsächlich in Zürich gewesen war. Schmidmeier sagte ferner aus, dass er 500.000 DM von der übergebenen Summe für sich einbehalten habe – als »Darlehen« Oellers für seine Mühe beim Transfer. Diesen Betrag habe er bei seiner Bank eingezahlt.

Die Staatsanwaltschaft München stellte das Verfahren gegen Leo Kirch dennoch ein – mit untauglichen Argumenten, was angesichts seiner engen Beziehung zu Bundeskanzler Helmut Kohl und zu Ministerpräsident F. J. Strauß nicht verwunderte. Für was hatte man solche Freunde! Am Schluss ihrer Einstellungsverfügung vermerkte die Staatsanwaltschaft freilich, dass die Frage offenbleibe, woher sonst die 500.000 DM stammten, die Schmidmeier nachweislich bei seiner Bank einbezahlt hatte; das war in der Tat ein Problem![99] In einem nachfolgenden Prozess zwischen Schmidmeier und Oeller unterliegt Letzterer. Das Oberlandesgericht München (Az: 25 U 2383/88) stellt fest: »Die Bekundungen des Zeugen Hans Schmidmeier sind »in allen wesentlichen Punkten als wahrheitsgemäß anzusehen«.[100]

Wenn Leo Kirch laut Helmut Thoma die Fernsehoberen in großem Umfang bestach, so durften diese Beträge natürlich nicht unmittelbar aus seinen Unternehmen kommen, es hätte sonst Probleme mit den Wirtschaftsprüfern und den Betriebsprüfern des Finanzamts gegeben. Daher erscheint die Annahme plausibel, dass diese Beträge von seinem geheimen FIDINAM-Konto bei der DG Bank in Zürich stammten.

Die zum Schein zwischengeschaltete Treuhandgesellschaft FIDINAM, an der die DG Bank Schweiz beteiligt war, wurde beherrscht von dem Schweizer Anwalt Tito Tettamanti. Die Sprecherin Kirchs gab seinerzeit zu, dass die Herren Kirch und Tettamanti sich kennen würden.[101] Damit ist die Verbindung Kirchs zur FIDINAM/DG Bank Schweiz über den DG-Prüfbericht vom 4. April 1994 hinaus bestätigt.

Als Leo Kirch laut DG-Prüfbericht sein dortiges Konto Anfang April 1990 durch Barabhebung des gesamten Betrages schlagartig auflöste – auffälligerweise zum gleichen Zeitpunkt, an dem das Strauß-Konto abgeräumt wurde –, befanden sich darauf (was nicht im Prüfbericht steht, aber anderweitig zu erfahren war): 695 Millionen DM.

Ob diese riesige Geldmenge aus unzulässigen Fernsehgeschäften Kirchs oder aus anderen obskuren Geschäften stammte, wäre zu hinterfragen – und zwar von Staatsanwaltschaft und Steuerfahndung. Denn wenn das Geld, was anzunehmen ist, aus strafbaren Handlungen stammte, ist es gemäß Paragraf 261 StGB (Geldwäsche) einzuziehen, soweit es noch vorhanden ist.

Dem DG-Prüfbericht zufolge zahlte Kirch über seine Taurus Film GmbH an Strauß 50 Millionen DM, über eine andere Firma einen weiteren Betrag. Wenn schon der Fernsehdirektor Helmut Oeller 2,7 Millionen DM erhielt, musste es bei Strauß natürlich ungleich mehr sein! Aber wofür eigentlich zahlte er an Strauß? Kirch war finanziell häufig in arger Bedrängnis. Bankkredite zu erhalten war für ihn sehr schwierig, der Wert seiner Filmpakete war oft eine fragliche Sicherheit. Daher erscheint es naheliegend, dass Strauß Schmiergeld dafür erhielt, dass er Kirch bei der DG Bank und bei der Bayerischen Landesbank Kredite verschaffte. Dr. Guthardt, Vorstandsvorsitzender der DG Bank, war sehr eng mit Strauß verbunden. In der Zeit um 1990 gewährte die DG Bank Kirch jedenfalls einen gewaltigen Kredit in Höhe von offiziell 1 Milliarde DM für den Kauf von Filmpaketen, insgeheim soll der Kredit noch höher gewesen sein. Bei einem Kredit in dieser Höhe wäre es schon angemessen gewesen, dass davon 50 Millionen DM für Strauß abfielen.

Denkbarer Leistungsgrund konnte auch oder zugleich die Zuteilung von Senderfrequenzen für Kirchs Privatfernsehen gewesen sein. Bereits 1972 hatte sich Strauß bei Kirch vertraglich verdingt, »auf dem Gebiet des Kabelfernsehens und dem Bereich der Audiovision Ihre Interessen, insbesondere im Rahmen der Europäischen Gemeinschaft zu vertreten« – gegen Honorar natürlich.[102]

2. KAPITEL

Politische Schutzherren und Profiteure

Die Liaison zwischen Kirch und Strauß war eng, enger konnte sie nicht sein. Zur DG Bank in der Schweiz soll Strauß über Leo Kirch gekommen sein. Jedenfalls kannte Kirch sein geheimes Konto bei der DG Bank Schweiz, sonst hätte er die erwähnten Überweisungen dorthin nicht vornehmen können. Der DG-Prüfbericht vom 4. April 1994 stellt zudem heraus: »Die FJS-Konten weisen große Bewegungsparallelen mit dem Konto des Medienmoguls Leo Kirch auf.«

Leo Kirch unterstützte Strauß, Stoiber und Kohl in ihren Wahlkämpfen mit seinen Medien. Da war es nur folgerichtig, dass ein von der Steuerfahndung München 1995 gegen Kirch eingeleitetes Strafverfahren wegen des Verdachts der Steuerhinterziehung in Höhe von 400 Millionen DM nach drei Jahren trotz erdrückender Beweislage eingestellt wurde – kurz vor der Bundestagswahl 1998. Wie ein Münchner Oberstaatsanwalt gegenüber dem empörten Leiter der Steuerfahndung München erklärte: Aufgrund einer Weisung von außerhalb der Staatsanwaltschaft durfte die einzige Vernehmung Kirchs – sie fand überhaupt erst nach drei Jahren statt – kein Kreuzverhör sein! Sie war also reine Formsache, um anschließend das Verfahren einstellen zu können – Rechtsbeugung und Strafvereitlung pur!

Doch die rechtswidrige Begünstigung Kirchs von »politischer« Seite reichte noch weiter. Die Steuerfahnder hatten ermittelt, dass Otto Beisheims Medien-Handels AG für 350 Millionen DM von einem Kirch-Konkurrenten 1001 Filmlizenzen erworben hatte. Danach kaufte Kirch diese Filmrechte zu einem weit höheren Preis. Die Differenz verblieb jedoch nicht bei Beisheim, sondern floss zurück an Leo Kirch – an dessen Rocks AG in Liechtenstein. Dieser Kauf war insoweit ein Scheingeschäft gewesen. Der Grünen-Landtagsabgeordnete Eike Hallitzky und der Steueranwalt Dr. Spörlein verlangten von der Stoiber-Regierung Auskunft, ob der Deal besteuert worden sei – vergeblich.

Nach der Insolvenz (!) des Kirch-Konzerns zahlte eine bis dahin unbekannte »Faller-Stiftung« in Vaduz am 13. Dezember 2000 ein Darlehen Kirchs bei der Credit Suisse in Höhe von 121 Millionen Dollar zurück. Dass Kirch selbst hinter der Faller-Stiftung stand, drängte sich unabweisbar auf. Der *Focus* schrieb, diese Stiftung sei Kirchs geheime Kasse. Ermittelte die Münchner Staatsanwaltschaft? Davon ist nichts bekannt.

Als Leo Kirch 2001 die Formel-1-Rechte kaufte, erhielt er von der Bayerischen Landesbank hierfür einen Kredit in Höhe von 2 Milliarden DM, obwohl er dort bereits mit 2 Milliarden DM verschuldet war und obwohl sich die anderen Banken wegen seiner Schuldenlast geweigert hatten, ihm weiteren Kredit zu geben. Seine Schuldenlast betrug nunmehr 7 Milliarden DM, er war massiv überschuldet. Aus der Landesbank verlautete damals, dass sie den Kredit »auf dringenden Wunsch der Staatskanzlei«, sprich Edmund Stoibers, gewährt habe. Die Bundesanstalt für Finanzdienstleistungsaufsicht stellte mit Schreiben vom 20. November 2002 schwere Mängel bei der Kreditvergabe fest, rügte mangelnde Sicherheiten. Finanzminister Kurt Faltlhauser hatte den Kredit persönlich genehmigt – als Vorsitzender des Verwaltungsrats der Landesbank. Und zwar im Eilverfahren, das bei 2 Milliarden DM! Die *Süddeutsche Zeitung* titelte: »Stoiber, Faltlhauser und Huber steuern die Landesbank mit Vollgas ins Risiko.«

Dennoch hatte Stoiber die Stirn, später zu behaupten: »Das waren keine politischen Geschäfte, das waren ökonomische Geschäfte« (ZDF am 12. Dezember 2017). Die *SZ* widersprach entschieden: »Das Gegenteil war natürlich der Fall, denn es war die Bayerische Landesbank, die die riskanten Deals von Leo Kirch mit Milliardenkrediten unterstützte.«[103]

Dieses »politische« Engagement zugunsten von Leo Kirch macht plausibel, warum die Landesbank die Bankgebühr von 10,5 Millionen DM für die Barabhebung der 695 Millionen DM von seinem Schweizer Konto verauslagt hat (siehe oben). Und es macht plausibel, dass Leo Kirch diesen illegalen Geldschatz zur Landesbank verbrachte – dort war er wohlbehütet: Über die Landesbank wachten schließlich Edmund Stoiber sowie seine im Verwaltungsrat sitzenden Minister! Stoiber war erpicht auf die Unterstützung der Kirch-Sender in seinen Wahlkämpfen. Leo Kirch konnte daher sicher sein, dass ihn die Landesbank nicht wegen Geldwäsche gemäß ihrer Meldepflicht bei der Staatsanwaltschaft anzeigen würde. Und sie tat es auch nicht.

Ein früheres Vorstandsmitglied der Bayerischen Landesbank erzählte, »der politische Zweck« sei in der Landesbank in jeder Ecke zu sehen gewesen, bezogen auf persönliche Wünsche von CSU-Spitzenpolitikern. So verwundert es nicht, dass die Bayerische Landesbank bei den Barabhebungen von Max Strauß und Leo Kirch bei der DG Bank Schweiz Hilfestellung leistete. Und es passt dazu, dass die Luxemburger Tochter der Landesbank zwischen 2005 und 2010 in 129 Fällen vermögenden Kunden aus Deutschland Briefkastenfirmen in Panama vermittelte und damit Beihilfe zur Steuerhinterziehung leistete. Das Amtsgericht Köln erließ 2017 deswegen einen Bußgeldbescheid in Höhe von 20 Millionen Euro (!), die von der Landesbank zu zahlen waren.

Insofern war es nur eine konsequente Fortsetzung, wie die Münchner Staatsanwaltschaft mit dem DG-Prüfbericht vom 4. April 1994 im Hinblick auf das geheime Kirch-Konto bei der DG Bank Schweiz und die Kirch-Zahlungen an Strauß verfuhr: Sie ermittelte nicht, wo die 695 Millionen DM nach dem Tod von Leo Kirch geblieben sind, sie ermittelte nicht wegen Steuerhinterziehung und Geldwäsche, sie tat nichts! Die gebotene Nachforschung bei der Bayerischen Landesbank, wohin Kirch das Geld laut DG-Prüfbericht nach der Barabhebung von seinem Schweizer Konto verbracht hatte, unterblieb.

Leo Kirch konnte den ihm von der DG Bank gewährten Kredit von 1 Milliarde DM nicht zurückzahlen. Das war für die DG Bank eine schlimme Misere, die das Betriebsergebnis erheblich schmälerte, was auch die Boni der Mitarbeiter verringerte. Von dieser Seite gab es Proteste, weil der Vorstand die Kreditschuld nicht mit dem geheimen Guthaben Kirchs bei der DG Bank Schweiz in Höhe von 695 Millionen DM verrechnete. Doch Kirch konnte sein geheimes Guthaben nicht plötzlich auftauchen lassen, die Betriebsprüfer hätten sofort die Frage gestellt: Woher kommt plötzlich dieses Geld? Damit hätte Kirch sich wegen Steuerhinterziehung strafrechtlich ans Messer geliefert.

Kirch zahlte nicht nur an Strauß, er zahlte dem Vernehmen nach vom Konto bei der DG Bank Schweiz auch an Bundeskanzler Helmut Kohl. Es sollen erhebliche Summen gewesen sein. Bekannt wurde jedenfalls, dass er an Kohl, nachdem dieser die Bundestagswahl 1998 verloren hatte, 600.000 DM als »Beratungshonorar« auf der Basis eines schriftlichen Beratungsvertrages zahlte – es war wohl ein Scheinvertrag. Über so viel Freigebigkeit konnte man nur staunen.

Die vielen Bestechungsaktionen Kirchs, seine krummen Geschäfte, seine geheimen Konten in der Schweiz und seine wackeligen Kreditaufnahmen erklären seine legendäre und rätselhafte Pressescheu. Er vermied es konsequent, vor die Presse zu treten. Einmal war eine Pressekonferenz von ihm angesetzt, die Journalisten waren bereits eingetroffen, doch dann der Eklat: Leo Kirch machte einen Rückzieher! Das war keine Schüchternheit: Vielmehr war das Risiko zu groß, dass ihm die Journalisten, die keineswegs ahnungslos waren, Fragen gestellt hätten, die ihn in arge Bedrängnis gebracht hätten.

Sehr bemerkenswert ist folgender Umstand: Leo Kirch und die Deutsche Bank hatten bekanntlich später eine heftige Auseinandersetzung, Kirch beschuldigte den Deutsche-Bank-Chef Rolf Breuer, er habe ihn durch eine öffentliche Äußerung über seine mangelnde Kreditwürdigkeit in den Ruin getrieben. Die Deutsche Bank musste schließlich rund 800 Millionen Euro Schadensersatz zahlen. Doch Kirch war wohl nicht wirklich pleite, wie er vorgab, denn es war unwahrscheinlich, dass er die besagten 695 Millionen DM, seine geheime Reserve, aufgebraucht hatte. Im Übrigen wusste die Deutsche Bank, dass er früher Geldvermögen bei der DG Bank in der Schweiz gebunkert hatte! Dies ist aus mehrfach erwähnten Schreiben des Deutsche-Bank-Chefs Dr. Alfred Herrhausen vom 10. November 1989 ersichtlich.

Leo Kirch musste 2002 Insolvenz anmelden, es war einer der größten Zusammenbrüche von Unternehmen in der bundesdeutschen Geschichte. Sein berühmter Spruch: »Der Herr hat's gegeben, der Herr hat's genommen« war seine scheinbar demutsvolle Einsicht. Doch sicher hat er nicht zugelassen, dass ihm der Herr auch noch seinen geheimen Schatz von 695 Millionen DM wegnahm – den hatte er zu gut versteckt. So wie es die DG Bank nicht gewagt hatte, diesen Betrag zur Tilgung ihres Kirch gewährten Ein-Milliarden-Kredits heranzuziehen, hat sich wohl auch die Bayerischen Landesbank gehütet, das zur Tilgung ihres Vier-Milliarden-Kredits zu tun – es wäre herausgekommen, dass sie schmutziges Geld gewaschen hatte, noch dazu als staatlich gesteuerte Bank.

3. KAPITEL

Der Nachlass des Leo Kirch

Am 14. Juli 2011 starb Leo Kirch in München. Kraft Testaments war Alleinerbin seine Frau Ruth. Seine Söhne Thomas und Michael hatten früher auf ihren Pflichtteil verzichtet, Letzterer erhielt eine »relativ« geringe Abfindung. Leo Kirch hatte sie zu diesem Verzicht gedrängt, mit der Begründung, es sei erforderlich zur Rettung des Unternehmens. Dem Vernehmen nach aber hatte er ihnen von den versteckten 695 Millionen DM nichts erzählt, sodass sie auf mehr verzichteten, als sie wussten oder wissen konnten. Leo Kirch hatte damit wohl seine Söhne getäuscht, aus welchen Gründen sei dahingestellt. Ihr Pflichtteilsverzicht mochte daher wegen arglistiger Täuschung anfechtbar oder von vornherein nichtig gewesen sein (Paragrafen 123, 138 BGB). Das bekannte, man könnte sagen »offizielle« Erbe der Witwe Ruth Kirch bestand im Wesentlichen aus einem Anteil an den 800 Millionen Euro, welche die Deutsche Bank als Schadensersatz an die Kirch-Seite gezahlt hatte, aus einer Kunstsammlung im Wert von geschätzten 250 bis 500 Millionen Euro sowie aus wertvollen Immobilien. Doch in diesem »offiziellen« Erbe tauchten nicht die geheimen 695 Millionen Euro auf. Wo nur waren sie geblieben? Wer verfügte über sie?

Als vermutlich Eingeweihte kommen in Betracht der Generalbevollmächtigte Hans Erl (Rechtsanwalt) sowie Jan Mojto und Dr. Hahn als frühere engste Mitarbeiter Leo Kirchs. Kenntnis haben musste wohl auch die Bayerische Landesbank. Staatsanwaltschaft, Steuerfahndung und ein einzusetzender Untersuchungsausschuss des Bayerischen Landtags hätten hier nachzuforschen. Die Landesbank ist zu drei Vierteln staatlich, zu einem Viertel gehört sie den Sparkassen.

4. KAPITEL

Peter Gauweiler, das Geld und die Justiz

In den Geschehnissen um das Vermögen von Leo und Ruth Kirch mischte gewaltig mit der Anwalt Peter Gauweiler, weithin bekannter CSU-Politiker. Er war ein glühender Anhänger von Strauß, später Umweltminister in Bayern, musste aber 1994 nach mehreren höchst anrüchigen Geldaffären, über welche die Presse groß berichtete, zurücktreten. Damit wie geschaffen für den Bundestag, entsandte ihn die CSU-Spitze dorthin. Als Bundestagsabgeordneter wurde er bekannt durch eigenwillige Initiativen, vor allem aber, weil er derjenige war, der besonders viele Sitzungen schwänzte, dafür nebenher am meisten verdiente, weil er stattdessen – zusammen mit dem Anwalt Wolf-Rüdiger Bub – seine Anwaltskanzlei in München betrieb. Die Interessenlage seiner »hochkarätigen« Mandanten ließ den Schluss zu, dass sie vor allem auf seine Möglichkeiten setzten, nachdrücklich auf Regierung und Justiz in Bayern einzuwirken.

Gauweiler und Bub vertraten Leo Kirch anwaltlich in seinem Schadensersatzprozess gegen die Deutsche Bank, der nach dem Tode Kirchs mit einem Vergleich endete, wonach die Deutsche Bank rund 800 Millionen Euro an die Kirch-Seite zu zahlen hatte, zusätzlich 113 Millionen an Zinsen und eine Kostenpauschale von 40 Millionen Euro.

Am 27. April 2016 verstarb 89-jährig auch die Witwe Ruth Kirch. Testamentarisch hatte sie hinsichtlich des Nachlasses im Wesentlichen die Gründung einer Thomas-Kirch-Stiftung für Krebskranke und für die

Krebsforschung verfügt. Diese Stiftung, benannt nach ihrem infolge einer Krankheit behinderten Sohn Thomas, solle Erbin des Vermögens werden. Die Stiftung erhielt die Auflage, für den Sohn Thomas durch einen angemessenen Unterhalt zu sorgen.

Als gemeinsame Testamentsvollstrecker setzte die Verstorbene Hans Erl (Generalbevollmächtigter) und den Notar Johann Kärtner ein, der über lange Jahre für Leo Kirch tätig gewesen war.

Zwischen den beiden Herren kam es indessen bald zu beträchtlichen Spannungen. Um sein Amt als Testamentsvollstrecker überhaupt ausüben zu können, war der Notar pflichtgemäß gehalten, sich Kenntnis von den vorhandenen Nachlassgegenständen zu verschaffen. Doch zu seiner Überraschung verweigerte Hans Erl, der sich, solange die Witwe Kirch lebte, durchaus umgänglich und freundlich gezeigt hatte, plötzlich die erbetenen Auskünfte. Dabei berief er sich auf seine anwaltliche Verschwiegenheitspflicht – ein Vorwand, denn durch ihre Bestimmung, das Testamentsvollstreckeramt gemeinsam (!) mit Notar Kärtner auszuüben, hatte ihn die Witwe von seiner Verschwiegenheitspflicht entbunden. Ein von ihm erstelltes »Vorläufiges Nachlassverzeichnis« war, wie der Notar rügte, unzureichend und unvollständig. Dies galt, wie ein Sachverständiger gutachterlich feststellte, ebenso für ein Verzeichnis der hinterlassenen Kunstgegenstände (mit Gemälden von Monet, Ernst Beckmann, Paul Klee, Egon Schiele und anderen) im Schätzwert von 250 bis 500 Millionen Euro. Hans Erl machte, wie der Sachverständige beanstandete, sogar hinsichtlich des Aufbewahrungsortes keine genauen Angaben; als Wert der Bilder gab Hans Erl nur 50 Millionen Euro an.

Vor allem aber verweigerte Hans Erl die Auskunft, wo ein wesentlicher Teil der 2014 von der Deutschen Bank als Schadensersatz gezahlten rund 800 Millionen Euro geblieben war – Geld, das doch der Thomas-Kirch-Stiftung zufließen sollte. Diese Auskunft oblag ihm vor allem auch deshalb, weil er Geschäftsführer der eigens für den Prozess mit der Deutschen Bank gegründeten Kirchgesellschaft DARPAR war, der die Verteilung der Vergleichssumme zukam. Überdies erließ Hans

Erl als Generalbevollmächtigter Dieter Hahn als Geschäftsführer der Gesellschaft KF 15 die Rückzahlung eines Darlehens von Ruth Kirch in Höhe von 93 Millionen Euro, ohne dass der Notar einen plausiblen Rechtfertigungsgrund erkennen konnte. Wiederum berief Hans Erl sich auf seine angebliche Verschwiegenheitspflicht. Wurde hier möglicherweise das Nachlassvermögen unter den früheren Kirch-Managern aufgeteilt? Das war wohl Kärtners Verdacht.

Außerdem erhob er den Vorwurf, Bub und Gauweiler hätten für ihre Anwaltstätigkeit im Prozess Kirch gegen die Deutsche Bank ein gesetzwidrig überhöhtes Honorar vereinnahmt – zulasten des vorgesehenen Stiftungsvermögens: Die Kanzlei habe 50 Millionen Euro erhalten, dann Bub und Gauweiler nochmals jeweils 25 Millionen Euro, insgesamt 100 Millionen Euro (Anwaltsschriftsatz vom 4. September 2019 ans Oberlandesgericht München). Beide bestritten dies, allerdings nicht substantiiert, was prozessrechtlich als zugestanden gilt.

Notar Kärtner wollte diese Auskunftsverweigerungen und Geldabflüsse wegen seiner Haftung als Testamentsvollstrecker nach Paragraf 2219 BGB nicht hinnehmen. Es drängte sich ihm auf, dass hier nicht alles mit rechten Dingen zuging und dass das für die Krebs-Stiftung bestimmte Geld eine anderweitige unzulässige Verwendung finden sollte. Er sah keinen anderen Ausweg, als Auskunftsklage beim Landgericht München I zu erheben.

Diese Klage aber verstörte Hans Erl gewaltig, er setzte den gut vernetzten Peter Gauweiler als Angriffswaffe gegen den Notar ein. Gauweiler wusste, welches Vermögen hier auf dem Spiel stand. Und er wurde aktiv. Er sprach persönlich bei der Staatsanwaltschaft München I vor und bezichtigte den Notar Kärtner (in verschiedenen Fällen, die mit Kirch nichts zu tun hatten) der »Falschbeurkundung im Amt« und des »bandenmäßigen Betrugs«. Die Staatsanwaltschaft leitete ein Ermittlungsverfahren ein, nahm gar eine Durchsuchung des Notariats vor, stellte aber schließlich fest, dass die Beschuldigungen Gauweilers nicht stichhaltig waren.

Ein weiterer Schlag Gauweilers aber traf. Im Auftrag Erls beantragte er beim Nachlassgericht München die Entlassung des Notars als Testamentsvollstrecker. Dessen Bestreben, den Zweck der vorgesehenen Krebs-Stiftung um einige andere Krankheiten zu erweitern sowie in der Satzung den Testamentsvollstreckern ein Vetorecht gegen Ausgaben des Stiftungsvorstands einzuräumen, verstoße gegen den Willen der Erblasserin. Daraufhin entließ das Nachlassgericht den Notar als Testamentsvollstrecker. Dies war unter anderem allein schon deshalb rechtswidrig, weil kein wichtiger Grund vorlag (so auch Prof. Dr. Karlheinz Muscheler in einem Gutachten).

Den umgekehrten Antrag des Notars, Hans Erl als Testamentsvollstrecker zu entlassen, weil er missbräuchlich Auskünfte zum Verbleib der Schadensersatzzahlung der Deutschen Bank von fast einer Milliarde Euro, zum Dieter Hahn gewährten Darlehenserlass von 93 Millionen Euro und zu diversen Konten verweigere, verwarf das Amtsgericht München mit der höchst erstaunlichen, ja abstrusen Begründung, das sei »kein wichtiger Grund«. Obwohl sich hier doch der Verdacht einer möglichen Veruntreuung des Nachlassvermögens oder jedenfalls einer Interessenkollision aufdrängte!

In einer Beschwerde zum Oberlandesgericht München, 31. Senat, verwies der Anwalt des Notars nochmals eindringlich auf die fragwürdigen Geldabflüsse und auf die Auskunftsverweigerungen Erls, die auf krasseste Weise gegen den Willen der Erblasserin Ruth Kirch verstoßen würden – vergeblich. Die Richter wiesen die Beschwerde zurück, ohne diese Kernpunkte in ihrem Beschluss auch nur mit einem einzigen Wort zu erwähnen. Dies war ein unfassbarer, elementarer Verstoß gegen das Gebot des rechtlichen Gehörs, garantiert durch Art. 103 Grundgesetz. Zugleich verstießen sie gegen ihre Pflicht, den wahren Sachverhalt von Amts wegen zu ermitteln, wie es bei Verfahren der »Freiwilligen Gerichtsbarkeit« bestimmt ist.

Hans Erl und Peter Gauweiler konnten frohlocken, Letzterer vor allem deshalb, weil die Richter auch stillschweigend den Vorwurf von Kärtners

Anwalt übergingen, Hans Erl habe an ihn, Gauweiler, und seinen Sozius Bub ein unzulässig überhöhtes Honorar gezahlt, das gegebenenfalls zurückzufordern wäre. Ihre Freude wurde allerdings dadurch getrübt, dass das Landgericht München I ihren Antrag zurückwies, die Auskunftsklage für erledigt zu erklären.[104]

Notar Kärtner legte durch den Anwalt Michael Flood im August 2020 gegen den Beschluss des Oberlandesgerichts Verfassungsbeschwerde beim Bayerischen Verfassungsgerichtshof ein, insbesondere wegen Versagung des rechtlichen Gehörs und Verstoßes gegen das Willkürverbot.

Nachzutragen ist: In Schreiben an das Amtsgericht und das Oberlandesgericht hatten Michael Kirch (zweiter Sohn), Doris Kirch (Nichte) und weitere enge Kirch-Verwandte herausgestellt, dass der Notar Kärtner das volle Vertrauen von Leo und Ruth Kirch genossen habe. Beide hätten ausdrücklich das »Vier-Augen-Prinzip« gewünscht. So aber könne Hans Erl notwendige Auskünfte weiterhin verweigern, er könne »schalten und walten ohne Kontrolle«.

Die Auseinandersetzung um das Vermögen der testamentarisch vorgesehenen Thomas-Kirch-Stiftung schlug immer höhere Wellen. Unter dem Titel »Das Erbe des Zockers« (Leo Kirch) berichtete *Der Spiegel* im November 2020 (Nr. 47)[105] in großer Aufmachung über die Vorgänge.[106] Unter Hinweis auf den enormen Wert der hinterlassenen Gemälde, Immobilien, Fonds- und Aktiendepots bezeichnete *Der Spiegel* die Angabe Erls, der Gesamtwert des Nachlasses belaufe sich (nur) auf rund 200 Millionen Euro, als »merkwürdig« niedrig. *Der Spiegel* vermerkte zudem, Erl beanspruche – der Auskunftsklage des Notars Kärtners zufolge – 44 Millionen Euro für sich, die Ruth Kirch auf einem Anderkonto bei der Unicredit hinterlassen habe. Dieter Hahn habe von der Schadensersatzsumme der Deutschen Bank 200 Millionen Euro kassiert, wie er in einem Gerichtsverfahren offenlegen musste. Und Gauweiler habe für seine Tätigkeit im Prozess gegen die Deutsche Bank ein Anwaltshonorar »in zweistelliger Millionenhöhe« (!) vereinnahmt, was aber sein Anwalt gegenüber dem *Spiegel* als »pathologisch erfunden und grotesk falsch« bestritten habe.

Der Spiegel berichtete außerdem über die Bemühungen von Doris Kirch, die sich als Wortführerin von Kirch-Angehörigen für das Wohl von Thomas Kirch und für den bestimmungsgemäßen Erhalt des Stiftungsvermögens einsetzt. Eigene Ansprüche werden weder von ihr noch von anderen Verwandten geltend gemacht. Alleiniger Erbe ist, wie ausgeführt, die Krebsstiftung – entgegen wiederholten Pressemeldungen. Wie die Umstände belegen, hatten all diese Kirch-Verwandten auch nichts mit den finanziellen Machenschaften von Leo Kirch zu tun.

5. KAPITEL

Schatzfund

Doris Kirch, Nichte von Leo Kirch, war 18 Jahre lang für das Unternehmen Kirch im In- und Ausland tätig gewesen, bis 2002 in leitender Funktion bei Sat. 1. Nach der Insolvenz der Kirch-Gruppe verlegte sie ihre Produktionsfirma nach London. Der infolge eines Schlaganfalls behinderte, aber voll geschäftsfähige Thomas Kirch (erster Sohn von Leo Kirch) bevollmächtigte sie, seine Interessen wahrzunehmen – vor allem gegenüber Hans Erl.

Im oben erwähnten Schreiben an das Oberlandesgericht teilte sie dies mit, beklagte zugleich, dass die Anwaltskanzlei Gauweiler/Bub, als sie um Einsicht in Unterlagen gebeten habe, von ihr »eine umfassende generelle Verpflichtungs- und Vertraulichkeitserklärung gegenüber der Kanzlei« verlangt habe, und zwar ohne Bezug auf das anhängige Gerichtsverfahren. Das habe sie zurückgewiesen. Ebenso befremdlich war für sie, dass die Entscheidung des Oberlandesgerichts seit Langem ausstand. »Bei gesetzeskonformem Verhalten« des Gerichts hätte die Entscheidung bereits im Frühjahr 2018 ergehen müssen, um »faktische Verhältnisse« zu vermeiden, so der Anwalt Kärtners. Sie erfolgte aber erst nach zweieinhalb Jahren!

Aufgrund der Lektüre meiner Bücher *Macht und Missbrauch* und *Wahn und Willkür* wandte sich Doris Kirch an mich. Eine »politische« Einflussnahme auf die Justiz befürchtend stellte sie mir die Frage, ob so etwas in Bayern denkbar sei. Ich klärte sie auf. Zugleich wies ich sie darauf hin, dass die Auskunftsklage des Notars gegen den Generalbevollmächtigten Erl möglicherweise zur Offenlegung der 695 Millionen DM führen würde, die früher in der Schweiz lagen. Als Beweis für die Existenz dieses Schatzes übergab ich Doris Kirch den DG-Prüfbericht vom 4. April 1994 und das Dr.-Herrhausen-Schreiben vom 10. November 1989.

Sie war völlig überrascht, hatte von diesen Millionen keine Ahnung gehabt, nun forschte sie nach. Schließlich verwies sie mich an den Notar Kärtner: Notar Kärtner hatte, wie er mir mitteilte, von Leo Kirch 2004 den Auftrag erhalten, zwei Anderkonten für zwei hohe Geldbeträge einzurichten. Dies geschah bei der Sparkasse Regensburg. Aufgrund der annähernd gleichen Höhe der Gesamtsumme ist anzunehmen, dass es sich um das Geld aus der Schweiz handelte. Dieses durfte natürlich nicht in der Buchhaltung und auf den Geschäftskonten des Kirch-Unternehmens auftauchen, die Betriebsprüfung hätte sofort nach der Herkunft gefragt – darum wohl die Deponierung auf Anderkonten des Notars. Wozu sonst hätten diese dienen sollen? Der Verbleib des geheimen Schatzes ist damit wohl geklärt.

Gleichwohl taucht dieser Schatz, wie aus den anwaltlichen Schriftsätzen an das Nachlassgericht und das Oberlandesgericht zu schließen ist, nicht im Nachlassverzeichnis auf, das Hans Erl erstellt hat. Nachdem mittlerweile die Stiftung errichtet ist, gehört dieses Geldvermögen der Stiftung, und zwar vom Umfang her rückwirkend auf den Todeszeitpunkt der Witwe Ruth Kirch, unbeschadet von Verfügungen, die Hans Erl gegebenenfalls zwischenzeitlich getroffen hat.

Die Staatsanwaltschaft, die Steuerfahndung und die Stiftungsaufsicht (Regierung von Oberbayern) hätten dies zu prüfen, haben dies jedoch nicht oder nur völlig unzureichend getan, wie nicht anders zu erwarten war.

Nach dem Tod von Leo Kirch, so hieß es, soll der Generalbevollmächtigte Hans Erl den Notar angewiesen haben, von den Anderkonten Zahlungen vorzunehmen, und zwar solche in großer Höhe, zum Beispiel 70 Millionen Euro (so auch die Angaben des Notars). Wohin diese Zahlungen gegebenenfalls flossen und welchen Grund sie hatten, ist unbekannt. Mitte Februar 2021 verstarb der Notar.

Noch eine Nachbemerkung zu Leo Kirchs Finanzier Dr. Guthardt: Dieser war eigenem Bekunden zufolge engstens mit Kirch verbunden, er saß auch im Aufsichtsrat einer Firma Kirchs. Nachdem er seinen Posten als Vorstandsvorsitzender der DG Bank räumen musste, verspekulierte er sich bei einem Projekt an der Ostsee, er geriet in finanzielle Not. In dieser Situation habe er, wie ein Banker mitteilte, von Leo Kirch 10 Millionen DM erhalten; dies hätte ihn aber nicht mehr retten können, daraufhin habe er Selbstmord begangen. Sein Schreiben, mit dem er gegenüber dem Deutsche-Bank-Chef Dr. Herrhausen zum geheimen Vermögen von Kirch und Strauß bei der DG Bank Schweiz Stellung nahm, existiert noch. Es befindet sich, der Zeugin Fuchs zufolge, in ihren Händen. Dies ist wichtig für die Ermittlungsbehörden.

Ein Exkurs

Gab es finanzielle Verbindungen oder Geldflüsse zu Wirecard? Burkhard Ley, früher Finanzchef des Kirch-Unternehmens, wurde dort Finanzchef von 2006 bis 2017. Nach seinem Ausscheiden aus dem Wirecard-Vorstand blieb er als Berater von Wirecard tätig, er hatte dort ein eigenes Büro. Er war strategischer Berater des Vorstands und wird von mehreren ehemaligen Top-Managern von Wirecard als Strippenzieher im Hintergrund beschrieben.[107] Als der Betrugsskandal platzte, wurde er verhaftet, aber nach kurzer Zeit wieder freigelassen. Dies wurde unter anderem von einer Zeugin, die im Wirecard-Untersuchungsausschuss aussagte, mit Verwunderung aufgenommen, weil er doch Drahtzieher bei Wirecard gewesen sei. Warum ermittelte die Staatsanwaltschaft München nicht schon aufgrund früherer Hinweise? Was den geheimen Schatz Leo Kirchs in Höhe von 695 Millionen DM angeht, so müsste Ley davon gewusst haben, womöglich hatte er darüber auch verfügt – dies müsste die Staatsanwaltschaft klären.

III. TEIL

Das obskure Geld des Bundeskanzlers Helmut Kohl

»Die dunklen Seiten des großen Staatsmanns Kohl sind dunkler und größer als viele bisher meinten.«[108]

1. KAPITEL

Ein Schliessfach und viel Bargeld

Im Februar 2019 rief mich der frühere Geldwäschebeauftragte einer Großbank an. Er wies mich auf einen im Internet veröffentlichten Beschluss des Oberlandesgerichts Frankfurt vom 10. April 2018 und eine hierzu ergangene Mitteilung der Pressestelle des Oberlandesgerichts vom 25. Oktober 2018 hin.

Es handelte sich um ein Bußgeldverfahren gegen eine Bankangestellte, die es als Geldwäschebeauftragte vorsätzlich unterlassen hatte, unter dem Verdacht der Geldwäsche stehende Transaktionen einer Bankkundin an die zuständigen Behörden zu melden. Die Bankangestellte war deswegen vom Amtsgericht Frankfurt zu einer Geldbuße verurteilt worden, das Oberlandesgericht bestätigte das Urteil.

Wer war die Kundin? Das Oberlandesgericht verdeckte im Beschluss wie üblich ihren Namen, bezeichnete aber ihren Ehemann als »politisch exponierte Person« (PEP) im Sinne der EU-Richtlinie 2006/70 und sie als Ehefrau ebenfalls als eine solche Person. Im weiteren Text wurde sie als »Kundin Nachname 1a« bezeichnet. Auch der Name der Bank wurde anonymisiert, sie wurde als Bank 1 bezeichnet. Aufgrund eines offensichtlichen Versehens tauchte dann aber an einer Textstelle doch der Name der Bank auf, es handelte sich um die UniCredit. Überraschend offenherzig war indessen die Pressestelle des Oberlandesgerichts. In ihrer Pressemitteilung hieß es:

> *»Die Witwe eines ehemaligen Bundeskanzlers hatte 2013 nach Besuchen ihres Schließfachs insgesamt 500.000 Euro bar auf Konten bei*

dieser Bank eingezahlt. Die Gelder sollten zur weiteren Geldanlage an andere Kreditinstitute überwiesen werden. Diese Handlungen hätten unverzüglich als Geldwäsche-Verdachtsmeldung angezeigt werden müssen.«

Es konnte sich nur um Maike Kohl-Richter handeln, die Ehefrau des früheren Bundeskanzlers Kohl, der drei Jahre später im Juni 2017 verstarb. Dies erschloss sich auch aus dem Beschluss des Oberlandesgerichts, wonach »Frau Vorname 1 Nachname 1a« am 2. Mai 2008 bei der Bank 1 ein Schließfach mietete und seit dem 30. April 2008 ein gemeinsames Konto der Kontoinhaberin und ihres inzwischen verstorbenen Ehemanns »Vorname 2 Nachname 1« geführt wurde. Am 8. Mai 2008 hatte Kohl seine langjährige Lebensgefährtin auch kirchlich geheiratet. Im Einzelnen ging es laut Beschluss (nachfolgend unter Nennung des tatsächlichen Namens) um folgende meldepflichtige Vorgänge:

Am 29. Januar 2013 verschaffte sich Maike Kohl Zutritt zum Schließfach, anschließend zahlte sie 200.000 Euro in bar auf ein am selben Tag auf ihren Namen eröffnetes Konto ein. Weitere 100.000 Euro in bar zahlte sie auf ein »für die Eheleute« geführtes Konto ein.

Am 1. März 2013 wurden von diesem gemeinsamen Konto 110.000 Euro auf ein anderes gemeinsames Konto überwiesen.

Am 27. Mai 2013 verschaffte sich Maike Kohl erneut Zutritt zum Schließfach. Anschließend zahlte sie 200.000 Euro in bar auf ein weiteres von ihr geführtes Konto ein. Am selben Tag überwies sie dann 400.000 Euro auf ein für sie bei einer anderen Bank geführtes Konto. Die Geldwäschebeauftragte dieser Bank aber befragte Maike Kohl in einem Telefonat nach der Herkunft des Geldes. Dabei äußerte diese, »sie hätte die Einzahlung und Transaktion nicht gemacht, wenn sie gewusst hätte, dass Nachfragen erfolgen würden«. Aufgrund dieser Bemerkung entschloss sich die Geldwäschebeauftragte, beim hessischen Landeskriminalamt eine Verdachtsmeldung zu erstatten. Warum scheute Maike Kohl Nachfragen?

Das Oberlandesgericht Frankfurt stellte fest, dass jeder einzelne dieser Vorgänge ein meldepflichtiger Verdachtsfall war. Im Beschluss heißt es weiter:

> *»Das strafrechtliche Ermittlungsverfahren wegen des Verdachts der Geldwäsche gegen die Kundin Nachname 1a wurde durch die Staatsanwaltschaft nach § 170 Abs. 2 StPO eingestellt. Gründe für diese Einstellung werden in dem vorliegenden Verfahren nicht mitgeteilt.«*

Ob die Verfahrenseinstellung zu Recht erfolgt ist oder nicht, lässt sich demnach nicht beurteilen, sie erscheint jedoch zwielichtig.

Offen bleibt die Frage: Woher kam diese Unmenge an Bargeld? Denn Bargeld in dieser Größenordnung steht unter dem dringenden Verdacht, illegales Schwarzgeld zu sein, das zudem nicht versteuert wurde – weder vom Zahlenden noch vom Empfänger.

2. KAPITEL

EIN PERSÖNLICHER SCHOCK

Im November 2005 erlebte ich am Rande einer Veranstaltung in Baden-Baden eine Überraschung, die mich zutiefst bestürzte. Ich erfuhr aus einer glaubwürdigen Quelle, dass der Bundeskanzler a. D. Helmut Kohl sehr reich geworden sei. Dagegen vorgebrachten Zweifeln trat die Quelle entschieden dagegen. Da die fragliche Behauptung unter Umständen eine strafbare üble Nachrede darstellen konnte, die Quelle aber absolut seriös war, musste ich ihr Glauben schenken. Aber ich entschloss mich, die Geschichte für mich zu behalten.

In der Folge beobachtete ich, wie selbstherrlich und auftrumpfend Kohl mit seiner ominösen Parteispendenaffäre umging, wonach er angeblich anonymen Spendern von 2,1 Millionen DM an die CDU sein Ehrenwort gegeben habe, ihre Namen nicht zu nennen (siehe nachfolgend). Diese Unverfrorenheit irritierte mich so sehr, dass ich die Story, die mir meine Frau erzählt hatte, in das Skriptum von *Macht und Missbrauch* aufnahm. Allerdings nannte ich den Namen von Helmut Kohl nicht, sondern sprach nur von einem hohen Politiker. Der Verleger des Fackelträger-Verlags empfahl mir jedoch, die Story wieder herauszunehmen, weil sonst die Journalisten nur noch den Namen dieses Politikers wissen wollten, während der Hauptinhalt des Buches in den Hintergrund träte. Ich folgte dem Rat und strich die Passage.

Zuvor hatte ich die Geschichte dem früheren CSU-Staatssekretär im Bundeswirtschaftsministerium, Dr. Erich Riedl, erzählt. Er sagte über Kohl nur: »Ein Samariter war er nicht.«

»Üb immer Treu und Redlichkeit!« – ein schönes deutsches Sprichwort. Handelte der Kanzler Kohl stets nach diesem Gebot?

Was die Treue gegenüber seiner Ehefrau anging, erwiesenermaßen nicht. Was die Redlichkeit hinsichtlich Parteispenden und Gesetzestreue betraf, verhielt er sich von jeher nicht anders. Im Zuge der Flick-Affäre 1984 von der Bonner Staatsanwaltschaft vernommen, gab er zwar zu, von Flick Bargeld genommen zu haben. Dass er zwischen 1974 und 1980 insgesamt 565.000 DM erhalten hatte (so die Flick-Buchhaltung), war ihm jedoch angeblich »völlig unbekannt«. Als er vor dem rheinland-pfälzischen Untersuchungsausschuss zur Parteispenden-Affäre gefragt wurde, ob er gewusst habe, dass die »Staatsbürgerliche Vereinigung« als Geld- und Spendenbeschaffungsanlage gedient habe, antwortete er: »Nein.« Es war eine klare Falschaussage des Bundeskanzlers. Er hätte zurücktreten müssen, aber man ließ ihn davonkommen. Schließlich stellte sich heraus, dass es schwarze Kassen der CDU in Liechtenstein und in der Schweiz gab, über die Kohl disponierte. Der Bundestag verschärfte daraufhin die Regelung der Parteispenden – durch ein Gesetz, unterzeichnet von Bundeskanzler Helmut Kohl.

Doch der Kanzler missachtete dieses Gesetz, es galt für andere, nicht aber für ihn, wie 1999 die besagte Parteispenden-Affäre hinsichtlich der 2,1 Millionen DM ungeklärter Herkunft in der CDU-Parteikasse, die angeblich von vier oder fünf anonymen Spendern stammten, offenbarte. Seine Einlassung, er habe den Spendern sein Ehrenwort gegeben, ihre Namen nicht zu nennen, war erstens unglaubwürdig, zweitens gesetzwidrig. Und schließlich bezichtigte ihn Bundesfinanzminister Wolfgang Schäuble 2015 öffentlich der Lüge, indem er erklärte: »Es gab keine solchen Spender, das Geld stammte aus schwarzen Kassen aus der Zeit von Flick!«[109] Demnach hatte der Bundeskanzler Kohl sich illegaler Machenschaften bedient. Das gegen ihn eingeleitete Strafverfahren wurde zwar eingestellt, er musste jedoch eine Geldbuße von 300.000 DM bezahlen.

Wem konnten die Bürger da noch vertrauen?

3. KAPITEL

Die Memoiren des Bundeskanzlers a. D.

Im Jahr 2014 erschien das Buch von Heribert Schwan/Tilman Jens *Vermächtnis. Die Kohl-Protokolle*. Für die Herausgabe seiner Memoiren, von denen einige Bände erschienen sind, führte der frühere Bundeskanzler in den Jahren 2001 und 2002 über 600 Stunden Gespräche mit dem ihm hilfreich zur Seite stehenden Journalisten Heribert Schwan. Die Gespräche wurden mit Einverständnis von Kohl auf Band aufgenommen. Was Schwan in seinem Buch wiedergibt, ist damit dokumentiert.

Kohl zog in diesen Gesprächen häufig und harsch über seine Parteifreunde her. Kaum einen sah er positiv, nicht wenige stempelte er als hinterhältig ab. Bitter beklagte er sich über seinen engsten Weggefährten Wolfgang Schäuble. Dieser habe ihm vorgeworfen, er habe »in die eigene Tasche gewirtschaftet« und er unterhalte »geheime Privatkonten in der Schweiz«. Dazu Kohl: »Das ist nur mit Hass zu erklären. Dabei wusste Schäuble doch sehr genau, wie wir leben. Er war in St. Gilgen. Er wusste aus der Nähe, wie wir das Geld zusammenkratzten, als die beiden Buben in Amerika studierten.«[110] Dieser Passus zeigt, dass der Vorwurf Schäubles nicht Parteispenden betraf, sondern privat vereinnahmte Gelder.

Schwan berichtet weiter, im Zuge der Parteispendenaffäre habe man sich in der CDU zu Kohl die Frage gestellt: War der am Ende käuflich? Weiter schreibt Schwan: »Das wurde oft gefragt, aber nie bewiesen.« Will heißen: Es ging nicht nur um einen einzigen dubiosen Vorgang, sondern es gab wiederkehrend Anlass. Der von Kohl zitierte Vorwurf Schäubles indessen war nicht eine Frage, sondern eine Tatsachenbehauptung. Daher ist anzunehmen, dass auch die anderen CDU-Granden nicht bloß einen Verdacht äußerten.

Jedenfalls sah sich der Bundeskanzler a. D. Helmut Kohl schon im Jahr 2000 zu folgender öffentlichen »Klarstellung« veranlasst:

> *»Ich habe mehrfach erklärt, dass meine Politik von Spenden oder sonstigen Zuwendungen nie beeinflusst war. Ich war und bin nicht käuflich.«*[111]

Beiläufig lässt Kohl hier fallen, als ob es eine unverfängliche Sache wäre, dass er neben Parteispenden auch andere »Zuwendungen« erhielt. Diese hätte er natürlich gegenüber dem Finanzamt angeben müssen. Hatte er sie versteuert?

Dass Kohl den Vorwurf Schäubles, er, Kohl, habe in die eigene Tasche gewirtschaftet, im Gespräch mit Schwan wiedergab und zu widerlegen versuchte, zeigt, dass er wusste, dass Schäubles Anschuldigung in der CDU-Spitze kursierte. Und dass er, Kohl, sich deswegen gezwungen sah, diese Dinge gegenüber seinem Biografen »richtigzustellen«. Fest steht damit, dass die CDU-Spitze sich nicht nur mit der unsäglichen Parteispenden- und Ehrenwort-Affäre, sondern zugleich mit einer angenommenen persönlichen Bereicherungsaffäre Kohls konfrontiert sah. Schwan weist unverblümt darauf hin, dass Kohl »sich auch von Flick und Kirch bezahlen ließ«.[112] Das war etwas anderes als die Entgegennahme von Parteispenden.

Dass Schäuble den ungeheuerlichen Vorwurf der illegalen persönlichen Bereicherung und wohl auch Steuerhinterziehung (private Konten in der Schweiz) gegenüber dem Bundeskanzler ohne gesicherte Erkenntnisse erhoben hat, ist nahezu auszuschließen. Er war in einer Position, in der er wohl seine Quellen hatte. Und er war Jurist und engster Vertrauter Kohls – er muss gewusst haben, was er sagte. Bemerkenswert ist, dass Kohl gegen viele Zitate in Schwans Buch gerichtlich vorging, insgesamt 115, nicht aber gegen das Zitat der Vorwürfe Schäubles. Hätte er freilich dagegen geklagt, wäre es zu einer für ihn riskanten Beweisaufnahme gekommen. Soweit bekannt, hat Schäuble seine Vorwürfe nicht dementiert, nachdem Schwan sie veröffentlicht hatte.

Erinnert sei zudem daran, dass Schäubles Bruder Thomas als CDU-Innenminister von Baden-Württemberg im Jahr 2000 öffentlich äußerte: »Ich verabscheue Herrn Kohl. Und ich kann da für die ganze Familie sprechen«[113] (also auch für Wolfgang Schäuble). Diese Schmähung muss einen schwerwiegenden Grund gehabt haben. Das war wohl derselbe Sachverhalt, den sein Bruder Kohl vorgeworfen hatte. Kohl erklärte zur Äußerung von Thomas Schäuble, sie sei ihm unverständlich.

Besonderes Gewicht erhalten die Anschuldigungen Wolfgang Schäubles durch die skandalöse langjährige »Freundschaft« Kohls mit dem zwielichtigen Liechtensteiner Anwalt Herbert Batliner, der deutschen Millionären und Milliardären bei der Steuerhinterziehung behilflich war. Für ehrliche deutsche Steuerzahler und für pflichtbewusste deutsche Steuerbeamte war es unfassbar: Ungeniert ließ sich Bundeskanzler Helmut Kohl 1997 mit Batliner, den er von seinem Urlaubsort St. Gilgen am Wolfgangsee aus per Hubschrauber in Vaduz besuchte, von der Presse (*Liechtensteiner Volksblatt*) fotografieren; ebenso 1993 bei einem Festessen in Bonn, wohin er Batliner eingeladen hatte, der den Ehrenplatz neben ihm erhielt (Foto in *Der Spiegel* 20/2010). Es gibt auch Fotos von einem Treffen in Salzburg. Was nur verband Kohl mit Batliner? Dienten diese wechselseitigen Besuche dazu, wichtige Geldangelegenheiten zu bereden?

Vor diesem Hintergrund erscheint die scharfe Abrechnung Angela Merkels mit Helmut Kohl in der *FAZ* am 22. Dezember 1999 in einem neuen Licht: Er hatte der Partei Schaden zugefügt, von ihm werde nur noch in der Vergangenheit geredet. Und spektakulär: Die CDU-Gremien entzogen zugleich dem früheren Bundeskanzler den Ehrenvorsitz der CDU! Dies war eine öffentliche Ächtung ohnegleichen. Die gesetzwidrige Weigerung Kohls, wegen eines angeblich von ihm gegebenen Ehrenworts die Namen der Geber von Parteispenden in Höhe von 2,1 Millionen DM zu nennen, war hierfür wahrscheinlich der mindere Grund, der Hauptgrund dürfte das gewesen sein, was Schäuble Kohl vorgehalten hatte, nämlich, dass er in die eigene Tasche gewirtschaftet habe. Ein Verstoß gegen das Parteiengesetz wegen Parteispenden – das galt unter Politikern als lässliche Sünde, wenn überhaupt. Aber keinesfalls hinnehmen konnte die aus honorigen Persönlichkeiten bestehende CDU-Spitze den Verdacht der persönlichen Bereicherung und geheimer Privatkonten in der Schweiz. Das unterschied sie von der CSU-Spitze, die Strauß wider besseres Wissen zum Helden des Vaterlandes erkor – erklärtermaßen mit dem Anrecht auf einen Ehrenplatz in der Walhalla zu Regensburg, so Stoiber, Seehofer und Söder.

Die besagten Vorwürfe, denen sich Kohl ausgesetzt sah, ohne sie widerlegen zu können, und seine öffentliche Ächtung vermögen zu erklären, warum er seine früheren Getreuen in den Gesprächen mit seinem Biografen Schwan auf übelste Art und Weise verunglimpfte – noch dazu ohne jeweils einen konkreten Grund anzugeben.[114] Über Angela Merkel zog er her: »Diese Dame ist ja wenig von Charakter heimgesucht. Da kann man sich nur bekreuzigen«; und: »Frau Merkel konnte ja nicht richtig mit Messer und Gabel essen.« Lothar Späth »ist natürlich einer der Dreckigsten«. Heiner Geißler brandmarkte er als »Verräter«. Norbert Blüm war ebenfalls »ein Verräter« und »ein reiner Opportunist«. Christian Wulff, der ihn zur unerwünschten Person in der niedersächsischen CDU erklärt hatte, war »ein ganz großer Verräter. Eine Null.« Rita Süssmuth war »eine Schreckschraube, die sich wegen einiger günstiger Todesfälle in der Frauenunion ins Kabinett hochgehievt hatte«, und sie war »hinterhältig« (wie auch Heiner Geißler). Der saarländische Ministerpräsident Peter Müller war »charakterlich wirklich eine Null. Wie der sich in der Spendengeschichte aufgeregt hat!« Friedrich März war »ein politisches Kleinkind«.

Den früheren Bundesfinanzminister Gerhard Stoltenberg qualifizierte Kohl so: »Er war immer feige, in protestantischer Weise feige und falsch!« Bundespräsident Richard von Weizsäcker halte sich für »den Klügsten und Allermoralischsten«, erboste sich Kohl.

Über Wolfgang Schäuble erregte sich Kohl: »Er hat alle Feinde zum Vernichtungsfeldzug geladen.« Das traf sicher zu. Aber Schäuble, im Wissen, dass es keine anonymen Spender gab, sondern dass Kohl aus von Flick gefüllten schwarzen Kassen geschöpft hatte, und davon ausgehend, dass Kohl in die eigene Tasche gewirtschaftet hatte und über geheime Privatkonten in der Schweiz verfügte, konnte als damaliger CDU-Vorsitzender gar nicht anders handeln. Es war seine Pflicht, die Regierungspartei von Unmoral und Gesetzwidrigkeit abzugrenzen.

Der Altkanzler hingegen konnte heilfroh sein, dass Schäuble ihn nicht wegen des Verdachts der Untreue und der Steuerhinterziehung (Stichwort: Schweiz) angezeigt hatte. Wäre die Staatsanwaltschaft zum Beispiel auf sein Konto bei der DG Bank in der Schweiz gestoßen, hätte das für ihn wahrscheinlich weit schlimmere Folgen gehabt. Die Bonner Staatsanwaltschaft hatte ohnehin Anfang 2000 eine Durchsuchung der Kohl-Wohnungen in Ludwigshafen und Berlin – wohl wegen der Spenden-Affäre – beabsichtigt: Weil darüber aber *Der Spiegel* am 8. Februar 2000 vorab berichtete, verzichtete die Staatsanwaltschaft auf eine Durchsuchung.[115]

Eine Rückblende: Am 4. Dezember 2017 brachte die ARD den Film »Bimbes« von Stephan Lamby und Egmont R. Koch. »Bimbes« war die flapsige Bezeichnung Kohls für Geld. Der Film, wiederholt in Phoenix am 7. Dezember 2017 und inhaltlich wiedergegeben in einem *SZ*-Bericht vom 4. Dezember 2017, erregte großes Aufsehen. Den Recherchen beider Journalisten zufolge stammten die dubiosen 2,1 Millionen DM in Wahrheit »aus einem mafiös geplanten System von Anderkonten und illegalen Kassen«, gefüllt mit jahrzehntelangen heimlichen Zahlungen des Flick-Konzerns. Die öffentliche Darstellung Kohls sei ein lügnerisches und betrügerisches Ablenkungsmanöver gewesen, das ein unterirdisches finanzielles Netzwerk verdecken sollte.

Der Filmbericht zeigte auf: Etwa ab 1974 erfolgten Zahlungen an Helmut Kohl persönlich. Das Bargeld wurde jeweils von Kohls Sekretärin Juliane Weber bei Flick-Manager Eberhard von Brauchitsch abgeholt.

Dieser räumte im Film ein, dass es seinerzeit Flick-Zahlungen direkt an Politiker gegeben habe, nicht allein an Kohl. Das stimmt damit überein, dass von Brauchitsch 1976 vier Zahlungen von insgesamt 500.000 DM auf das Strauß-Konto bei der DG Bank Schweiz vornahm (siehe oben) – das Geld, an das Strauß sich bei seiner Vernehmung durch die Staatsanwaltschaft und den Untersuchungsausschuss des Bundestags nicht mehr erinnern wollte.

Ob von Brauchitsch solche Zahlungen auch auf das geheime Konto von Bundeskanzler Kohl bei der DG Bank Schweiz leistete, ist unbekannt, aber denkbar – siehe das nachfolgende Kapitel.

4. KAPITEL

DER DG-PRÜFBERICHT VOM 4. APRIL 1994

Als ich den DG-Prüfbericht zum ersten Mal in Händen hielt, traute ich meinen Augen nicht: Da tauchte auch Bundeskanzler Helmut Kohl auf! Sogar er unterhielt demnach ein privates Konto bei der DG Bank Schweiz. Für sein Gehalt als Bundeskanzler brauchte er so ein Konto nicht. Es war nicht zu fassen.

Die Prüfer berichteten dem Vorstand der DG-Bank-Zentrale: »Das Konto FJS zeigt keine Parallelen zu dem Konto von Bundeskanzler Kohl auf.« Dann kündigten sie an: »In den nächsten Tagen werden wir zu den Auslandskonten von Hans Reischl und Dr. Helmut Kohl Stellung nehmen.« Ob dieser Bericht angefertigt wurde und wie er gegebenenfalls aussah, ist unbekannt.

Einer anderweitigen Information zufolge benutzte Kohl das Konto als Durchlaufkonto, das Geld floss weiter zu einer Bank in Liechtenstein, nämlich zur fürstlichen Bank LTG. Falls diese Information zuträfe, würde sie die rätselhafte »Freundschaft« Kohls mit dem Liechtensteiner Anwalt Batliner erklären. Wie das Strauß-Konto und das Kirch-Konto wurde auch das Konto von Helmut Kohl bei der DG Bank Ende März/April 1990 schlagartig aufgelöst.

Es liegt nahe, dass es sich bei diesem DG-Bank-Konto in der Schweiz um eines der Privatkonten in der Schweiz gehandelt haben könnte, die Wolfgang Schäuble dem Bundeskanzler vorgeworfen hatte.

In einem weiteren Buch von Heribert Schwan *Die Frau an seiner Seite. Leben und Leiden der Hannelore Kohl* findet sich auf Seite 267 folgende Passage:

Im Jahr 2000 »meldete die *Tagesschau*, Paris habe im Zusammenhang mit dem Verkauf der Leuna-Raffinerie an den französischen Staatskonzern Elf-Aquitaine im Jahr 1992 rund 30 Mio. Mark für den Wahlkampf der CDU und ihren Vorsitzenden Helmut Kohl gespendet«.

Heribert Schwan berichtet dazu im selben Buch: »Kohls Dementi und der Hinweis, dies alles sei erfunden und erlogen, konnten Hannelore (Kohl) nicht beruhigen. Sie schaltete das Fernsehgerät ab und ließ ihren Tränen freien Lauf. Selbst wenn alles erlogen wäre, so würde doch vieles an ihrem Mann und der ganzen Familie Kohl hängenbleiben. Hinzu kam, dass sich viele Weggenossen vom Altkanzler und seiner Frau abwendeten und dies auch demonstrativ zeigten« (S. 268).

Diese Schilderung lässt sich nur so verstehen, dass Hannelore Kohl ihrem Mann nicht glaubte und dass sie entsetzt war. Und dass die Weggenossen aus der CDU-Führungsriege ihm ebenso wenig glaubten, anscheinend sogar gegenteilige Kenntnis hatten, weil sie ihrem Verhalten nach von einem Faktum ausgingen. Dafür spricht auch, dass die Meldung der *Tagesschau* über die 30 Millionen DM und die zitierte Äußerung Thomas Schäubles über seinen Abscheu gegen Kohl etwa zeitgleich erfolgten, nämlich im Juli 2000.

Nähme man an, dass dieses Geld tatsächlich geflossen ist, dann stellt sich die Frage: Für welche Gegenleistung des Bundeskanzlers Helmut Kohl? Seine Verdienste um die Wiedervereinigung standen plötzlich im Zwielicht.

War dies der Grund, warum der Altkanzler zum großen Staatsakt anlässlich des 10. Jahrestags der deutschen Einheit am 3. Oktober 2000 in Dresden nicht als Redner eingeladen wurde? Kohl beklagte dies gegenüber Heribert Schwan: Bundespräsident Johannes Rau, Bundesratspräsident Kurt Biedenkopf, Bundestagspräsident Wolfgang Thierse und Bundeskanzler Gerhard Schröder würden »möglichst Sorge dafür tragen, dass man von Helmut Kohl im Zusammenhang mit der deutschen Einheit nicht mehr allzu häufig redet.«[116]

Vor der Pariser Untersuchungsrichterin Eva Joly sagte der frühere Elf-Aquitaine-Manager Maurice Mallet aus, es seien »gewaltige Schmiergelder und Provisionen« an deutsche Politiker geflossen. Ähnliche Aussagen gab es von Elf-Aquitaine-Präsident Loïk Le Floch-Prigent und Alfred Sirven, der bei Elf-Aquitaine über die schwarzen Kassen verfügte – die Zahlungsanweisung dieser Schmiergelder sei von Präsident François Mitterrand gekommen (Leyendecker S. 181). Einer anderen Quelle zufolge soll Mitterrand bei dem Handel selbst Millionen an Schmiergeld kassiert haben. Dieses Geld habe man später von seinen Erben zurückgeholt. André Tarallo, früherer Elf-Direktor, sprach gegenüber französischen Ermittlern gar von 80 Millionen DM, die bei der CDU gelandet seien.[117] Kohl indessen erklärte, er wisse nichts von solchen Spenden und habe mit Mitterrand auch nie ein Wort über derartige Zahlungen gewechselt. Aus diesem Dementi folgte, dass das Geld, wenn es geflossen war, jedenfalls nicht in der Parteikasse der CDU angelangt war, denn da gab es ja eine Buchhaltung und Rechnungsführung.

Dem Schweizer Generalstaatsanwalt Bertossa zufolge, der in dieser Sache intensiv ermittelte, zahlte der französische Konzern Schmiergelder an deutsche Politiker; die deutschen Staatsanwälte ermittelten jedoch nicht, jede Staatsanwaltschaft erklärte sich für unzuständig. Der Augsburger Staatsanwalt Dr. Winfried Maier wollte gegen Kohl ermitteln, dies wurde ihm jedoch »von oben« verboten, eine beantragte Dienstreise zu einem Treffen mit Eva Joly wurde verweigert.[118]

Der zwielichtige Lobbyist Dieter Holzer, der nach eigener Aussage für seine Vermittlung bei dem Leuna/Minol-Geschäft 50 Millionen DM auf sein Konto in Vaduz erhielt (er wurde später wiederholt zu Gefängnisstrafen verurteilt), schrieb im November 1993 an den »sehr geehrten Herrn Bundeskanzler, lieber Helmut Kohl«, er möge in Paris intervenieren, weil das Projekt stocke. Der Brief wurde im Kanzleramt mit dem Vermerk versehen: »Quellenschutz für Herrn Holzer – nicht zu den Akten«[119]. Warum durfte dieser Brief nicht zu den Akten? Und warum konnte sich Holzer die vertrauliche Anrede »lieber Helmut Kohl« erlauben? Warum ließ sich der deutsche Bundeskanzler mit so einem Mann ein? All das erscheint äußerst merkwürdig. Dieter Holzer, früherer Strauß-Spezi, wurde von den Schweizer Ermittlern als eine Hauptfigur im Leuna/Minol-Schmiergeldskandal ausgemacht. Möglicherweise, so stand es in einem Rechtshilfeersuchen der Schweizer Staatsanwälte vom 3. Dezember 1999, sei Holzer nur einer der »Strohleute der wirklich Anspruchsberechtigten gewesen«.

Zu beachten ist, dass die Zeugin Andrea Fuchs, die Mitverfasserin des DG-Prüfberichts vom 4. April 1994, bereits in ihrem 2004 erschienenen Buch *Die Judasbank* mitteilte, dass die Verteilung von Schmiergeldern (Prämien) im Fall Leuna-Elf-Aquitaine unter anderem über die DG Bank Schweiz abgewickelt worden sein soll. Wollte sie damit auf das dortige Konto von Helmut Kohl anspielen? Das liegt nahe, weil es ein großer Zufall wäre, wenn eine andere Person, die mit Leuna/Elf Aquitaine zu tun hatte, dort ebenfalls über ein Konto verfügt hätte (S. 159 ff., die Soll-Form diente Frau Fuchs offensichtlich dazu, sich nicht juristisch angreifbar zu machen). Jedenfalls wirft die Darstellung der früheren Bankerin in Verbindung mit dem Auftauchen des privaten Kontos von Helmut Kohl bei der DG Bank Schweiz die Frage auf: Sind dort eventuell die besagten 30 Millionen DM aus Frankreich gelandet?

Zugleich verwies Frau Fuchs in ihrem Buch darauf, in der DG Bank habe das Gerücht kursiert, Leo Kirch, der Freund Kohls, »hätte erhebliche Spenden an die CDU über die erwähnten Kanäle fließen lassen«, quasi als Dankeschön für die äußerst großzügigen und zum großen Teil auf ungesicherter Basis erfolgten Kreditgewährungen der DG Bank an ihn (S. 162). Unklar bleibt, ob »CDU« hier die Partei oder Helmut Kohl bedeutete.

Nachdem Kohl 1998 die Bundestagswahl verloren hatte, erhielt er einen Sitz im Beirat der Credit Suisse. Warum engagierte er sich nicht bei einer deutschen Bank? Hatte er etwa bei der Credit Suisse auch ein Konto?

5. KAPITEL

OFFENE FRAGEN

Wegen der Verbindung Kohls zur DG Bank drängt sich eine Reihe von Fragen auf:

Wusste Bundeskanzler Helmut Kohl davon, dass Strauß heimlich Schmiergeld in Höhe von 100 Millionen DM für die Vermittlung des Milliardenkredits an die DDR kassiert hatte? Diese Frage stellt sich, weil Kohl mit Dr. Helmut Guthardt, dem Vorstandsvorsitzenden der DG Bank Frankfurt, ein sehr enges Verhältnis hatte, dieser war sein Berater in Finanzfragen. Jedenfalls wäre nach dem Tod von Strauß die Hemmschwelle für eine solche Indiskretion Guthardts niedrig gewesen. Wie eng das Verhältnis war, zeigt sich auch daran, dass sich Bundeskanzler Kohl, Guthardt und Kirch heimlich in einem Hotel am Frankfurter Flughafen trafen, als die DG Bank 1989 in eine existenzielle Schieflage geriet.

Dem Bundesamt für Verfassungsschutz offenbarte 1990 ein ehemaliger Stasi-Oberstleutnant, dass Strauß für die Vermittlung des Milliardenkredits von Alexander Schalck-Golodkowski bestochen worden sei. Das Bundesamt fertigte darüber einen Geheimvermerk.[120] Hat das Bundesamt diesen Geheimvermerk nicht an den Bundeskanzler weitergeleitet? Vorstellbar ist das nicht.

Wie bereits ausgeführt, hat ein namentlich bekannter Briefschreiber 1992 oder 1993 – also nach dem Tod von Strauß – Bundeskanzler Kohl darauf hingewiesen, dass Strauß bei der DG Bank in der Schweiz ein Konto unterhalten habe, dessen Höchststand 820 Millionen DM betragen habe. Ob der Briefschreiber dabei auch auf die 100 Millionen DM Schmiergeld von Schalck-Golodkowski hinwies, ist nicht bekannt. Aber Kohl musste sich die Frage nach der Herkunft der 820 Millionen DM stellen, zumal im Hinblick auf den erwähnten Geheimvermerk des Bundesamts für Verfassungsschutz. Der Briefschreiber wandte sich später noch zweimal an Kohl.

Soviel bekannt, lagen die Akten der Stasi über Strauß dem Bundeskanzler Kohl vor. Wurde darin das an Strauß geflossene Schmiergeld erwähnt oder nicht? Dem Vernehmen nach konnte Kohl in diesen Akten nachlesen, was Strauß Übles über ihn den DDR-Machthabern gesagt hatte. Kohl soll sich empört haben, er bedauere, dass er ihm diese »Schweinereien« nicht mehr vorhalten könne. Meinte er damit auch die 100 Millionen DM an Schmiergeld?

Warum gab es in den Akten des Bundeskanzleramts hinsichtlich des Milliardenkredits nach dem Ausscheiden von Kohl aus dem Amt eine völlige Lücke? Die entsprechenden Dokumente »fehlen vollständig«, verlautbarte das Bundesarchiv. In der Bayerischen Staatskanzlei sind die Unterlagen ebenfalls verschwunden.[121] Wer Akten verschwinden lässt, macht sich strafbar wegen Verwahrungsbruchs (Paragraf 133 StGB), worauf bis zu fünf Jahre Gefängnis stehen. Derjenige, der diese Straftat begeht, will mutmaßlich eine schlimmere verbergen.

Was erzählte Schalck-Golodkowski nach seiner Flucht in die Bundesrepublik bei den nicht öffentlichen Vernehmungen, die damals stattfanden?

6. KAPITEL

Das Verhältnis von Kohl und Kirch

Das Verhältnis zwischen Kohl und Kirch war bekanntlich ein sehr enges, was schon damit dokumentiert wurde, dass Leo Kirch 2008 Trauzeuge war bei der Hochzeit Kohls mit Maike Richter. Vor der Bundestagswahl 1994 hatte Kirch seinem Freund und Gönner Kohl bei Sat. 1 eine fortlaufende Sendung unter dem Titel »Kanzler, was nun?« eingeräumt – zur Selbstdarstellung, ohne einen Vertreter der Opposition. Wahlanalysten stellten später fest, dass Kohl die Wahl, die er nur knapp gewann, ohne diese Sendung verloren hätte.[122] So etwas verpflichtet. Aber es bestand auch eine finanzielle Verbindung. Am 31. Juli 2003 berichtete ARD/Panorama, Kirch habe an Kohl über drei Jahre hinweg 600.000 DM gezahlt – unter Bezug auf einen von 1999 datierenden geheimen Beratervertrag, in dem unbedingte Vertraulichkeit vereinbart wurde. Das ZDF berichtete darüber am 12. Dezember 2017 in gleicher Weise.

Kam dieses Geld vom Konto Leo Kirchs bei der DG Bank Schweiz? Und für welche Leistung wurde es gezahlt? Bei einer Veranstaltung im Bonner Hotel Maritim am 9. Mai 2003 stellte der ARD-Reporter Stephan Stuchlik (Panorama), erklärtermaßen wegen des Verdachts der Bestechlichkeit, dem Altkanzler die Frage: Für welche Tätigkeiten haben Sie denn die Gelder bekommen?

Kohl: Damit ich Ihr Gesicht betrachte, und das reicht mir.

Stuchlik: Ich darf Sie nochmals fragen: Wofür haben Sie denn die Gelder bekommen?

Kohl: Das kann ich Ihnen sagen. Die Gelder sammle ich, um das nötige Geld zu haben, um jetzt eine große Untersuchung anzustellen über die Vaterlandsverräter und Leugner der Deutschen Einheit. Etwa bei bestimmten Machenschaften der ARD.

Stuchlik: Das heißt, Sie würden uns Vaterlandsverrat vorwerfen?

Kohl: Natürlich werfe ich Teilen von Ihnen Landesverrat vor. Was anderes war's ja auch nicht.

Stuchlik: Darf ich Sie noch mal fragen. Wofür haben Sie die Gelder von Herrn Kirch bekommen?

Kohl: Verschwinde! (Interview abgedruckt in *SZ*-Bericht von Hans Leyendecker).

Dieses unflätige Benehmen des früheren Bundeskanzlers bedarf keines Kommentars. Als Leo Kirch 2011 starb, sprach der Altkanzler bei der Trauerfeier in der Münchner Jesuitenkirche St. Michael gedenkende Worte: »Ich bin vor allem hier, um Danke zu sagen. Wenn bei uns in Deutschland ein großer Mann dahingeht, dann geht schnell das Gerede über ihn los. Aber dieser Mann hat unendlich viel Gutes getan – mit Worten und Taten.«[123] Wie viel Gutes hatte er Kohl getan? Eine sich als sachkundig darstellende Quelle teilte später mit, Kirch habe an Kohl hohe Zahlungen auf dessen Konto bei der DG Bank Schweiz geleistet. Das ist nicht ausgeschlossen, denn Kirch hat nachweislich solche Zahlungen (von seinem Konto bei der DG Bank Schweiz) auch auf das Strauß-Konto bei der DG Bank Schweiz geleistet. Falls es zutrifft, stellt sich wiederum die Frage: Für welche Leistung? Und wurde das Geld versteuert? Stephan Stuchlik äußerte in einem späteren Interview, er habe ein halbes Jahr später in Salzburg Kohl nochmals die gleiche Frage gestellt, aber vergeblich.[124] Wegen des Verdachts der Bestechlichkeit sei ARD/Panorama diese Sache sehr wichtig gewesen.

Frappierend ist folgendes Parallelverhalten:

Leo Kirch enterbte etwa um 2002 seine beiden Söhne Thomas und Michael, darüber hinaus rang er ihnen einen Verzicht auf ihren Pflichtteil ab mit der Begründung, dies sei zur Rettung des Unternehmens erforderlich. Sie erhielten eine (relativ!) geringe Abfindung. Dass er insgeheim über einen Schatz von 695 Millionen DM verfügte, enthielt er ihnen offensichtlich vor.

Helmut Kohl enterbte ebenfalls seine Söhne Walter und Peter. Gegen einen Verzicht auf ihren Pflichtteil erhielten die Söhne eine Abfindung von je 400.000 Euro, die beiden Enkel zudem je 100.000 Euro. Diese Regelung erwirkten die Söhne 2016 vor dem Landgericht Frankenthal. Als Alleinerbin setzte Kohl seine Frau Maike Kohl-Richter ein.[125]

Hintergrund: Das Verhältnis zwischen Kohl und den Söhnen war zerrüttet, wie diese selbst in Veröffentlichungen offenbarten. Das Leben im Hause Kohl sei von Kälte und Distanz geprägt gewesen, der Vater sei für sie, die Kinder, nahezu unerreichbar gewesen. Er habe die Familie, zumal seine Ehefrau Hannelore, zur politischen Inszenierung benutzt. Deren Suizid habe sie tief erschüttert, Walter Kohl bekannte, dass er Selbstmord habe begehen wollen. Was hohen Respekt abnötigt: Die Söhne stellten sich nicht auf die Seite des mächtigen und berühmten Vaters, sondern auf die Seite ihrer Mutter, die von ihm seit Langem beiseitegedrängt worden war. Während sie zuhause vereinsamte, blieb er auch nach dem Ende seiner Kanzlerschaft fern von ihr in Berlin. Peter Kohl zufolge soll er bereits seit den neunziger Jahren ein Verhältnis mit Maike Richter gehabt haben, die er 2008 heiratete.[126]

Die nunmehrige Frau Kohl stellen Walter und Peter Kohl so dar, dass sie ihren Vater völlig beherrschte habe, was zum endgültigen Zerwürfnis geführt habe. Das war wohl der Grund, warum Helmut Kohl seine Söhne enterbte. Aufgrund dieser Konfrontation stellt sich die Frage: Hat Helmut Kohl seinen Söhnen wirklich den vollen Wert ihres Pflichtteilsanspruchs ausbezahlt? Hat er sein gesamtes Vermögen offengelegt?

Diese Fragen sind insbesondere angezeigt wegen seines geheimen Kontos bei der DG Bank Schweiz sowie seiner Verbindung nach Liechtenstein – und wegen der dargestellten Bargeldmengen und ihrer Verschiebung durch Maike Kohl-Richter (siehe 1. Kap.).

7. KAPITEL

TÖDLICHE ENTGLEISUNGEN

Hannelore Kohl beging in der Nacht vom 4. auf den 5. Juli 2001 Selbstmord. Als Hauptgrund nennt Heribert Schwan, der damals den Kohls sehr nahe war, weil er die Memoiren-Gespräche mit Kohl führte, die Spendenaffäre ihres Mannes. Sie habe die gesellschaftliche Ächtung nicht mehr ertragen. »Öffentlich gebrandmarkt zu werden für Verfehlungen, die sie nicht begangen hatte, mit deren Folgen sie aber dennoch leben musste, war eine tiefe Demütigung«, schreibt Schwan recht zweideutig, und an anderer Stelle: »Sie zeigte wenig Verständnis für die Verfehlungen ihres Mannes.« (S. 294, 298; Es ging demnach nicht um bloße Anschuldigungen gegen ihn.) Wenn Schwan hierfür, wohl mit Bedacht, nur die Parteispendenaffäre anführt, so musste das noch viel mehr gelten für das Gerede in der CDU-Spitze über persönliche Bereicherung und private Konten Helmut Kohls in der Schweiz. Erst an zweiter und dritter Stelle nennt Schwan als Gründe ihres depressiven Gemütszustandes ihre Lichtallergie und das Gerücht, dass Kohl eine wesentlich jüngere Geliebte hatte (Maike Richter), der zwei andere vorausgegangen waren, eine war die öffentlich bekennende Immobilienmaklerin Beatrice Herbold.

Es gibt keinen Hinweis, dass Hannelore Kohl von irgendwelchen Privatkonten ihres Mannes in der Schweiz wusste. Dafür spricht auch der Umstand, dass ein gemeinsames Leben kaum noch stattfand (so Schwan). Die ARD strahlte am 5. Januar 2010 einen Film aus, der erwähnte, dass Kohl bei seinem jährlichen Urlaub am Wolfgangsee von sich und seiner Frau gestellte idyllische Aufnahmen für die Presse machen ließ, ein heiles Eheleben vorgaukelnd, dass Hannelore Kohl aber bereits nach drei oder vier Tagen wieder abreiste.

Marianne Strauß hingegen wusste von den Privatkonten in der Schweiz.[127] Für das Konto bei der DG Bank Schweiz hatte sie Bankvollmacht (siehe DG-Prüfbericht).

Sie kam am 22. Juni 1984 ums Leben – bei einem Autounfall, so die offizielle Version, die Strauß verbreiten ließ. Diese Darstellung wurde vielfach angezweifelt, auch in der CSU. Ein CSU-Spitzenpolitiker, der die fragliche Strecke abgefahren war, konnte sich einen Unfall nicht vorstellen; zudem fand er es merkwürdig, dass man die betreffenden Akten der örtlichen Behörden nach München abgezogen habe.

Dafür, dass sie in Wirklichkeit mutmaßlich Selbstmord beging, nur 54 Jahre alt, gibt es Hinweise aus verschiedenen Quellen. Sie soll 1,3 Promille Alkohol und eine erhebliche Menge an Beruhigungsmitteln im Blut gehabt haben. Die Verlautbarung, sie habe vor der verhängnisvollen Autofahrt nur ein Glas Wein getrunken, stimmt demnach nicht. Es hieß auch, dass sie Briefe an Freundinnen und einen Brief an den Pfarrer hinterlassen habe. Marianne Strauß sei auf schnurgerader Straße mit ihrem Auto seitlich in eine Baumgruppe gerast, wurde berichtet – dies sprach ebenfalls gegen einen Unfall. In CSU-Kreisen hieß es allgemein, die Ehe sei seit Langem zerrüttet gewesen, habe nur noch auf dem Papier bestanden. Marianne Strauß war sicher über die unentwegten Affären ihres Mannes mit leicht zugänglichen Damen – teils berichtete die Presse darüber – völlig verzweifelt.

Peter Siebenmorgen berichtet in seiner Strauß-Biografie, dass Marianne Strauß schon früher wegen des Verhaltens ihres Mannes in ihrem Tagebuch »Zweifel am Sinn ihrer eigenen Existenz« niederlegte (Siebenmorgen: *Strauß*, S. 418). Und Schalck-Golodkowski schrieb am 10. Februar 1984 an Stasi-Chef Erich Mielke – vier Monate vor dem Tod von Marianne Strauß –, dass ihm der Strauß-Vertraute Josef März berichtet habe, Strauß wolle wegen »ernsthafter Diskrepanzen mit seiner Ehefrau« nach Bonn gehen, dem Anschein nach auch als Verteidigungsminister.

Indessen gibt es keinen Hinweis darauf, dass Marianne Strauß Verfehlungen ihres Mannes bezüglich Schmiergeld zugesetzt hätten. Oder vielleicht doch?

Durch den Milliardenkredit an die DDR war Strauß nicht nur in der Öffentlichkeit, sondern auch in der CSU in den schweren Verdacht geraten, er habe Bestechungsgeld kassiert, erst recht in der oberen Etage, wo man sein einnehmendes Wesen bestens kannte. Der angesehene Journalist Rudolf Lambrecht berichtete in der Ausgabe des *Münchner Merkur* vom 6. Juli 1983: In Kabinettskreisen wird als rätselhaft bezeichnet, dass Strauß das Kreditansinnen nicht ablehnte. Vor allem versteht man nicht, weshalb er keinen seiner Vertrauten informierte: »Das spricht Bände«, kommentierte einer aus der Kabinettsrunde. Den von Strauß' Staatskanzleichef Stoiber erhobenen Vorwurf der »Informationsfälschung« wies der *Münchner Merkur* am 8. Juli 1983 unter der Überschrift »Straußens Glaubwürdigkeit und unsere« entschieden zurück, sagte aber zu, den Inhalt des Berichts nicht zu wiederholen.[128] Auf dem CSU-Parteitag vom 14. Juli 1983 erhielt Strauß bei seiner Wiederwahl zum Parteivorsitzenden nur noch 77,0 Prozent der Delegiertenstimmen.

Der um sich greifende Verdacht musste Marianne Strauß schwer getroffen haben. Strauß hatte 1983 bereits 50 Millionen DM an Schmiergeld erhalten, zum Zeitpunkt ihres Todes am 22. Juni 1984 waren weitere 50 Millionen DM geflossen oder standen zur Zahlung an. Schmiergeld von der Stasi – das war nicht bloß die anstößige Gabe eines Unternehmers, das war Gift. Möglicherweise hatte Strauß seine Gattin vorher ebenso wenig eingeweiht wie seine Vertrauten – die Ehe bestand nur noch formal. Marianne Strauß, alles andere als naiv, musste bewusst gewesen sein, dass die DDR-Führung Strauß nunmehr im Sack hatte, sie konnte ihn jederzeit auffliegen lassen, was auch für Marianne Strauß eine Katastrophe gewesen wäre. Eine für sie erdrückende, ausweglose Situation. Die von Schalck-Golodkowski nach Ostberlin berichteten »ernsthaften Diskrepanzen« zwischen den Eheleuten Strauß mochten sich darum gedreht haben. Sie könnten Marianne Strauß zu dem Beschluss gebracht haben, ihrem Leben ein Ende zu setzen.

Nicht verschwiegen werden soll, dass ihre Kinder später zu beachtlichen Einsichten gelangten:

Im August 1991 wurde durch einen Vermerk des Bundeskanzleramtes überraschend bekannt, dass Max Strauß den Stasi-Oberst Schalck-Golodkowski nach dessen Flucht rührend umsorgte – zur großen Irritation der Bevölkerung und insbesondere der CSU. Diejenigen, die wie die SPD ihren Unmut äußerten, beschimpfte Max Strauß gar als »linke Mafia«.[129] Schalck habe »große deutsch-deutsche Verdienste«. Worin bestanden denn diese? Die 100-Millionen-DM-Schmiergeldzahlung an Franz Josef Strauß für den Milliardenkredit würde man dazu eher nicht buchen können.

Max Strauß erläuterte sein fürsorgliches Engagement im Fernsehen:

> *»Sie können nicht sagen, der lichtvolle Strauß hat den lichtvollen Milliardenkredit unter lichtvollen Umständen mit dem größten Verbrecher, Schieber, Dreckschwein aller Zeiten gemacht. Das geht nicht.«*[130]

Wie wahr!

Monika Hohlmeier, Mitglied des Europa-Parlaments, sprach sich öffentlich gegen Korruption aus. Aus ihrer Tätigkeit im Sonderausschuss des Europäischen Parlaments, der die Korruption in Politik und Verwaltung zu untersuchen hatte, präsentierte sie 2014 in der Postille des Bundes der Steuerzahler die Erkenntnis, »dass Korruption in vielen Gesellschaften ein zersetzendes Geschwür ist«. Sie nannte einen Hauptgrund:

> *»Die Korruption zerstört das Vertrauen in staatliche Institutionen sowie in das politische System eines Landes.«*

Wie wahr!

Da war es aber seltsam inkonsequent, dass sie und ihre Geschwister – wie schon früher ihr werter Vater, den sie wie einen Pharao einbalsamieren ließen – mich partout zum Schweigen bringen wollten!

Helmut Kohl war gegen die Regierung Schmidt/Genscher angetreten mit dem ständig wiederholten Schlachtruf, es bedürfe in der Bundesrepublik dringend einer »geistig-moralischen Erneuerung«. Wo nur war sie geblieben? Die frühere Bundestagspräsidentin und CDU-Bundesfamilienministerin Rita Süssmuth bekannte freimütig in einer ARD-Sendung am 5. Januar 2010, im Regierungsprogramm von Kohl habe das keine Rolle gespielt.

Es war eben nur eine Sprechblase gewesen.

IV. TEIL

Markus Söder und die CSU-Skandale

Franz Josef Strauß ist der von der CSU-Führung vergötterte Übervater. In diesem Buch wurde vorgeführt, was für ein durch und durch korrupter Politiker er war. Wenn die CSU-Spitze diesen Strauß dennoch immer noch als Säulenheiligen verehrt, wie wirkt sich das in der Praxis aus? Gibt es Belege dafür, dass manche CSU-Politiker ihrem erklärten Vorbild auch in Sachen Korruption oder im Umgang mit Steuergeld nacheifern? In einem Maß, das solche Übergriffe, die auch in anderen Parteien vorkommen, erkennbar übersteigt?

Von den einschlägigen Affären werden nachfolgend nur diejenigen erwähnt, die gerade aktuell sind (Stand Mai 2021).

1. KAPITEL

Die Maut-Affäre

Die CSU hat in dem mit CDU und SPD geschlossenen Koalitionsvertrag für die im September 2021 zu Ende gehende Legislaturperiode gegen massiven Widerstand durchgesetzt, dass EU-Ausländer eine Gebühr für die Benutzung deutscher Autobahnen zahlen sollen. Nicht unerwartet erklärte der Europäische Gerichthof das Vorhaben für nicht mit EU-Recht vereinbar. Zuvor aber hatte Bundesverkehrsminister Andreas Scheuer bereits die Verträge mit den vorgesehenen Maut-Unternehmen unterschrieben. Diese Unternehmen machen nunmehr Schadensersatzansprüche gegen die Bundesrepublik in Höhe von 560 Millionen Euro geltend. Unfassbar, dass Andreas Scheuer die Entscheidung des Gerichtshofs nicht abgewartet hat.

Überdies hat der Bundesrechnungshof Scheuer Verletzung des Haushaltsrechts und des Vergaberechts vorgeworfen: Der Bundestag hatte für das Projekt nur 2 Milliarden Euro bewilligt. Deshalb wurden zusätzliche Kosten von 1 Milliarde Euro versteckt, indem der Bund verdeckt Risiken und Kosten übernahm (*SZ* vom 29. Januar 2021).

Mitglieder des eingesetzten Untersuchungsausschusses des Bundestags rügten immer wieder die zögerliche und unvollständige Herausgabe von Akten, obwohl Scheuer rückhaltlose Aufklärung versprochen hatte. Und über den Inhalt mehrerer Gespräche Scheuers mit den Maut-Unternehmern vor Vertragsabschluss gibt es vorschriftswidrig keine Aktenvermerke! Die Vertreter der Unternehmen haben vor dem Untersuchungsausschuss überraschend ausgesagt, sie hätten dem Minister bei diesen Gesprächen angeboten, den Vertrag erst nach der Entscheidung des Europäischen Gerichtshofs zu unterzeichnen – Scheuer hat dies bestritten! Die Konsequenz muss jedenfalls sein: Ein Minister, der bei einer derart kostenträchtigen Auftragsvergabe – ohne eine die Bundesrepublik von allen Schadensersatzansprüchen freistellende Vertragsklausel für den Fall einer negativen Entscheidung des Europäischen Gerichtshofs – die Dokumentation seines Handelns vermeidet, muss zurücktreten! Doch Scheuer trat nicht zurück, er wurde kaltblütig gestützt vom CSU-Parteichef Markus Söder! Beider Vorbild ist eben Strauß! Dreistigkeit siegt wie ehedem! Im Übrigen wäre zu prüfen: Haben die Unternehmer Nebenleistungen welcher Art auch immer erbracht, weshalb auf eine solche Vertragsklausel verzichtet wurde? Was wusste oder weiß gegebenenfalls Markus Söder hiervon?

Warum nur hielt Markus Söder an »Minister Unverantwortlich«, von der *SZ* am 29. Januar 2021 verliehener Titel, unentwegt fest, obwohl dies längst zum öffentlichen Ärgernis geworden war? Wohl weil ihn der für die Bundesrepublik (voraussichtlich) entstandene Schaden in Höhe von 560 Millionen Euro ebenso wenig juckte wie die vom Bundesrechnungshof gerügten Verstöße Scheuers gegen Haushalts- und Vergaberecht. Seine Einstellung in solchen Fragen wurde überraschend in anderem Zusammenhang offenbar. Bei der Corona-Konferenz der Bundeskanzlerin und der Ministerpräsidenten am 4. März 2021 wehrte sich Bundesfinanzminister Olaf Scholz gegen ein Zuviel an Ausgaben. Daraufhin blaffte ihn Söder an: »Was regen Sie sich so auf, das ist doch nicht Ihr Geld!!« (*SZ* vom 5. März 2021). Scholz gab zurück: »Nein, aber das Geld der Steuerzahlerinnen und Steuerzahler.« Söders Verhalten: ein Menetekel!

2. KAPITEL

Die Grundstücks-Affäre

Mit der vorstehend wiedergegebenen nonchalanten Einstellung Söders zum Geld der Steuerzahler steht in auffälligem Einklang, dass der Bayerische Oberste Rechnungshof jüngst scharf den überteuerten Ankauf mehrerer Grundstücke durch den bayerischen Staat rügte. Die Grünen kritisierten im Landtag: »Der von den bayerischen Steuerzahlern gedeckte Blankoscheck« säße Ministerpräsident Söder bei seinen Einkaufstouren »viel zu locker«.[131] Es war eben nicht Söders eigenes Geld. Wegen der überteuerten Anmietung des Augustinerhofs in Söders Heimatstadt Nürnberg für eine Dependance des Deutschen Museums – jährliche Miete 2,8 Millionen Euro, der Kontrakt läuft bis 2044 – drohte die FDP Söder mit einem Untersuchungsausschuss, wenn er 150 von der Opposition gestellte Fragen nicht zufriedenstellend beantworten könne.[132] Der Vermieter Gerd Schmelzer spendete zufällig nach Abschluss des für ihn lukrativen Geschäfts 45.500 Euro an die CSU. (Handelten die erwähnten Maut-Unternehmer ähnlich? Vor oder nach Unterzeichnung des Maut-Vertrags mit Andreas Scheuer?) Erstaunlich: »Es gab keine Kenntnis von dieser Spende, insbesondere bei Markus Söder«, behauptete CSU-Generalsekretär Markus Blume.[133]

3. KAPITEL

DIE MASKEN-AFFÄRE

Am 25. Februar 2021 platzte dann der Skandal um den CSU-Bundestagsabgeordneten Georg Nüßlein (stellvertretender Vorsitzender der CDU/CSU-Bundestagsfraktion), der mit der Schweizer Handelsfirma Emix einen Deal über die Lieferung von Corona-Schutzmasken an das Bundesgesundheitsministerium und Landesministerien eingefädelt hatte – zu einem horrenden Stückpreis von 10,60 Euro, obwohl solche Masken anderweitig erheblich billiger zu haben waren. Dafür kassierte er über seine Firma Tectum GmbH eine Provision in Höhe von 660.000 Euro, gezahlt von einem Liechtensteiner Konto und dem Finanzamt verheimlicht (später wurde bekannt, dass er noch weitere 540.000 Euro erhalten sollte, aber dass die Liechtensteiner Bank die Auszahlung gestoppt hatte).[134] Die Generalstaatsanwaltschaft München ermittelte deswegen gegen ihn wegen Steuerhinterziehung und Bestechlichkeit. Die Masken wurden Bundesgesundheitsminister Jens Spahn und der bayerischen CSU-Gesundheitsministerin Melanie Huml, die die Masken und andere Ausrüstung kauften (Spahn laut *Spiegel*, Heft Nr. 9/2021[135] für 350 Millionen Euro, Huml laut *SZ* vom 1. März 2021 für 15 Millionen Euro), nicht von ihm selbst angeboten. Vielmehr tat dies Andrea Tandler, Tochter des CSU-Exministers Gerold Tandler – und zwar, wie es in ihrem Anschreiben an Spahn hieß »auf Empfehlung von Monika Hohlmeier«. Wozu bedurfte es der Empfehlung der Strauß-Tochter? Und was hatte diese mit der Schweizer Handelsfirma zu tun? Hohlmeier hatte an Spahn und Huml geschrieben, wie sie zugab – zugleich beteuerte sie: »Ich habe kein Geld gekriegt!«[136] Dennoch erinnerte die Presse an die früheren

Amigo-Affären.[137] Der bayerische SPD-Landtagsabgeordnete Florian von Brunn erstattete Strafanzeige (*SZ* vom 1. März 2021).

Markus Söder und die übrige CSU-Spitze gaben sich schrecklich empört, dass Nüßlein heimlich abkassiert hatte, die Corona-Not der Menschen ausnützend. Doch dieser hatte nur die Tradition von Söders großem Vorbild Strauß fortgesetzt. Dessen maßlose Korruptheit hatte Söder noch nie gestört. Wie vertrauenswürdig ist Söder? Wie glaubwürdig ist sein plötzlich zur Schau gestellter Exorzismus?

Und dann war noch die mit dem Fall Nüßlein verbundene Affäre um den früheren bayerischen Justizminister Alfred Sauter, CSU-Landtagsabgeordneter und Mitglied des CSU-Präsidiums. Ihm lastete Markus Söder heftig an, dass er von der Lieferfirma der Masken rund 1,2 Millionen Euro vereinnahmt hatte – teils als Anwaltshonorar für die Abfassung der Verträge, teils als Provision: Sein Verhalten schädige nachhaltig das Vertrauen in die Demokratie und in die CSU! Er forderte Sauter auf, »reinen Tisch zu machen«.[138] Dazu nur so viel: Wie verhält sich das zu den Hunderten von Millionen DM, die der korrupte Strauß vereinnahmt hat – selbstverständlich auch unter Hinterziehung der Steuern? Allein 100 Millionen DM beim Milliardenkredit an die DDR! Warum galt bei Söders Idol etwas anderes? Und wieso ließ sein Justizminister Georg Eisenreich spektakulär alle Büros und die Wohnung Sauters von 40 Kriminalbeamten wegen des Verdachts der Bestechlichkeit durchsuchen, während dieser die gebotenen Durchsuchungen bei den Geschwistern Strauß hinsichtlich ihres geerbten Vermögens rechtswidriger Weise vermied? Auffällig auch, wie sich sofort der CSU-Fraktionsvorsitzende in Landtag und der CSU-Generalsekretär über Sauter empörten – in höchster Lautstärke, ihn ultimativ auffordernd, die Konsequenzen zu ziehen. Ging es am Ende im Fall Sauter gar nicht um Recht und Moral, sondern um eine Abrechnung bei günstiger Gelegenheit? Sauter war bekanntlich engster Vertrauter des Söder-Feindes Horst Seehofer.

Soweit Sauter, der alle Vorwürfe als unzutreffend bezeichnete, als Anwalt tätig geworden war, wies die *Süddeutsche Zeitung* darauf hin, dass etliche Abgeordnete des Bundestags und der Länderparlamente zugleich als Anwälte teils hohe Einkünfte erzielen.[139] Peter Gauweiler war das verstörende extreme Paradebeispiel – der CSU-Spitze bestens bekannt, siehe den Bericht der *Süddeutschen Zeitung* vom 10. August 2014 »Der Millionenanwalt«.[140] Bald darauf erfolgte eine zweite Enthüllung: Sauter habe sich am 15. Dezember 2020 per E-Mail bei Söders Staatskanzlei für die möglichst rasche Anerkennung eines Corona-Schnelltests eingesetzt, und zwar nicht als Anwalt, sondern als Abgeordneter, und dafür von der Lieferfirma 300.000 Euro kassiert. Der Ministerpräsident, betonte die Staatskanzlei, habe auf die E-Mail nicht reagiert.

Im Hinblick auf den Fall Nüßlein/Sauter bekannte Alois Glück, langjähriger Vorsitzender der CSU-Landtagsfraktion und dann Präsident des Zentralkomitees der deutschen Katholiken, gegenüber der *Süddeutschen* zu den Affären von Strauß und zur Amigo-Affäre:

> *»Wir haben natürlich eine Geschichte, die da ist, und die ein schmerzlicher Teil im Erbe der CSU ist.«*[141]

Damals aber hatte ihn nichts geschmerzt, er hatte nichts gerügt. Und selbst jetzt fabuliert er nur nebulös von »Geschichte« – das Konkrete bleibt unter Verschluss, niemand darf es erfahren.

Am 21. März 2021 legte Alfred Sauter alle seine Parteiämter nieder. Seine Mitgliedschaft in der Fraktion lasse er bis zur Klärung ruhen, erklärte er später.

Doch bald stellte sich heraus, dass die Raffgier, die die Not der Menschen ausnützte, noch krasser war. Die von Monika Hohlmeier unterstützte Andrea Tandler hatte Ansprüche aus dem Maskengeschäft über die ihr und ihrem Geschäftspartner gehörende Firma Little Penguin in Grünwald in Höhe von 35 bis 51 Millionen Euro. Ein großer Teil des Geldes soll auch bereits geflossen sein.[142] Die Tandler-Tochter hatte sich anscheinend an F. J. Strauß orientiert, der, wie es hieß, ihren Vater zu seinem Nachfolger machen wollte. Dem Ex-Minister Gerold Tandler waren die geschäftlichen Erfolgsmethoden von Strauß sicherlich nicht unbekannt.

Die aktuelle »Geschichte« wurde dann noch bereichert um den Fall des CSU-Bundestagsabgeordneten Tobias Zech und den des CSU-Landtagsabgeordneten Karl Straub. Ersterer hatte Honorar kassiert für die Unterstützung eines korrupten mazedonischen Spitzenpolitikers – als dies bekannt wurde, gab er sein Bundestagsmandat auf. Letzterer ist belastet mit einem Strafverfahren wegen Insolvenzverschleppung und Steuerhinterziehung, sitzt aber weiterhin im Rechtsauschuss des Landtags, die CSU-Führung sieht darin erklärtermaßen keinen Interessenkonflikt.

Ein weiteres strafrechtliches Verfahren läuft gegen den langjährigen früheren CSU-Bundestagsabgeordneten Eduard Lintner, der Lobby-Arbeit für das autokratische Regime des Präsidenten Ilham Alijew in Aserbaidschan betreibt. Diesem Regime werden Menschenrechtsverstöße und Korruption vorgeworfen. Mindestens 3,5 Millionen Euro soll Lintner nach SZ-Informationen aus Aserbaidschan erhalten haben – Geld, das er auch an deutsche Politiker weiterverteilt haben soll, um diese zugunsten des Regimes zu beeinflussen. Gegenüber der Süddeutschen Zeitung erklärte Lintner, warum er ins Visier der Staatsanwaltschaft geraten sei, könne er sich überhaupt nicht erklären.[143]

4. KAPITEL

Die Wirecard-Affäre

Die Wirecard AG in Aschheim bei München, Zahlungsdienstleister zunächst für Porno- und Glücksspielindustrie, später auch für andere Bereiche, täuschte über 15 Jahre hinweg riesige Umsätze und entsprechende Gewinne vor. Damit erschlich sie sich hohe Bankkredite und das Geld von einer Vielzahl von Anlegern, das Unternehmen stieg auf zum DAX-Konzern. Im Juni 2020 stellte sich heraus, dass ein angebliches Guthaben des Unternehmens in Höhe von 2 Milliarden Euro bei einer philippinischen Bank nicht existierte. Damit flog ein gigantischer Betrug auf. Der Vorstandsvorsitzende Markus Braun und andere Führungskräfte wurden verhaftet, das Vorstandsmitglied Jan Marsalek floh ins Ausland. Die von Anlagern und Banken gehaltenen Wirecard-Aktien mit einem Börsenwert von 20 Milliarden Euro wurden nahezu wertlos, die Bankkredite weitgehend uneinbringlich.

Warum konnte dieser ungeheuerliche Betrug geschehen – trotz frühzeitiger und wiederholter Hinweise und Strafanzeigen?

Die Wirecard-Vorstände haben nachweislich um politische Protektion nachgesucht. Sie haben den früheren Bundesverteidigungsminister Karl-Theodor zu Guttenberg als Lobbyisten mobilisiert, sie haben Ministerpräsident a. D. Günther Beckstein für einen Besuch der Kanzleramtsministerin Dorothee Bär eingespannt (*SZ* vom 12. Februar 2021) und sie haben erreicht, dass die Bundeskanzlerin bei einer China-Reise für Wirecard bei der chinesischen Regierung warb. Wie unumgänglich eine Dokumentation des Handelns der politischen Amtsträger ist, beweist gerade auch dieser milliardenschwere Betrugsskandal. Das gilt auch für die bayerischen Behörden, die in den vergangenen Jahren frühzeitig ebenso zahlreiche wie wichtige Hinweise, insbesondere eines bayerischen Betriebsprüfers, auf dubiose Vorgänge bei Wirecard hatten. Die Verdachtsmeldungen kamen auch von großen Banken wie der Schweizer UBS, der Commerzbank, Goldman Sachs und Morgan Stanley. Die Meldungen stammten aus dem Jahr 2019, eine gar aus 2017 – aber erst seit Juni 2020 ermittelte die Münchner Staatsanwaltschaft (*SZ*-Bericht vom 10./11. Oktober 2020). Als der inhaftierte Wirecard-Chef Markus Braun vor dem Untersuchungsausschuss des Bundestags über seine Kontakte zu Politikern aussagen sollte, versuchte die Staatsanwaltschaft einen unmittelbaren Auftritt zu verhindern, weil ein Anschlag und eine Corona-Ansteckung drohen könnten. Sie bot stattdessen eine Vernehmung per Video-Schaltung an, worauf sich die Parlamentarier jedoch nicht einließen.[144] Doch Markus Braun verweigerte die Aussage. Insoweit stellen sich Fragen nach dem Warum. Wollte er anstößige Beziehungen zu Politikern verheimlichen? Hatte er sich gegebenenfalls deren Schutz durch Parteispenden oder gar durch persönliche Bestechung erkauft? Fürchtete er deren Rache oder eine höhere Strafe, falls er auspacken würde?

Die Staatsanwaltschaft München prüft aktuell Vorgänge erst ab dem Jahr 2015, weil Straftaten der Wirecard-Akteure zuvor nicht erfolgt seien.

Der Landtagsabgeordnete Martin Runge (Grüne), Vorsitzender des Innenausschusses, rügte dies öffentlich als Ablenkungsmanöver der unter der Leitung von Justizminister Georg Eisenreich stehenden Staatsanwaltschaft, um ihr früheres Verhalten in der Sache zu kaschieren. Vielmehr habe sich Wirecard bereits im Jahr 2008 als »Betrugsveranstaltung« entpuppt. Bereits 2010 sei bei der Staatsanwaltschaft München I eine Strafanzeige gegen Wirecard wegen Geldwäsche in Milliardenhöhe (!) eingegangen. Die Staatsanwaltschaft erklärte dazu, man habe damals »umfangreich ermittelt, das Verfahren aber 2012 eingestellt, da ein Tatnachweis nicht zu führen war«.[145] Das ist unglaubhaft, zumal, wie das bayerische Justizministerium dem Abgeordneten auf Anfrage mitgeteilt hat, zwischen 2010 und Anfang Juni 2020 insgesamt 19 Strafanzeigen eingingen – die aber ebenfalls offensichtlich vergeblich waren. Bizarr ist, dass am 20. März 2018 im bayerischen Landeskriminalamt ein Treffen eines Wirecard-Vertreters mit Kriminalbeamten über Geldwäscheprävention stattfand (ebd.). Aufgrund der strikten Berichtspflichten der Staatsanwälte in allen wichtigen Fällen wurden dem Justizministerium Dutzende von Berichten über den Generalstaatsanwalt vorgelegt. Daher ist davon auszugehen, dass die Justizminister (bis 2013 Merk, dann Bausback, ab 2018 Eisenreich) über die Behandlung der Strafanzeigen gegen Wirecard informiert waren und vermutlich auch Weisungen an die Generalstaatsanwaltschaft erteilt haben.

Der Bundestagsabgeordnete Fabio De Masi (Die Linke), engagiertes Mitglied des Wirecard-Untersuchungsausschusses des Bundestags, stellte fest: »In Bayern laufen die Fäden zusammen«. Es gebe zu viele Verdachtsmeldungen über Geldwäsche durch Wirecard, bei denen die dortigen Staatsanwälte »den Deckel zugemacht« hätten.[146]

5. KAPITEL

Die Gauweiler-Affäre

Höchst erstaunlich ist, welchen Respekt und Rückhalt die Kanzlei des Politikers und Anwalts Dr. Gauweiler, stellvertretender CSU-Vorsitzender von 2013 bis 2015, bei Justiz und Behörden in Bayern genießt. Was er dort erreicht, ist ungewöhnlich. Wie bereits ausgeführt, erreichte es Gauweiler aufgrund von Strafanzeigen (die sich später als unbegründet erwiesen), dass eine staatsanwaltschaftliche Durchsuchung der Räume des Leo-Kirch-Notars Johann Kärtner stattfand. Weiterhin erreichte Gauweiler, dass der Notar vom Amtsgericht und vom Oberlandesgericht München als Testamentsvollstrecker des Kirch-Nachlasses abgesetzt wurde. Eine Landshuter Anwaltskanzlei beklagte ebenfalls, dass aufgrund von Strafanzeigen Gauweilers ihre Räume durchsucht wurden. Im Fall eines großen Unternehmens führte eine Strafanzeige Gauweilers beim Generalstaatsanwalt in München gegen den ermittelnden Kriminalkommissar Robert M. dazu, dass die Staatsanwaltschaft gegen diesen ein Verfahren eröffnete, das erst nach rund zweieinhalb Jahren als unbegründet eingestellt wurde. Unter der Überschrift »Gauweilers großer Einfluss« berichtete die *SZ* am 23. März 2015, dass einem Besprechungsvermerk des Bayerischen Landeskriminalamts zufolge der Staatsanwaltschaft München eine Vielzahl von Ermittlungsverfahren gegen betrügerische Ärzte (die von ihnen beauftragte Untersuchungen des Großlabors Schottdorf den Krankenkassen in Rechnung stellten, jedoch ohne Abzug von erhaltenen Kick-back-Zahlungen des Großlabors), entzogen und der Staatsanwaltschaft Augsburg übertragen wurde, die sie sofort einstellte, was rechtswidrig war. Mitursächlich seien, so der

Vermerk, Schadensersatzdrohungen Gauweilers als Anwalt des Großlabors Dr. Schottdorf gewesen.

Aber auch Wirecard wusste sich der so erfolgreichen Kanzlei Gauweiler/Bub zu bedienen. Diese erstattete am 1. Februar 2019 (durch den Rechtsanwalt E.) Strafanzeige bei der Staatsanwaltschaft München I gegen den *Financial Times*-Journalisten Dan McCrum wegen Marktmanipulation durch (angeblich) unwahre Berichte über Wirecard. Die Staatsanwaltschaft ermittelte gegen Dan McCrum, er geriet in erhebliche Bedrängnis, obwohl seine Berichte zutrafen.[147] Gegen Wirecard hingegen ermittelte die Staatsanwaltschaft nicht! Und das, obwohl, wie ausgeführt, zahlreiche Strafanzeigen gegen Wirecard vorlagen.

Ungeachtet der anwaltlichen Fähigkeiten des Dr. Gauweiler scheint hier auf staatlicher Seite ein Maß an Hörigkeit vorzuliegen, das einer Überprüfung bedürfte. Einer solchen bedarf wohl auch seine frühere Tätigkeit als Bundestagsabgeordneter. Am Freitag, 26. März 2021, ein Paukenschlag! Auf der ersten Seite als Aufmacher der *Süddeutschen Zeitung*: »Mehr als elf Millionen Euro für Gauweiler.«[148] Die *SZ* berichtete, Gauweiler habe von 2008 bis 2015 – als er für die CSU im Bundestag saß – Anwaltshonorare in dieser Gesamthöhe von dem in der Schweiz sitzenden Milliardär August von Finck vereinnahmt. Dies werfe die Frage auf, ob der Europaskeptiker Finck damit Gauweilers Anti-Europa-Kurs unterstützen wollte. Gauweiler verweigerte gegenüber der *SZ* Auskünfte »aufgrund der strikten, gesetzlich geregelten Vertraulichkeit« eines Mandatsverhältnisses. Zu erinnern ist auch an die 100 Millionen Euro, welche Gauweiler und sein Partner Bub als Anwaltshonorar im Prozess Leo Kirch gegen Deutsche Bank – dem Anwalt des Notars und Mittestamentsvollstreckers Kärtner zufolge – kassierte haben sollen (siehe oben).

6. KAPITEL

Die Erleuchtung des Markus Söder

Aufgrund der Bereicherungsaffären in den Reihen von CDU und CSU stürzte die Union im Frühjahr 2021 in den Umfragen jäh ab, Markus Söder sah seine Zukunftschancen gefährdet. Er propagierte plötzlich »eine neue CSU«. Und er postulierte: »Für eine neue CSU braucht es neue Regeln und einen neuen Geist« (*SZ* vom 26. März 2021). Das überraschte, denn gerade er selbst war doch die bisherige CSU, deren Geist war kein anderer als der seine! Seit 27 Jahren sitzt Söder im Landtag, er war Umweltminister, Finanzminister, seit 2018 ist er Ministerpräsident, dann wurde er auch Parteivorsitzender. Alles, was es an üblen Machenschaften der CSU-Spitze gab, hatte er mitgetragen. Überdies hatte er den über alle Maßen korrupten Strauß verherrlicht wie kein anderer, jetzt vor der Bundestagswahl aber gibt er sich als Vorkämpfer gegen die Korruption von Politikern.

Was bedeutet das für die Ermittlung und gegebenenfalls Einziehung des von Strauß hinterlassenen illegalen Vermögens (und der inzwischen hieraus gezogenen Erträge), zumal der von Schalck-Golodkowski an Strauß gezahlten 100 Millionen DM Schmiergeld für die Vermittlung des Milliardenkredits an die DDR? Dazu wurde die CSU-Europaabgeordnete Monika Hohlmeier, die auch in der Masken-Affäre auftaucht, noch nie vernommen! Als Finanzminister hätte Söder die Steuerfahndung hierzu anweisen müssen – er hat es nicht getan.

Der CSU-Parteivorstand beschloss nunmehr schärfere Verhaltensregeln für CSU-Abgeordnete, Söder versprach »volle Transparenz und Konsequenz« (*SZ* vom 26. März 2021). Darüber wachen soll eine Kommission, geführt von dem früheren Justizminister Winfried Bausback, den Söder als »höchst integer« pries (ebd.). Ausgerechnet Bausback! Gerade er, der dafür verantwortlich war, dass für das an Gustl Mollath begangene Staatsverbrechen kein einziger der Schuldigen bestraft wurde; gegen den ein Verfahren wegen des dringenden Verdachts der Strafvereitlung im Amt einzuleiten wäre. Zugleich verweigerte er Mollath rechtswidrig den gebotenen Schadensersatz (das Landgericht München I erkannte schließlich auf die Zahlung von 670.000 Euro). Da allein schon diese Umstände Bausback disqualifizieren, wird hier von weiteren schwerwiegenden Vorhaltungen abgesehen.

Jedenfalls hat Markus Söder hiermit offenbart, was er unter »integer«, ja sogar »höchst integer« versteht, und einen so gearteten Kandidaten für hohe, ja höchste Ämter empfohlen.

Bilanz und Ausblick

Betrachtet man die illegalen Praktiken von Kohl, Strauß und Kirch, so fragt man sich entgeistert: Wie nur war all dies möglich? Warum haben die rechtsstaatlichen Sicherungen versagt? Und was gilt es zu ändern, damit sich derlei nicht wiederholt? Denn warum sollte das künftig ausgeschlossen sein?

Der Hauptgrund dafür, dass die genannten Herren so ungeniert agieren konnten, ist die völlige Abhängigkeit der Staatsanwaltschaft vom jeweiligen Landesjustizminister, der ein Politiker ist und weitgehend auch als solcher handelt. Der Justizminister seinerseits ist abhängig von seinem Ministerpräsidenten, der damit faktisch der oberste Vorgesetzte der Staatsanwaltschaft ist. Deshalb war es undenkbar, dass bayerische Staatsanwälte es hätten wagen können, gegen Franz Josef Strauß wegen des Verdachts der Bestechlichkeit und Steuerhinterziehung zu ermitteln, obwohl es Hinweise in Hülle und Fülle gab. Gegen Altkanzler Kohl wurde zwar ein Strafverfahren wegen der nicht erklärten Herkunft von Parteispenden in Höhe von 2,1 Millionen DM (begründet mit einem angeblichen »Ehrenwort« gegenüber den Spendern) durchgeführt, aber gegen eine Geldbuße von 300.000 DM wurde das Verfahren eingestellt. Ein Ermittlungsverfahren gab es hingegen nicht wegen des von Heribert Schwan publizierten Vorwurfs Wolfgang Schäubles gegen Kohl, dieser habe geheime Konten in der Schweiz und er habe in die eigene Tasche gewirtschaftet. Es gab auch keine Ermittlungen gegen Kohl zu der Frage, ob er von Flick kassierte Gelder für sich behalten und versteuert hatte. Ebenso wenig gab es Ermittlungen gegen Kohl wegen des Verdachts eventueller Zahlungen von Elf Aquitaine an ihn, keine Staatsanwaltschaft erklärte sich für zuständig.

Faktische Immunität genoss auch Leo Kirch, der sich mit seinen Medien als Wahlkampfhelfer für Kohl, Strauß und später Stoiber betätigte. In Stoibers Regierungszeiten sah sich die Staatsanwaltschaft München I sogar gehalten, ein Strafverfahren gegen Kirch wegen Steuerhinterziehung in Höhe von rund 400 Millionen DM trotz erdrückender Beweislage einzustellen, unmittelbar vor der Bundestagswahl 1998.[149] Wegen der Bestechungsaktionen Kirchs im Bereich der Fernsehanstalten und auf anderem Felde gab es selbst dann keine Ermittlungen der Staatsanwaltschaft in Bayern, als ihn, wie erwähnt, der frühere RTL-Chef Helmut Thoma in einem Interview mit der *SZ* vom 17./18. April 2010 öffentlich solcher Bestechungspraktiken beschuldigte, noch dazu Kirch mit einem entsprechenden Eingeständnis zitierend.

Nach dem in Paragraf 152 der Strafprozessordnung verankerten Legalitätsgrundsatz ist die Staatsanwaltschaft verpflichtet, wenn ein Anfangsverdacht vorliegt, ohne Ansehen der Person vorzugehen. Doch das ist graue Theorie, insbesondere dann, wenn eine Partei, wie es in Bayern der Fall ist, in einem Bundesland seit ewigen Zeiten regiert und eine Änderung nicht in Sicht ist. Staatsanwälte sind, anders als ihre schwarzen Roben glauben machen möchten, normale Beamte und damit vom Justizminister weisungsabhängig und, was nicht weniger zählt, völlig beförderungsabhängig. Interne Richtlinien verpflichten die Staatsanwälte zudem, in allen wichtigen Fällen unverzüglich nach oben Bericht zu erstatten, was die vollständige Kontrolle der Staatsanwaltschaft durch den Justizminister garantiert. Wenn etwa ein Münchner Staatsanwalt in einem politischen Fall einem Anzeigeerstatter mitteilt: »In dem oben genannten Verfahren gegen ... habe ich mit Verfügung vom ... folgende Entscheidung getroffen ...«, so ist das die Lüge eines Hochstaplers. In Wahrheit hat er nur ausformuliert, was oben entschieden worden ist.

Angela Merkel ist eine absolut integere Bundeskanzlerin; in ihrer langen Amtszeit gab es nie auch nur den geringsten Verdacht einer Unregelmäßigkeit. Aber wer garantiert diese Integrität für jeden ihrer

Nachfolger? Und wer garantiert sie für jeden Ministerpräsidenten und seine Nachfolger? Es gilt, einem möglichen Rückfall in alte Zeiten vorzubeugen.

Der Journalist Heribert Prantl, früher selbst Staatsanwalt und Richter, hat in dem Buch *Helmut Kohl, die Macht und das Geld*, erschienen 2000, vehement die Unabhängigkeit der Staatsanwaltschaften gefordert – gerade unter Hinweis auf die strafrechtliche Verschonung von Helmut Kohl und Franz Josef Strauß. Unter der Überschrift »Herrschaft und Barschaft – Von der Veralltäglichung des Ungesetzlichen« stellte er sachkundig heraus, dass die Staatsanwälte, wenn es um »Ermittlungen zur Käuflichkeit der Politik« gehe, von eigenartigen Lähmungserscheinungen befallen würden, weil sie unter dem Oberbefehl des jeweiligen Justizministers und Ministerpräsidenten ständen. (Bezogen auf den Fall Leuna/Minol, so Heribert Prantl, sei doch der nach Paragraf 152 der Strafprozessordnung für ein Ermittlungsverfahren erforderliche Anfangsverdacht nicht zu leugnen gewesen.)

Neben der Unabhängigkeit der Staatsanwaltschaft forderte Prantl zu Recht die konsequente strafrechtliche Verfolgung der Vernichtung belastender Akten durch die Mächtigen, strafbar als Verwahrungsbruch nach Paragraf 133 des Strafgesetzbuchs sowie als Urkundenvernichtung nach Paragraf 274. Er verwies darauf, dass Strauß die Dokumentation belastender Vorgänge vermieden habe, ebenso Kohl. Mit dem Ende von Kohls Regierung verschwanden die Leuna-Akten, ebenso andere wichtige Akten, insgesamt 1,2 Millionen Blatt Papier, 3 Gigabyte Daten wurden gelöscht.[150] Die Geschäftsordnungen der Bundesministerien und ebenso der Länderregierungen schreiben vor, dass für die Transparenz und Kontrolle des Handelns alle relevanten Vorgänge schriftlich zu dokumentieren sind. Heribert Prantl zutreffend: »Es geht längst nicht mehr nur darum, sich über Rechtsbrüche und Lügenmärchen von Spitzenpolitikern zu echauffieren, es geht um Therapie – für die Demokratie.«[151] Inzwischen ist es mehr als zwanzig Jahre her, dass Prantl dies schrieb, geändert hat sich an dem Strukturproblem der politischen

Abhängigkeit der Staatsanwaltschaften in Deutschland seitdem jedoch nichts, die Therapie des Problems ist bislang ausgeblieben.

Welche Perspektiven gibt es für die Zukunft?

Der Fall der CDU-Bundestagsabgeordneten Georg Nüßlein und Nikolas Löbel (dieser hatte wenigstens 220.000 Euro für einen Masken-Deal kassiert) hat die Öffentlichkeit empört. Wohl auch unter dem Druck der bevorstehenden Bundestagswahl stimmte die Führung der Union daraufhin weitgehend dem seit Längerem von der SPD geforderten, aber von Horst Seehofer blockierten Lobbyisten-Register zu, in dem alle Kontakte von Lobbyisten zu Abgeordneten und zu Ministerien offengelegt werden sollen. Regelbrüche werden mit Bußgeldern bis zu 50.000 Euro bestraft. Am 25. März 2021 beschloss der Bundestag das entsprechende Gesetz (*SZ* vom 26. März 2021).

Für Parteispenden soll nach der Vorstellung der SPD künftig eine jährliche Höchstgrenze von 100.000 Euro pro Spender gelten, die Veröffentlichungspflicht soll auf 2000 Euro gesenkt werden. Auch die Unionsfraktion will die bisher geltenden Schwellenwerte für die Publikationspflicht von Parteispenden senken. Hinsichtlich der Nebentätigkeiten von Abgeordneten will sie ebenfalls die Transparenz erhöhen, aber eine Meldepflicht erst ab Einkünften von 100.000 Euro pro Jahr (!) einführen – das spricht Bände.

Keine Aussicht besteht weiterhin auf eine Unabhängigkeit der Staatsanwaltschaften. Im Dezember 2020 hat Bundesjustizministerin Christine Lambrecht einen Gesetzentwurf vorgelegt, wonach künftig Weisungen an Staatsanwälte nur noch schriftlich und mit beigefügter Begründung zulässig sind. Dies ist ein Schritt in die richtige Richtung, aber nur ein winziger, denn das Weisungsrecht des jeweiligen Justizministers bleibt ja bestehen. Vor allem aber beschränkt sich die vorgesehene Regelung auf den Erlass von Haftbefehlen im EU-Raum. Der Deutsche

Richterbund (DRB) erneuerte deshalb seine langjährige Forderung, dieses Weisungsrecht generell abzuschaffen. Jeglicher Einfluss der Politik auf Ermittlungen gegen bestimmte Beschuldigte müsse ausgeschlossen werden, erklärten die DRB-Vorsitzenden Barbara Stockinger und Joachim Lüblinghoff (*Beck-aktuell*, 7. Dezember 2020).

Wie effektiv eine unabhängige Staatsanwaltschaft sein kann und sein müsste, zeigen andere Länder. Die Bundesrepublik Deutschland ist neben Österreich, der Slowakei und Polen der einzige Staat in der EU, in dem die Staatsanwaltschaft Weisungen des Justizministers unterliegt. In Italien vermochte die Staatsanwaltschaft den früheren Ministerpräsidenten Silvio Berlusconi einer Verurteilung wegen Korruption und Steuerhinterziehung zuzuführen. Ein Gericht verurteilte ihn 2013 zu sechs Jahren Gefängnis, zugleich wurde er aus dem Parlament und für sechs Jahre von allen öffentlichen Ämtern ausgeschlossen. Die Gefängnisstrafe musste er wegen seines fortgeschrittenen Alters nicht absitzen, dafür Sozialarbeit in einem Altenheim leisten. Wegen Bestechung eines Senators verurteilte ihn 2015 ein Gericht in Neapel zu einer Gefängnisstrafe von drei Jahren, die er aber altersbedingt ebenfalls nicht verbüßen musste.

In Frankreich wurde Staatspräsident Jacques Chirac nach Ablauf seiner Amtszeit wegen Veruntreuung öffentlicher Gelder angeklagt und 2011 zu zwei Jahren Gefängnis auf Bewährung verurteilt. Als Bürgermeister von Paris hatte er Personal eingestellt, das in Wahrheit für seine Partei arbeitete. Im Juni 2020 wurde der frühere Premierminister François Fillon zu fünf Jahren Gefängnis verurteilt, wovon drei Jahre auf Bewährung ausgesetzt wurden. Er hatte seine Ehefrau zum Schein als seine Assistentin angestellt, wofür er und sie vom Staat 1,1 Millionen Euro kassierten (*SZ* vom 30. Juni 2020). Und Ende 2020 kam der frühere Staatspräsident Nicolas Sarkozy vor Gericht wegen illegaler Finanzierung seines Wahlkampfs und wegen des Angebots einer Beförderung an einen Generalstaatsanwalt, um von diesem unzulässige Informationen über ein Verfahren zu erhalten. Vorher war er bereits zweimal kurzfristig in Arrest genommen worden. Am 1. März 2021 wurde er zu drei Jahren Haft verurteilt, davon zwei Jahre auf Bewährung. Ein weiterer Strafprozess folgte, weil er für seinen Präsidentschaftswahlkampf 2007 illegale Bargeldspenden in Millionenhöhe von dem libyschen Diktator Muammar al-Gaddafi angenommen hatte. Blickt man nach Israel, so hat der dortige Generalstaatsanwalt 2019 Premierminister Benjamin Netanjahu gleich in drei Fällen wegen Bestechlichkeit angeklagt, was bei einer Verurteilung den Verlust seines Amtes zur Folge hätte.

Derlei Unbill hatten Franz Josef Strauß und Helmut Kohl seitens der Justiz nicht zu befürchten, die Staatsanwaltschaften hatte man fest im Griff. Dass später Bundespräsident Christian Wulff wegen der Annahme eines absolut geringfügigen Vorteils zu Fall kam, war paradox – er hatte Ansehen, aber keine Macht.

Künftig sollte in Deutschland – zumal in Bayern – Recht vor Macht gehen, so wie es das Grundgesetz fordert.

Doch das hängt von dem ab, der hier regiert, und seiner Einstellung zu Recht und Gesetz.

Dienstag, 20. April 2021, 12 Uhr mittags. Markus Söder tritt in München vor die Presse. Er sagt: »Die Würfel sind gefallen, Armin Laschet wird Kanzlerkandidat der Union.« Söder hatte verspielt. In einer nächtlichen Abstimmung hatte der Vorstand der CDU sich mit 31 zu 9 Stimmen, bei 6 Enthaltungen, für Laschet als Kanzlerkandidaten entschieden – die Niederlage Söders war damit besiegelt. In den ZDF-Abendnachrichten berichtete Theo Koll, einer der Gründe sei gewesen, dass verschiedene Mitglieder des CDU-Vorstands mit Söder schlechte Erfahrungen gemacht hätten.

Eine gute Woche zuvor hatte bereits das CDU-Präsidium einstimmig für Laschet votiert. Die *Süddeutsche Zeitung* berichtete dazu, die CDU-Spitze habe sich an Söders Charakter gestört. Als kurz darauf Friedrich Merz, früherer Vorsitzender der CDU/CSU-Bundestagsfraktion, Söder öffentlich zum Rückzug aufforderte und ihm vorhielt, zur CDU gehöre, ihre gewachsenen Wertvorstellungen über die eigene Person zu stellen, registrierte die *Süddeutsche Zeitung* zu Söder wiederum: »Es zeigt, was viele in der CDU-Spitze am meisten stört: sein Charakter« (*SZ* vom 14. April 2021). Der nordrhein-westfälische Ministerpräsident Laschet erklärte in der *Bild am Sonntag*, mit ihm werde es keine »Schmutzeleien« geben. Mit diesem Wort hatte einst Horst Seehofer in seiner Zeit als Ministerpräsident vor CSU-Landtagsabgeordneten Söders Agieren beschrieben (*SZ* vom 12. April 2021). Nico Fried schrieb in der *Süddeutschen*: »Wenn es um die eigene Macht geht, ist Markus Söder skrupellos« (*SZ* vom 14. April 2021).[152]

Die gleiche Beurteilung findet man aber auch in der CSU. »Die Partei ist völlig gleichgeschaltet«, zitierte die *Süddeutsche* einen »nicht völlig unbekannten CSU-Mann, der auf keinen Fall namentlich genannt werden wollte«. Andere CSU-Politiker sprächen, so die *Süddeutsche* weiter, von einer Verengung auf eine einzige Person, die für die Partei hochgefährlich sei. Über Söder dürfe man nichts Kritisches sagen, habe einer erzählt, «sonst wird man niedergemacht« (*SZ* vom 15. April 2021). Bereits 2009 hatte die langjährige Nürnberger Bundestagsabgeordnete Renate Blank in einem Interview mit den *Nürnberger Nachrichten* Markus Söder scharf angegriffen.[153] Sie warf ihm vor: »Nun hat er alle gleichgeschaltet – weil der Herr Bezirksvorsitzende keinen Widerspruch duldet.« Auf die Frage »Wollen Sie damit sagen, Söder pflege keine offene und kritische Diskussion?« bestätigte sie: »Genau.«

Der frühere CSU-Landtagsabgeordnete Hermann Imhof, ebenfalls aus Nürnberg, forderte Markus Söder am 18. April 2021 öffentlich zum Rückzug von seiner Bewerbung als Kanzler auf. Ein potenzieller Bundeskanzler müsse »menschliches Vorbild sein«, auch in Kultur und Stil. Zur Führung einer Bundesregierung benötige man einen integrativen Führungsstil. Diese Eigenschaften habe Söder bislang nicht nachweisen können. Er, Imhof, gehe davon aus, dass viele andere CSU-Mitglieder seine Vorbehalte gegenüber Söder teilten und »ein tiefes Unbehagen haben« (*SZ* vom 19. April 2021).

Selbst der Evangelische Pressedienst Bayern zeichnete den Protestanten Markus Söder in einem Kommentar zu dessen Niederlage negativ:

Er wisse, wann er seine Ellenbogen ausfahren müsse. Er sei ein Meister der Kehrtwenden und des Umdeutens. Auch in der Corona-Krise habe er sich immer wieder gezeigt als »der Machtmensch, der andere zurechtweist« (*epd Bayern*, Ausgabe vom 21. April 2021).

Dass die CDU-Führung einen solchen Mann nicht zum Kanzlerkandidaten küren wollte, ist nur allzu verständlich. Wie würde er sich aufführen, wenn er erst einmal Kanzler wäre, musste sie sich fragen. Seit jeher hatte er hinausposaunt: Strauß sei sein Vorbild, er wolle so handeln wie dieser. Tatsächlich hat er mit der gleichen Brachialgewalt, wie sie Strauß zu eigen war, Horst Seehofer als Ministerpräsident und Parteichef weggefegt, mit der gleichen anmaßenden Omnipotenz herrscht er seitdem über die Partei. Und wie Strauß dereinst der CDU die Zustimmung zu seiner Kanzlerkandidatur abgepresst hatte, versuchte er nunmehr auch diesen Coup.

Letzten Endes scheiterte er daran, dass der CDU-Vorsitzende Armin Laschet ein Mann von unbestrittener Integrität ist.

Wie war Markus Söder plötzlich zu den für ihn günstigen Umfragewerten gekommen? Durch Corona! Turnusmäßig war ihm im Jahr 2000 der Vorsitz unter den Ministerpräsidenten zugefallen. Wenn die Bundeskanzlerin nach den Konferenzen mit den Ministerpräsidenten im Fernsehen die Ergebnisse verkündete, saß er neben ihr. Wortgewandt wie Goethes Reineke Fuchs gab er dazu Kommentare ab. Das suggerierte vielen Fernsehzuschauern, er sei der große Macher – anders als Laschet. In Wahrheit war die Zahl der Infizierten und der Toten in Bayern, in Proportion zur Einwohnerzahl, erheblich höher als in Nordrhein-Westfalen Die frühere CSU-Sozialministerin Christine Haderthauer, keine Freundin Söders, postete, sie fühle sich an die »Trump-Besoffenheit der Amerikaner« im Sommer 2016 erinnert (*SZ* vom 17./18. April 2021).

Der Fall Markus Söder – ein politisches Lehrstück. Armin Laschet, ein Hoffnungsträger, der in Nordrhein-Westfalen sehr erfolgreich regiert, ist auf seinem weiteren Weg hinauf alles Gute zu wünschen.

Anhang

Prüfbericht der DG Bank vom 4. April 1994

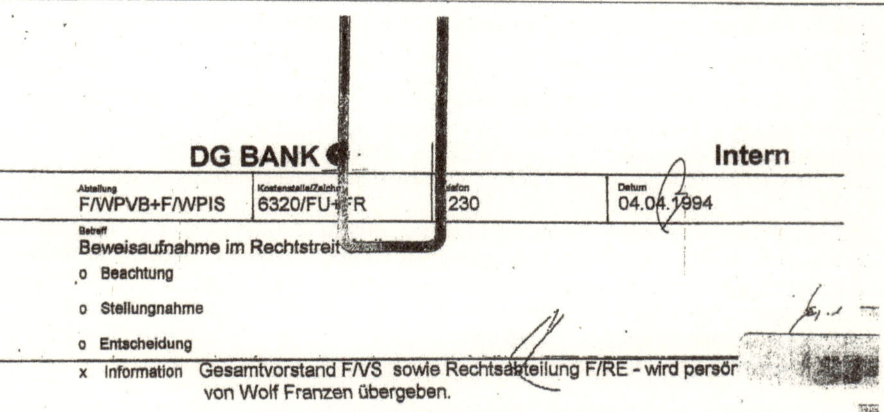

DG BANK Intern

Abteilung	Kostenstelle/Zeichen	Telefon	Datum
F/WPVB+F/WPIS	6320/FU+FR	230	04.04.1994

Betreff
Beweisaufnahme im Rechtstreit

o Beachtung

o Stellungnahme

o Entscheidung

x Information Gesamtvorstand F/VS sowie Rechtsabteilung F/RE - wird persön
von Wolf Franzen übergeben.

Konto FIDINAM Franz Josef Strauß Ministerpräsident von Bayern (geb.Sept.1915)

Stand am Tag der Auflösung Ultimo März 1990 =

359.498.000,66 Deutsche Mark

in Worten:
Dreihundertneunundfünfzigmillionenvierhundertachtundneunzigtausen/0,66DM

der Unterkonten:

Dessert-Foxx
BigNefudTank
Rubalchali-Buggy
Dhana

Bevollmächtigte seit Kontogründung:

Franz Josef Dannecker (geb. Juni 1927)
und
Frau Marianne Strauß (geb. April1930)

Hinweis:
Obwohl Frau Marianne Strauß bereits im Juni 1984 verstarb blieb sie eingetragene Bevollmächtigte bis Juni 1987. Sie wurde durch ihren Sohn Max Josef Strauß ersetzt, der nur Kontobevollmächtigter bis zur Auflösung des Kontos im Jahr 1990 blieb.
Obwohl Herr FJS bereits im Oktober 1988 verstarb blieb er Kontoinhaber.

- 2 -

Intern

- 2 -

Für alle hier genannten Personen lagen Kopien der Pässe vor. Es wurde uns seitens der Rechtsabteilung untersagt die Passnummern - wie eigentlich üblich - im Bank Intern festzuhalten.

Die Rechtsabteilung, wie Dr. Norbert Bräuer F/WP, haben uns untersagt Herrn Max Strauß bezüglich der hier nicht aufzuklärenden Fragen zu kontaktieren. In Folge blieben uns lediglich die Akten als Grundlage, da auch Franz Josef Dannecker, Jurist und politischer Kollege von Minister Strauß, zwischenzeitlich verstorben ist.

Bezüglich der beauftragten Frage, ob oben aufgeführte Konten Geschäfte aufweisen, die im Zusammenhang mit den Franzosengeschäften des Herrn Friedrich Steil sowie dessen Kollegen stehen, konnte nicht bestätigt werden. Die Kontounterlagen sind bis auf wenige -offensichtlich unwichtige- bis Juli 1989 nahezu vollständig. Sie weisen in besorgniserregender Art und Weise eine Vielzahl von "fragwürdigen" Einzahlungen und Überweisungen auf.

Darunter fanden sich persönliche Einzahlungen aus den Jahren 1983 und 1984 von Herrn Schalck-Golodkowski, der die Einzahlungsbelege lediglich mit A.Golodkowski unterschrieben hatte. Am Rande der jeweiligen Belege sind handschriftliche Notizen zur einzahlenden Person festgehalten, die keinen Zweifel daran lassen, daß es sich um den SED - Schalck-Golodkowski handelt. Drei Tranchen: 50.000.000,00 Deutsche Mark Ende 1983 und zwei im Jahr 1984 von jeweils 25.000.000,00 Deutsche Mark. Damit keine Zweifel aufkommen, wir sprechen in allen Fällen von West-Mark. Weitere Überweisungen kamen von Konten Saudi-Arabischer Personen. Aus dem Libanon und auffällige viele von der Deutschen Bank. Keine Überweisung war unter 1 Million.

Bis Juli 1988 war dieses Konto vielbeschäftigt. Praktisch ab dem Todeszeitpunkt von Minister Strauß wurden alle Anlagen in Barvermögen zurückgeführt, wobei diese meist telefonisch in Auftrag gegebenen Anweisungen - bis auf zwei- von Franz Josef Dannecker getätigt wurden. Zwei Anweisungen erfolgten nach den vorliegenden Kontoauszügen von Max Strauß persönlich.

Ab 1. August 1989 ruhte das Konto - sprich es fanden keinerlei Umsätze mehr statt. Die Konto-Höhe von **359.498.000,66 DM** veränderte sich nicht. Denselben Kontostand war zu unserer Verwunderung zum Jahresultimo 1989 wie auch bei der dann erfolgten Kontoauflösung zum Ultimo März 1990 zu finden. Offensichtlich wurden aus für uns

- 3 -

Intern

-3-

unerklärlichen Gründen keine Zinsen gezahlt. Wir haben trotz intensivster Suche und Rücksprache mit den Fidinam Bevollmächtigten diese Frage nicht klären können.

Die FJS-Konten weisen große Bewegungsparallein mit dem Konto des Medienmoguls Leo Kirch auf. Wie wir Ihnen in unserem 20-seitigen DG-Intern dargelegt haben, gibt es Parallen zu den Franzosengeschäften und den privaten Geschäften diesbezüglich zu den Geschäften unseres ehemaligen Vorstandsmitglied Herbert Schneider-Gädicke. Hierauf verweisen wir nochmals ausdrücklich.

Den Konto-Unterlagen ist zweifelsfrei zu entnehmen, daß FJS Zahlungen von mindestens zwei Unternehmen des Herrn Leo Kirch erhalten hat. Darunter 50 Millionen DM von Taurus-Film.Im Rahmen der Platzierung des Flick-Mercedes-Aktienpakets an der Frankfurter Börse sind über die Deutsche Bank weitere fast 30 Millionen gezahlt worden. Wir weisen ausdrücklich daraufhin, daß wir beide uns dies nicht aus den Fingern saugen, sondern diese Informationen sind den Kontoauszügen lückenlos und eindeutig zu entnehmen. Wir beide halten es unter anderem für sehr wichtig den Vorstand unsere Entdeckungen zur Kennntis zu bringen. Denn sollte unser Vorstand Uwe Flach bei seiner Einvernahme vor der Strafkammer hierzu befragt werden, so ist er zumindest vorbereitet - auch wenn dies nicht unter seiner Verantwortung lag.

Im Rahmen dieser Untersuchungen - sämtlicher Konten aus Holland, Panama, Schweiz, Guernsey, Kanada, usw. - müssen wir uns auf die uns überlassenen Kopien stützen. Diese sind nicht vollständig und von gezielten Säuberungen getragen. Trotz allem fallen die Kontounterlagen des bayerischen Ministerpräsidenten FJS heraus aufgrund deren "Fast"-Vollständigkeit.

Das Konto FJS zeigt keine Parallen zu dem Konto von Bundeskanzler Kohl auf. Verbindungen bestehen hier lediglich zu jenen von Leo Kirch, sodaß wir hierzu uns in einem weiteren DG-Intern auslassen werden.

Wir haben ja bereits umfänglich dargelegt, daß das erhebliche Kontoguthaben Leo Kirchs im April 1990 in Bar abgehoben wurde. Die für die Bar-Abhebung erheblichen Kosten wurden ihm im Laufe des Jahres 1990 gutgeschrieben. Die DG Bank kam für den Schaden in voller Höhe auf. Der Betrag wurde per PÜV-Geschäft an die Bayerische Landesbank transferiert. Wir haben intern - trotz der Dokumentenvernichtungsaktion im Rahmen der Franzosengeschäfte von Herrn von Schimmelmann- die Transaktion finden können und diese an die Rechtsabteilung weitergeleitet.

-4-

Intern

- 4 -

Nun haben wir dieselbe Vorgehensweise auch im Fall der Kontoauflösung FJS festgestellt. Wir erlauben uns die Frage zu stellen, wie dies möglich sein konnte. Erstens wäre da die Summe von fast 360 Millionen, die offensichtlich in Bar abgehoben wurde. Dann gehörte das Geld bzw. das Konto immer noch Herrn Franz Josef Strauß. Ein Erbe bezüglich des Kontos wurde nie offiziell angetreten. Auch wenn es hier zwei Bevollmächtigte gab, mutet der ganze Ablauf mehr als fragwürdig an. Mit an Sicherheit grenzender Wahrscheinlichkeit ist das Gesamt-Konto nie dem Strauß-Erbe zugefallen und damit auch nach unserer Ansicht nicht versteuert worden. Desweiteren zeigt dieses Konto eine Verflechtung einer Vielzahl von weiteren Strauß-Konten in der Schweiz und in diversen weiteren Ländern auf.

Fakt ist: Auf Grund unserer festen Überzeugung ist der Geldbetrag in voller Höhe in Bar ausgezahlt worden. Wohin das Geld dann floss beziehungsweise ging, konnten wir nicht eruieren. Es käme jedoch aufgrund von Gerüchten Luxemburg in Frage sowie die Bayerische Landesbank, München oder eine entsprechende Dependance im Ausland.

Unter noch existierenden internen Unterlagen der Abwicklung haben wir die PÜV-Note an die Bayerische Landesbank vom Juli 1990 aufgefunden (an die Rechtsabteilung wie angewiesen weitergeleitet). Aus dieser PÜV-Note FKV: 7106 geht ausdrücklich und interpretationsfrei hervor, daß die DG Bank die Kosten für die Bar-Abhebung des FJS-Kontos in voller Höhe übernommen hat. Der Beleg ist vom damaligen Vorstandsvorsitzenden Dr. Helmut Guthardt persönlich abgezeichnet. Es fielen Kosten von 1,5 % der Barabhebung in Höhe von 5.392.470 DM an.
Die PÜV-Note unterbindet, daß der Empfänger von uns ohne Mithilfe der Bayersichen Landesbank nachvollzogen werden kann.

Da die interne Schimmelmann'che Säuberungsaktion nur rudimentäre Unterlagen aus dieser Zeit zurückgelassen hat, ist fraglich,was wir tatsächlich hätten aufklären können. Die Vielzahl der Konten und der einzelnen Geschäfte lassen auch nur einen gewissen Grad der Aufklärungsmöglichkeiten binnen der kurzen Zeit zu.

In den nächsten Tagen werden wir zu den Auslandskonten von Hans Reischl und Dr. Helmut Kohl Stellung nehmen.

Für Fragen stehen wir gerne zur Verfügung.

Wolf Franzen
F/WPVB

Andrea Fuchs
F/WPIS

Schreiben des Deutsche-Bank-Chefs Dr. Alfred Herrhausen vom 10. November 1989

Anlage z. Prot. 28.11.2018

DR. ALFRED HERRHAUSEN

TAUNUSANLAGE 12
6000 FRANKFURT 1

10. November 1989

Sehr geehrter Herr [geschwärzt]

seien Sie bedankt für Ihr Schreiben vom 2. November.

Ihrer Bitte um Antwort entspreche ich gerne, nur weiß ich nicht recht, was Sie von mir erwarten. Ich habe aufgrund Ihrer Schreiben mehrmals mit Dr. Dannecker über mögliche sich im Ausland befindlichen Konten bzw. Gesellschaften des verstorbenen Franz-Josef Strauß persönlich gesprochen. Dies gilt auch für die von Ihnen gegenüber Herrn Leo Kirch, Herrn Dr. Schneider-Gädicke und Herrn Dr. Helmut Guthardt erhobenen Vorwürfen. Selbstverständlich habe ich auch entsprechende Stellungnahmen erbeten und erhalten, in denen mir glaubhaft versichert wird, daß Ihre Vorwürfe – soweit sie unversteuertes Auslandsvermögen und damit einhergehende Untreue betreffen – nicht gerechtfertigt sind.

Trotz allem darf ich Ihnen versichern, werden wir als Deutsche Bank intern prüfen, ob wir für diese von Ihnen erhobenen Vorwürfe eventuell unwissend als Helfershelfer missbraucht worden sind.

Dies habe ich Ihnen ja auch mehrmals berichtet. Darüber hinaus sehe ich keinen Handlungsbedarf, der mir von Rechts wegen übrigens auch gar nicht zukommt.

Mit freundlichen Grüßen

Alfred Herrhausen

Herrn

Finanz- und Vermögensberatungen

Literaturverzeichnis

Bergermann, Melanie/ter Haseborg, Volker: *Die Wirecard Story. Die Geschichte einer Milliarden-Lüge*, München 2021.

Bickerich, Wolfram: *Franz Josef Strauß. Die Biographie*, Düsseldorf 1996.

Biermann, Werner: *Strauß. Aufstieg und Fall einer Familie*, Reinbek bei Hamburg 2008.

Biermann, Werner: *Liebe an der Macht*, Berlin 2005.

Burchardt, Rainer / Schlamp, Hans-Jürgen: *Flick-Zeugen, Protokolle aus dem Untersuchungsausschuss*, Reinbek bei Hamburg 1985.

Engelbrecht, Peter: *Agentenkrieg im Grenzland. Enthüllungen zum Mauerfall*, Weißenstadt, 2019

Engelmann, Bernt: *Das neue Schwarzbuch. Frank Josef Strauß*, Köln 1980.

Feinstein, Andrew: *Waffenhandel. Das globale Geschäft mit dem Tod*, Hamburg 2012.

Finger, Stefan: *Franz Josef Strauß. Ein politisches Leben*, München 2005.

Fuchs, Andrea: *Die Judasbank*, Frankfurt am Main 2004.

Goetz, John: *Allein gegen Kohl, Kiep & Co. Die Geschichte einer unerwünschten Ermittlung*, Berlin 2000.

Koch, Egmont R.: *Das geheime Kartell. BND, Schalck, Stasi & Co.*, Hamburg 1992.

Koch, Peter: *Das Duell. Franz Josef Strauß gegen Helmut Schmidt*, Hamburg 1980.

Kohl, Helmut: *Erinnerungen 1982–1990*, München 2005.

Lambrecht, Rudolf/Mueller, Michael: *Die Elefantenmacher. Wie Spitzenpolitiker in Stellung gebracht und Entscheidungen gekauft werden*, Frankfurt am Main 2010.

Leyendecker, Hans/Prantl, Heribert/Stiller, Michael: *Helmut Kohl, die Macht und das Geld*, Göttingen 2000.

Maier Hans: *Böse Jahre, gute Jahre. Ein Leben 1931 ff*, München 2011.

Mueller Michael/Lambrecht, Rudolf/Müller, Leo/: *Der Fall Barschel. Ein tödliches Doppelspiel*, Berlin 2007.

Przybylski, Peter: *Tatort Politbüro, Bd. 2*, Berlin 1992.

Radtke, Michael: *Außer Kontrolle. Die Medienmacht des Leo Kirch*, Zürich 1996.

Roth, Jürgen/Nübel, Rainer/Fromm, Rainer: *Anklage unerwünscht*, Frankfurt am Main 2007.

Schlötterer, Wilhelm: *Macht und Missbrauch. Franz Josef Strauß und seine Nachfolger*, Köln 2009.

Schlötterer, Wilhelm: *Wahn und Willkür. Strauß und seine Erben oder wie man ein Land in die Tasche steckt*, München 2013.

Schwan, Heribert: *Die Frau an seiner Seite. Leben und Leiden der Hannelore Kohl*, München 2011.

Schwan, Heribert/Jens, Tilman: *Vermächtnis. Die Kohl-Protokolle*, München 2014.

Siebenmorgen, Peter: *Franz Josef Strauß. Ein Leben im Übermaß*, München 2015.

Stiller, Michael: *Edmund Stoiber. Der Kandidat*, München 2002.

Strauß, Franz Josef: *Erinnerungen*, Berlin 1989.

Wille, Heinrich: *Ein Mord, der keiner sein durfte. Der Fall Uwe Barschel und die Grenzen des Rechtsstaates*, Zürich 2011.

Anmerkungen

1 Neuer Deutschland vom 12. August 2010; Nürnberger Nachrichten vom 22. April 2009.

2 https://www.sueddeutsche.de/bayern/bayerns-finanzminister-soeder-franz-josef-strauss-in-die-ruhmeshalle-walhalla-1.2429256; https://www.wochenblatt.de/archiv/und-er-geistert-schon-wieder-franz-josef-strauss-in-die-walhalla-115126 Ist das sein Programm für die Zukunft unseres Landes?

3 Bei der Sendung handelte es sich um den Film »Strauß – eine deutsche Familie«, ausgestrahlt im WDR-Fernsehen am 3. Oktober 2006.

4 Wolfram Bickerich, Franz Josef Strauß, S. 293 f.

5 Spiegel Heft 14/1994, S. 31; https://www.spiegel.de/politik/ich-habe-gern-gegeben-a-a92b8262-0002-0001-0000-000013682833?context=issue

6 Hier und im Folgenden: Hervorhebungen in Zitaten stammen soweit nicht anders angegeben vom Autor.

7 https://www.sueddeutsche.de/bayern/familie-strauss-anzeige-gegen-buchautor-auf-zum-letzten-gefecht-1.950979

8 Name geändert.

9 schriftliche Aussage des Karl Heinz Schreiber vor dem Landgericht Augsburg, S. 49

10 https://www.spiegel.de/politik/ich-habe-gern-gegeben-a-a92b8262-0002-0001-0000-000013682833?context=issue

11 https://www.spiegel.de/politik/ein-leben-fuer-die-industrie-a-97dfacf8-0002-0001-0000-000138273605?context=issue

12 https://www.spiegel.de/politik/unheilbar-gesund-a-fc234948-0002-0001-0000-000046173373?context=issue

13 https://www.spiegel.de/politik/edi-das-machen-wir-a-77db2 8e7-0002-0001-0000-000013855392

14 Die WABAG war eine Anlagefirma, die vortäuschte, Umweltprojekte in Ostdeutschland zu bauen, und dafür Gelder von Investoren einsammelte. Doch kein einziges dieser Projekte wurde verwirklicht, die Gelder wurden verschoben (SZ vom 17./18. April 2004). Max Strauß, langjähriger Justitiar der Firma, leistete Beihilfe.

15 https://www.spiegel.de/politik/edi-das-machen-wir-a-77db2 8e7-0002-0001-0000-000013855392

16 SZ-Bericht vom 16. Januar 2011

17 Ebd.

18 siehe Schlötterer, Wahn und Willkür, S. 230 ff.

19 https://www.spiegel.de/wirtschaft/bank-die-sind-groessenwahnsinnig-a-f1eb8ccc-0002-0001-0000-000013530485

20 https://www.spiegel.de/politik/ich-habe-gern-gegeben-a-a92b8262-0002-0001-0000-000013682833?context=issue

21 So seinerzeit der SZ-Journalist Michael Stiller gegenüber dem Autor.

22 https://www.spiegel.de/politik/nach-der-wahl-eine-neue-grundlage-a-84e862dd-0002-0001-0000-000013519767

23 Schlötterer, Wahn und Willkür, S. 64 f.

24 Manfred Morstein: „Der Pate des Terrors", 1989, zitiert nach: Wilhelm Schlötterer, Macht und Missbrauch, S. 149

25 Münchner Abendzeitung vom 14./15. März 1992

26 Schriftsatz seiner Anwälte Romatka & Collegen vom 8. November 2010 an das LG Hamburg; zuvor bereits ebenso in einem Schriftsatz seiner Anwälte vom 13. August 2010, S. 7, an den Autor.

27 Peter Koch, Das Duell. Franz Josef Strauß gegen Helmut Schmidt, S. 103

28 Schlötterer, Wahn und Willkür, S. 64 f

29 Koch, Das Duell, S. 102

30 Lambrecht/Mueller, Die Elefantenmacher, S. 198

31 Lambrecht/Mueller, Die Elefantenmacher, S. 200 ff.

32 Lambrecht/Mueller, Die Elefantenmacher, S. 200

33 Mueller/Lambrecht/Müller, Der Fall Barschel, S. 236, 239

34 Mueller/Lambrecht/Müller, Der Fall Barschel, S. 223

35 https://internetz-zeitung.eu/index.php/80-innenpolitik/3472-interview-voj%C3%BCrgen-meyer-mit-ralph-t-niemeyer, aufgerufen am 23. Mai 2021

36 Mueller/Lambrecht/Müller, Der Fall Barschel, S. 362, 373 f.

37 https://www.heise.de/tp/features/Der-Mann-der-vielleicht-Robert-Roloff-war-3395951.htm, aufgerufen am 23. Mai 2021.

38 Heinrich Wille, Ein Mord, der keiner sein durfte, S. 187 f.

39 Telepolis-Bericht vom 11. Oktober2 012; Wikipedia

40 Mueller/Lambrecht/Müller, Der Fall Barschel, S. 281

41 Mueller/Lambrecht/Müller, Der Fall Barschel, S. 370

42 https://www.spiegel.de/politik/edi-das-machen-wir-a-77db28e7-0002-0001-0000-000013855392

43 https://www.spiegel.de/politik/edi-das-machen-wir-a-77db28e7-0002-0001-0000-000013855392

44 https://www.spiegel.de/politik/ich-habe-gern-gegeben-a-a92b8262-0002-0001-0000-000013682833?context=issue

45 https://www.spiegel.de/politik/so-ging-es-halt-zu-a-cee3eb 4d-0002-0001-0000-000013683219

46 DER SPIEGEL, 26/1994, S. 77 f.

47 Heribert Schwan, Tilman Jens: Vermächtnis. Die Kohl Protokolle, S. 143

48 abgedruckt in der Ausgabe vom 18. Dezember 1987

49 Egmont Koch: Das geheime Kartell. BND, Schalck, Stasi & Co., S. 136

50 Mueller/Lambrecht/Müller, Der Fall Barschel, S. 144

51 SZ vom 24. Juni 2011, Abendzeitung vom 5. September 2015; Hans Schuierer im BR-Fernsehen am 28. Januar 2021

52 Michael Stiller: Der Kandidat, S. 76; Leyendecker/Stiller/Prantl, Helmut Kohl, Die Macht und das Geld, S. 324

53 https://www.spiegel.de/politik/das-geld-die-macht-und-fjs-a-6d1bacb7-0002-0001-0000-000008954856?context=issue

54 Siebenmorgen, Franz Josef Strauß, S. 438

55 DG Bank-Prüfbericht vom 4. April 1994

56 siehe Schlötterer, Wahn und Willkür, S. 77 f.

57 Andrew Feinstein: Waffenhandel. Das Globale Geschäft mit dem Tod, S. 375; Wolfram Bickerich, Franz Josef Strauß, S. 292

58 Wolfram Bickerich: Franz Josef Strauß, S.147

59 https://www.spiegel.de/politik/ein-schoener-tod-fuers-vaterland-a-4042af51-0002-0001-0000-00001434967, aufgerufen am 23. Mai 20213

60 siehe Näheres in Schlötterer, Wahn und Willkür, S. 205 ff.

61 siehe Bernt Engelmann, Das neue Schwarzbuch. Franz Josef Strauß, S. 102 ff.

62 https://www.spiegel.de/politik/edi-das-machen-wir-a-77db2 8e7-0002-0001-0000-000013855392

63 Der Spiegel 14/1994, S. 25

64 Wolfram Bickerich, Franz Josef Strauß. Die Biographie, S. 290; Der Spiegel 14/1994, S. 20

65 Werner Biermann: Strauß. Aufstieg und Fall einer Familie, S. 258; siehe auch den Film über F. J. Strauß von Werner Biermann, WDR-Fernsehen 2005, nochmals gesendet am 20. August 2011

66 https://www.spiegel.de/politik/es-ist-hoechste-zeit-zurueckzuschlagen -a-95141597-0002-0001-0000-000014318809, aufgerufen am 23. Mai 2021

67 Stefan Finger, Franz Josef Strauß, S. 438, 461

68 https://www.spiegel.de/politik/so-etwas-macht-boeses-blut-a-44964e54-0002-0001-0000-000013685836?context=issue

69 https://www.spiegel.de/politik/deutschland/oktoberfestattentat-1980-joachim-herrmann-raeumt-fehler-von-franz-josef-strauss-ein-a-854705ce-e012-490b-a3ef-1fe0cf95b5a9#ref=rss, aufgerufen am 23. Mai 2021

70 des Staatsministers Marcel Huber, Leiter der Bayer. Staatskanzlei, vom 27. Dezember 2016, S. 3 an Prof. Bauer
71 siehe näher Schlötterer, Wahn und Willkür, S. 129 ff.
72 SZ vom 14. Juli 1994
73 siehe Hans Maier, Böse Jahre, gute Jahre, S. 89
74 Przybylski, Tatort Politbüro, S. 287 f.
75 Egmont Koch, Das geheime Kartell, S. 127
76 ebd., S. 122
77 ebd., S. 288 f. mit den Einzelheiten
78 ebd., S. 289
79 Przybylski, Tatort Politbüro, Bd. 2, S. 290
80 Egmont Koch, Das geheime Kartell, S. 148
81 Egmont Koch, Das geheime Kartell, S. 147
82 ebd., S. 148
83 Egmont Koch: Das geheime Kartell. BND, Schalck, Stasi & Co., S. 265 ff., Dokumente
84 Peter Koch, Das Duell, S. 79, 81
85 Koch, Das geheime Kartell, S. 150
86 Michael Stiller: Edmund Stoiber. Der Kandidat, S. 207.
87 Leyendecker/Stiller/Prantl, Helmut Kohl, die Macht und das Geld, S. 334 ff.
88 SZ vom 20. August 2016
89 Name geändert.
90 Name geändert.
91 SZ vom 17. Oktober 201
92 abgedruckt in der SZ vom 18. Dezember 1987
93 https://www.spiegel.de/politik/das-geld-die-macht-und-fjs-a-6d1bacb7-0002-0001-0000-000008954856?context=issue
94 siehe Schlötterer, Staatsverbrechen. Der Fall Mollath
95 Schlötterer, Macht und Missbrauch, S. 269
96 https://www.spiegel.de/politik/edi-das-machen-wir-a-77db2 8e7-0002-0001-0000-000013855392; https://www.spiegel.de/politik/so-ging-es-halt-zu-a-cee3eb4d-0002-0001-0000-000013683219; https://www.spiegel.de/politik/ich-habe-gern-gegeben-a-a92b8262-0002-0001-0000-000013682833?context=issue
97 Schlötterer, Macht und Missbrauch, S. 158)
98 vgl. Schlötterer, Macht und Missbrauch, S. 411
99 Der gesamte Sachverhalt wird detailliert geschildert in dem Buch von Michael Radtke: Außer Kontrolle. Die Medienmacht des Leo Kirch, S. 147 ff..

100 Radtke, Außer Kontrolle, S. 155
101 Radtke, Außer Kontrolle, S. 208
102 Siebenmorgen, Franz Josef Strauß, S. 438
103 SZ-Bericht vom 12. Dezember 2017
104 Es gibt in Bayern solche Richter, aber auch andere.
105 https://www.spiegel.de/wirtschaft/leo-kirch-schmutziger-streit-um-seinen-nachlass-a-00000000-0002-0001-0000-000174003061
106 https://www.spiegel.de/wirtschaft/leo-kirch-schmutziger-streit-um-seinen-nachlass-a-00000000-0002-0001-0000-000174003061, aufgerufen am 23. Mai 2021
107 Bergermann/ter Haseborg, Die Wirecard-Story, S. 194
108 Heribert Prantl in der SZ vom 4. Dezember 2017
109 SPIEGEL Heft 35/2015; ARD-Film »Bimbes« am 4. Dezember 2017
110 Schwan/Jens, Vermächtnis, S. 150
111 Leyendecker/Stiller/Prantl, Helmut Kohl, die Macht und das Geld, S. 567
112 Schwan/Jens, Vermächtnis, S. 204
113 SZ vom 5. November 2009
114 nachfolgend zitiert nach Heribert Schwan/Jens, Vermächtnis S. 22, 83 ff., ebenso Der Spiegel Nr. 41/6.10.201.
115 Schwan, Die Frau an seiner Seite, S. 269
116 Schwan/Jens, Vermächtnis, S. 34 f.
117 siehe Roth/Nübel/Fromm, Anklage unerwünscht, S. 219 ff.
118 Roth/Nübel/Fromm, Anklage unerwünscht, S. 223 f.
119 SZ vom 9. November 1999
120 Koch, Das geheime Kartell, S. 135
121 Peter Hillebrecht, Agentenkrieg im Grenzland. Enthüllungen zum Mauerfall, S. 125
122 Wilhelm Schlötterer, Macht und Missbrauch, S. 346
123 https://www.tz.de/muenchen/stadt/kohl-leo-kirch-seiner-zeit-voraus-zr-1332597.html, aufgerufen am 23. Mai 2021
124 Fernsehsendung ARD Panorama am 31. Juli 2003
125 Focus vom 27. August 2020
126 Schwan/Jens, Vermächtnis, S. 22
127 siehe Eidesstattliche Versicherung des Lothar L. am 11. April 2011; Werner Biermann: Liebe an der Macht, S. 62 und ein Schreiben Biermanns an mich vom Januar 2010
128 Stiller, Edmund Stoiber. Der Kandidat, S. 204
129 Leyendecker/Stiller/Prantl, a. a. O., S. 421
130 Leyendecker/Stiller/Prantl, S. 421
131 SZ vom 03. Februar 2021

132 SZ vom 26. Februar 2021
133 SZ vom 29. Januar 2021
134 SPIEGEL Heft 10/2021
135 https://www.spiegel.de/politik/deutschland/corona-krise-csu-politiker-verhalfen-maskenhaendlern-zu-lukrativen-geschaeften-a-1d4692b2-0002-0001-0000-000175912893
136 SZ vom 6./7. März 2021
137 SZ ebd., Der Spiegel Nr. 10/6.3.2021, https://www.spiegel.de/politik/deutschland/corona-masken-cdu-hinterbaenkler-kassierte-250-000-euro-provision-a-a5e31c3d-0002-0001-0000-000176138620
138 SZ vom 19. März 2021
139 SZ vom 19. März 2021
140 https://www.sueddeutsche.de/bayern/peter-gauweiler-der-unbequeme-millionen-anwalt-1.2082172
141 SZ vom 19. März 2021
142 SZ vom 8./9. Mai 2021
143 SZ-Berichte vom 3. und vom 4. Mai 2021, https://www.sueddeutsche.de/meinung/korruption-schmiergeld-aserbeidschan-csu-1.5283106?reduced=true
144 SZ vom 14.11.2020
145 Münchner Merkur vom 18.10.2020
146 WirtschaftsWoche vom 16.10.2020
147 Bergermann/ter Haseborg, Die Wirecard-Story, S. 168 ff.
148 https://www.sueddeutsche.de/politik/gauweiler-nebeneinkuenfte-csu-finck-1.5247091
149 Schlötterer, Macht und Missbrauch, S. 351 ff.
150 Prantl, Helmut Kohl, S. 491 ff.
151 ebd., S. 542
152 https://www.sueddeutsche.de/meinung/cdu-csu-laschet-soeder-union-1.5263944
153 Nürnberger Nachrichten vom 6. November 2009

Staatsverbrechen – der Fall Mollath

Wilhelm Schlötterer

Einer der spektakulärsten Justizskandale in der Geschichte der BRD: Mit unhaltbaren psychiatrischen Gutachten und Falschbeschuldigungen wurde Gustl Mollath 2006 von der bayerischen Justiz im psychiatrischen Maßregelvollzug weggesperrt. Erst 2013 erreichte sein Verteidiger die Freilassung. Dr. Wilhelm Schlötterer brachte damals den Stein ins Rollen und erreichte die Wiederaufnahme des Falles. Er kennt die dahinterstehenden Machenschaften wie kein anderer, schildert sie pointiert und in allen Einzelheiten und verweist auf die verantwortlichen Politiker. Er zeigt auf, dass der Fall Mollath kein Justizirrtum war, sondern ein Staatsverbrechen.

224 Seiten | Hardcover | 22,99 € (D) | 23,70 € (A) | ISBN 978-3-95972-447-0

Die Wirecard-Story

Volker ter Haseborg, Melanie Bergermann

Der Fall Wirecard ist der wohl größte Skandal der Dax-Geschichte. Verschwundene Milliarden, dubiose Partnerfirmen im Ausland und Manager mit schillerndem Doppelleben. Der langjährige Konzernchef Braun sitzt in Haft, Ex-Vorstand Jan Marsalek ist auf der Flucht. Aufseher, Ermittler und Wirtschaftsprüfer sind blamiert. Der Fall Wirecard ist eine Niederlage für den Wirtschaftsstandort Deutschland. Die Autoren sind seit Jahren kritische Begleiter von Wirecard, haben in dieser Zeit ein wertvolles Netzwerk von Informanten aufgebaut und dokumentieren jetzt die facettenreiche Geschichte von Wirecard.

272 Seiten | Hardcover | 19,99 € (D) | 20,60 € (A) | ISBN 978-3-95972-415-9

Überlastet, überfordert, überrannt

Utz Claassen; Ralph Guise-Rübe

In einer Zeit, die so schnelllebig ist wie nie zuvor, hält Deutschland in naiver Nostalgie an einem schwerfälligen Verwaltungsapparat fest, der in der Welt seinesgleichen sucht. Unterdessen sind Gerichte überlastet, Richter überfordert, die Justiz wird buchstäblich überrannt. Utz Claassen, einer der erfolgreichsten und streitbarsten Manager, und Ralph Guise-Rübe, Richter und Präsident des Landgerichts Hannover, diskutieren kontrovers die drängendsten Fragen unserer Gegenwart: Wie wurde aus Diskussionskultur bloße Meinungsmache? Ist unser Justizapparat den Herausforderungen noch gewachsen? Oder steht der Rechtsstaat kurz vor dem Zusammenbruch?

272 Seiten | Hardcover | 22,99 € (D) | 23,70 € (A) | ISBN 978-3-95972-348-0

Des Teufels Banker

Bradley Birkenfeld

Schweizer Nummernkonten und Offshore-Vehikel – Bradley Birkenfeld war Meister im Spiel um Millionen, die er für vermögende Kunden in den Untiefen des Schweizer Bankensystems versteckte. Für die Schweizer Großbank UBS jettete er um die Welt und half den Schönen und Reichen, ihr Vermögen vor den Steuerbehörden oder den Ehe- und Geschäftspartnern zu verbergen. Als ihn die UBS als Sündenbock opfern wollte, brach er sein Schweigen und wandte sich als Whistleblower an die US-Regierung. Das Justizministerium versuchte, ihn mundtot zu machen, doch Birkenfeld ließ sich nicht einschüchtern und gab seine Informationen an den US-Senat sowie die Aufsichts- und Steuerbehörden weiter. Das hochbrisante Material führte zu Steuernachzahlungen von bisher 15 Milliarden Dollar und letzten Endes zum Fall des Schweizer Bankgeheimnisses. Dafür nahm er sogar 30 Monate Gefängnis in Kauf.

352 Seiten | Hardcover | 24,99 € (D) | 25,70 € (A) | ISBN 978-3-95972-077-9